科学出版社"十四五"普通高等教育本科规划教材
新编高等学校公共管理专业精品教材

中国土地制度导论

谭 荣 著

科 学 出 版 社
北 京

内 容 简 介

本书主要围绕土地产权、土地规划、土地市场和耕地保护四类土地制度进行系统介绍。本书将土地制度放在经济社会发展和制度改革过程中去解读，探究土地制度改革的理论逻辑，尤其关注土地制度实施过程中的中央与地方关系、政府与市场关系、发展与保护关系，以及当代与未来的关系等议题。

本书适合高等学校土地资源管理、农林经济管理、公共管理等专业的教师和学生，土地管理领域的研究者，以及相关行政管理部门人员阅读与参考。

图书在版编目（CIP）数据

中国土地制度导论 / 谭荣著. —北京：科学出版社，2021.10

新编高等学校公共管理专业精品教材

ISBN 978-7-03-069697-7

Ⅰ. ①中…　Ⅱ. ①谭…　Ⅲ. ①土地制度－中国－高等学校－教材　Ⅳ. ①F321.1

中国版本图书馆 CIP 数据核字（2021）第 180542 号

责任编辑：郝　静 / 责任校对：王晓茜
责任印制：赵　博 / 封面设计：蓝正设计

科学出版社出版
北京东黄城根北街 16 号
邮政编码：100717
http://www.sciencep.com
北京凌奇印刷有限责任公司印刷
科学出版社发行　各地新华书店经销
*
2021 年 10 月第　一　版　开本：787×1092　1/16
2025 年　3　月第四次印刷　印张：13 1/2
字数：315 000

定价：48.00 元

（如有印装质量问题，我社负责调换）

序

土地资源管理与国家经济社会发展具有紧密的联系。我国的土地资源管理事业肇始于改革开放初期土地配置体制的转型过程，发轫于经济快速发展时期城乡二元土地管理体制的形成过程，成形于深化改革时期土地要素市场化配置体制机制的完善过程。党的十九大以来，土地资源管理进入国家治理体系的重塑阶段，它正在从之前以“两保”（保护耕地和保障建设用地）为主要目标，向以“两统一”（即统一行使全民所有自然资源资产所有者职责、统一行使所有国土空间用途管制和生态保护修复职责）为主要目标转变。长期被“资本化”了的土地，其资源、生态功能也日趋彰显，这体现了国家在平衡经济发展与资源保护、协调当代人与后代人的权益以及明确政府与市场的关系上新的治理理念。正是这些目标和理念的变化，让土地资源管理事业不断焕发新的生命力。

土地资源是人类陆域活动的主要载体，土地利用方式影响着人们的生活方式和生产方式，定义着社会财富分配，驱动着生态环境变化，属于当代社会中“牵一发而动全身”的自然资源。中国特殊的人地（自然-社会经济）关系特征，决定了土地资源治理体系在国家治理体系中具有独特的作用和地位，也使得大学本科土地资源管理专业是一个颇具中国特色的学科专业，在公共管理类专业中具有不可替代的地位。土地资源管理专业是以服务并推动政府管理土地资源的效率和秩序为主要目标，为实践中土地资源的规划与管制、开发与利用、保护与修复等公共事务培养复合型管理人才。

在土地资源管理专业的培养方案中主要包括土地资源学、土地经济学、土地规划学、土地管理学等主干课程，也涵盖土地工程技术类的特色课程，比如土地测量、土地信息、土地整治等。无论这些课程在学科属性上有多大的差异，它们都会涉及土地资源治理整个过程中的一个共同的基础或纽带——土地制度，或者说土地制度实质上是土地资源乃至自然资源治理的底层逻辑。可能也正是这个高频的惯用语让土地资源管理专业培养方案忽略了将土地制度作为独立课程进行设计，更没有专门为之编撰一本教材。然而，随着公共管理范式的转型，国家和社会对制度重要性的认识越发明显，无论是政府决策还是民众行为，都需要在法治和制度框架下开展。制度体现了国家意志和社会价值，定义了利益分配，也决定了效率。因此，土地制度置于土地资源管理专业知识体系的重要性不言而喻。在当前土地和自然资源治理体系重塑的背景下，需要一本能够总结新中国成立以来国家在土地资源管理上积累的制度经验和理论范式的教材，以让加入这个专业的大学生生力军们都能够掌握土地制度这一底层逻辑，并在已有知识的基础上迅速开展更深入的专业学习和实践训练。

谭荣教授撰写的《中国土地制度导论》教材，很好地回应了这一重要的需求。读后，我发现该教材具有三个明显的特点。第一，这是一本系统介绍新中国成立以来土地制度体系及其发展历程的专业教材。全书以中国土地产权、土地规划、土地市场等基础性制度为基本结构，展现三类制度体系建立、健全的过程；该书还单独关注了一项贯穿于中国土地资源管理发展过程的制度形式，即耕地保护制度。当然，读者可以将耕地保护视为土地产权、规划和市场制度的综合应用场景，形成一种以耕地保护为目标的制度体系。对这四类制度的介绍，既体现了当代中国土地管理的主要工作内容，也体现了土地资源管理事业的成长过程。所以，该书非常适合土地资源管理专业大学生建构专业基础知识的诉求，这是其第一个特点。

第二，我还发现这本教材提供了大量实践中制度改革与实施过程中的案例，这能够帮助读者进一步理解各类制度设计的初衷、分析制度执行的问题，以及评价制度实施的绩效等。这实际上体现了这本教材的另一个重要作用：帮助在校大学生在学习书本知识的同时有机会接触实践；同时也能够帮助已经在实践岗位上的从业人员建构系统且规范的理论分析能力。也就是，这本教材致力于在传递基础知识之外还关注对读者实践分析能力的锻炼，这是其第二个特点。

第三，我很赞同这本教材最后一章中对读者们的期待。该书在素质和人格层面，希望大学生和从业人员都能够进一步强化现代公民意识和“公忠坚毅、能担大任、主持风会、转移国运”的价值观。土地资源可持续利用及治理需要强化一种社会理性，即保护子孙后代利益并保障土地生态系统的安全。任何一种社会理性都需要个体成员的自我践行并积极影响其他人。这是因为个人的价值理念由社群价值理念来塑造，反之亦然。为此，每位土地资源管理专业的学习者和实践者，都责无旁贷需要践行专业的价值观。这本教材积极倡导土地资源管理专业的大学生理解并践行本专业特有的价值观念，鼓励大家肩负起土地资源治理体系现代化的责任，这是其第三个特点。

另外，据我所知，谭荣教授在中国大学 MOOC（慕课）平台上还开设了一门课程“中国土地制度”，吸引了很多本专业的大学生和实践岗位从业者的关注和学习。这本《中国土地制度导论》教材的出版，将能够进一步与慕课相呼应，让两者相得益彰并提升线上线下各类形式的教学效果。

作为我国土地资源管理专业建设和发展过程的亲历者，我希望每一位学习者都能够理解教材和慕课在知识、能力和价值三个方面协同设计的理念，也相信这本教材能够为学习者掌握专业知识体系，建构土地制度分析能力，践行土地资源管理的价值观提供帮助。向每位土地资源管理专业的大学生和实践岗位上的从业者推荐这本《中国土地制度导论》，也希望跟大家一道共同肩负起建设新时代中国特色社会主义土地资源治理体系的历史重任！

曲福田

2021 年 4 月 8 日

目　录

绪　论

土地资源管理专业自1987年在浙江大学作为独立的本科专业招生至今，已经有近35年的时间。土地资源管理专业这35年的发展，正好也伴随着土地资源领域国家治理体系的转型历程。土地制度是这个转型历程中最核心的变量，牵引着政府、市场和社会等不同力量的互动，在一定程度上影响着经济增长的模式、社会发展的质量和生态系统的平衡。

目前为止，专门针对大学生讲解新中国成立以来土地制度和具体政策的变迁过程、热点问题及理论分析的教材还比较少，大多“散落”在土地资源管理专业的相关课程及教材中。《中国土地制度导论》这本教材正是为了回应越来越多的大学生对系统了解中国土地制度的需求而编写的。这本教材旨在满足同学们对土地资源管理实践知识的学习需求，同时致力于培养学生们建立初步的土地制度的分析能力和理论素养。

本章作为这本教材的绪论，主要包含六个方面的内容：阐释土地的重要性、制度的重要性、理解土地制度的内涵，以及介绍两个常用的土地制度的分析框架，即“社会基础、制度环境、治理结构和资源配置”四层次的制度分析框架和“效率、分配和损耗”三维度的制度比较分析框架，最后是对本书结构和章节内容的介绍。

一、土地的重要性

土地为什么是重要的自然资源？辛普森1976年的论著[①]中的一段话给出了很好的阐释：

> “土地是一切物质财富的源泉。我们使用的一切物品，获取的一切有价值的东西都来自土地；我们生活在土地上，靠土地养家糊口；而当我们告别人世的时候，土地还是我们肉体的最终归所。能否有效地从土地上获得收益是人类生死存亡的关键所在，而土地的分配和使用状况则同样至关重要。”

这段话朴实又准确。它指出了土地最关键的三个功能，一是作为生产要素；二是承担承载空间；三是决定财富分配。生产要素是指土地作为生态系统中的一个重要的自然要素，是支持人类生存所需的物质产品的基础。承载空间是指人类活动需要土地的承载，没有土

① Simpson S R. 1976. Land Law and Registration. Cambridge：Cambridge University Press.

地及地上或地下空间，人类几乎无法开展经济、社会和文化等各种活动。财富分配是指人类利用土地的规则决定了所获得的直接或间接土地收益的分配，它与土地产权、规制、市场等制度有关，这些制度决定了收益大小和分配结构。这三个功能让我们不得不重视土地，同时也不得不考虑如何设计土地利用规则，也就是土地制度，来更好地为人类服务。

在实践中一些有趣的谚语或者俚语也反映了不同历史时期土地所体现出来的重要性。比如，“劳动是财富之父，土地是财富之母”，这是古典经济学家威廉·配第在《赋税论》中的观点，也被马克思在《资本论》中所引用。这句话将土地与劳动视为积累财富最重要的两类要素，揭示了在农业社会土地作为生产要素不可替代的基础地位。

“人民城市人民建，可惜人民没有钱”。这是一种调侃，也是一种经验。在 20 世纪 80 年代的时候，全国各地大街小巷都能看到前半句标语，但后半句话是在土地管理从业者之间流传的话[①]。因为土地有偿使用制度出台前，国有土地都以无偿划拨的方式供用地者使用。当时大多数人认为土地虽有使用价值但因没有凝结无差别人类劳动而不应具有价值，也就不应该在市场上流通。但随着城镇化速度逐渐加快，为了破解城市建设缺少资金的问题，催生了是否可以通过对国有土地收取出让金的方式来换取城市建设资金的想法。在改革开放的背景下，当时城市中的一些土地使用者，尤其是外资企业和民营企业，也情愿缴纳出让金来换取土地产权的稳定。后续的发展大家都很清楚，土地出让收益成为地方政府重要的财政收入来源。而经过 40 多年的建设后，中国的城市发展的确取得了举世瞩目的成效，如高楼林立、便捷的城市交通和高速公路网、日新月异的城市公共服务体系等。因此，“人民城市人民建，可惜人民没有钱”这句话实际上揭示了土地从农业社会生产要素转变为工业和商业社会中的商品，体现了土地在市场经济条件下的资产属性。

到了 21 世纪初，全国各地都热衷讨论一个词——“经营城市”。该词的含义是指地方政府通过运用市场经济手段，对城市空间和土地进行最大限度地集聚、盘活、重组和营运，以实现城市资源配置容量和效益的最大化。这改变了原来在计划经济条件下政府对市政设施只建设不经营、只投入不收益的状况。也正是在这个阶段我们国家出现了对土地的新认识，即土地同时具有资源、资产和资本“三位一体”属性的认识。土地已经从最初的自然资源，演变为市场中具有价格的资产，然后再进一步从“有形资产”演变为“无形资产”（比如土地指标）、从不断贬值演变为保值增值、从只重视当期经济价值演变为兼具“期货”价值的新资本。不光是地方政府通过土地融资来获得更多预算外收入，普通消费者和企业也通过按揭、抵押等手段来进行商品房买卖或土地开发项目融资。这些意味着土地的作用进一步扩大了，体现了土地在新时期市场经济中的资本属性。

如果把时间再放到十八大、十九大以来，国家在土地治理理念上发生了一系列的变化，比如，十八大报告中关于“大力推进生态文明建设”的第一条就是要优化国土空间开发格局[②]，十九大报告中关于“加快生态文明体制改革，建设美丽中国”的部分首次提出要“统一行使全民所有自然资源资产所有者职责，统一行使所有国土空间用途管制和生态保护修

---

① 据浙江大学土地管理系吴次芳教授说，在 20 世纪 80 年代中期土地有偿使用制度出台的过程中，上面调侃式的话在业内广为流传，为土地有偿使用制度造势。

② 胡锦涛在中国共产党第十八次全国代表大会上的报告，2012 年 11 月 8 日，http://cpc.people.com.cn/n/2012/1118/c64094-19612151.html。

复职责”[①]，这些都是土地在当今经济社会发展中重要地位的新的体现。生产、生活和生态等各类空间无不依赖土地，经济价值、社会价值和生态价值的实现也无不需要土地。

上述农业社会到工业社会再到工业化中后期变迁过程中几句经典的关于土地作用的阐述，揭示了在土地用途变化频繁的阶段土地的重要性不言而喻。我们国家当前正处于新型工业化、信息化、城镇化、农业现代化的重要发展阶段，土地利用变化仍然会频繁发生。为实现农产品富庶、工业产品先进、生态环境优美、生活空间充裕的目标提供必要的、安全的土地资源供给，既是国家责任，也是社会福祉。而土地用途的变化必将涉及不同利益的调整，涉及土地及其生态系统的可持续性，这些更是社会发展过程中大众关注的焦点问题。

然而在当下，土地资源正面临着一些威胁。比如，中国用世界9%的耕地养活了近20%的人口[②]，在这样的资源压力下，耕地面积依然在不断减少、质量在不断下降，影响着国家粮食安全；森林覆盖率虽然在稳步提升，但中国仍然是一个缺林少绿、生态脆弱的国家，森林覆盖率远低于全球31%的平均水平，人均森林面积仅为世界人均水平的1/4，森林资源总量相对不足、质量不高、分布不均的状况仍未得到根本改变[③]；中国还是世界上水土流失最严重的国家之一，水土流失总面积为294.9万平方公里，占普查范围总面积的31.12%[④]。同时，与土地相关的经济社会问题也越来越严重。比如，城镇化进程中的失地农民和隐性失业的问题，房地产业兴起背后引发的地方政府“土地财政”和“以地谋发展”不可持续的问题，城乡统筹发展面临的城乡土地权益不完整不完善问题，以及国家在深化改革中面临的土地治理体制机制掣肘和土地收益再分配的冲突等。

我们可以预期，在未来可以预见的很长一段时间，土地依然是非常重要的自然资源，土地的高效配置和节约集约利用是一项长期而艰巨的任务，将贯穿于实现中华民族伟大复兴中国梦的奋斗征程中。为此，土地的重要性不言而喻。

二、制度的重要性

本教材题目中的第二个关键词是制度。制度，可以理解为社会中的游戏规则，更正式一点，就是人类为了规范自己在政治、经济和社会领域的交互行为而设计出的行为限制[⑤]。广义上看，制度既包含正式制度，如宪法、法律、产权等，也包含非正式制度，如舆论、禁忌、风俗、传统等。

从外生的角度看，制度是一系列给定的规则，它用来决定谁可以在何种场合做出决策，何种行为是允许的或者限制的，何种总体规则是要遵守的，何种程序需要遵循，何种信息必须或者禁止提供，个人的行为能够获得何种收益……所有的规则都包括禁止、允许或者要求的行为及程序[⑥]。这里的外生是指由外部的人或机构制定的规则，内部的人

① 习近平：决胜全面建成小康社会 夺取新时代中国特色社会主义伟大胜利——在中国共产党第十九次全国代表大会上的报告，2017年10月18日，http://www.gov.cn/zhuanti/2017-10/27/content_5234876.htm。

② 中央农村工作领导小组办公室主任、农业农村部部长韩长赋在2019年9月27日在庆祝中华人民共和国成立70周年活动新闻中心举办的新闻发布会上的讲话。http://www.gov.cn/xinwen/2019-09/28/content_5434342.htm。

③ 第八次全国森林资源清查主要结果（2009—2013年）。http://www.forestry.gov.cn/main/65/20140225/659670.html。

④ 中华人民共和国水利部. 2013. 第一次全国水利普查水土保持情况公报. 中国水土保持，(10)：2-3，11.

⑤ North D C. 1990. Institutions，Institutional Change and Economic Performance. Cambridge：Cambridge University Press.

⑥ Ostrom E. 1990. Governing the Commons-The Evolution of Institutions for Collective Action. Cambridge：Cambridge University Press.

不考虑制度的由来，只需单纯地遵守和执行。

而从内生的角度看，制度是由人类社会建构的、伴随着人类自身发展而存在的规则，包括价值信念、伦理规范、道德观念、风俗习惯及意识形态等内容。内生意味着是一种社群观念或社会共享的规范，是不由外界所设计，只在相应群体内部演化而成。

无论从内生还是外生的视角看，制度都很重要。人类从形成社会开始，就不断地在制定和改进制度。制度可以成为人类相互交往中用来维护秩序和减少不确定性的工具。制度可以协调人们的具体行为，定义社会系统的激励机制。制度的存在可以减少人们交往过程中的欺诈、卸责等机会主义行为。如果没有制度，"公地的悲剧"在人类面临竞争的时候将成为必然①；如果没有制度，奥斯特罗姆将无法观察到被保护完好的日本、瑞士等地的原始山林资源②；如果没有制度，奥尔森的"集体行动"将失去逻辑③；习惯性产权的形成，使得美洲大陆的印第安人避免了过度狩猎④；正式产权的形成，既让奴隶制下奴隶的卸责倾向被佃农制下的农民的自发主动所取代⑤，也让正外部性的灯塔不需要依赖公共投资就能够照亮十九世纪初期英国的海岸线⑥；为了生产、贸易、消费，"公司"不再只是一个表示从原材料到产成品的函数关系式⑦，"市场"不再只是为买卖双方提供交易的场所⑧，"国家"也不再仅仅是民族和爱国情结的凝聚⑨。制度，阐释了西方国家崛起的奥秘⑩，促进并保障了科技的进步④，更重要的是为人类社会与自然系统的协调和可持续发展提供了途径⑪。

制度的重要性还可以从三类制度的不同的作用机制来说明。三类制度即习俗（convention）、价值规范（norms）和强制规则（formally sanctioned rules）。三类制度在不同的场合发挥不可替代的作用⑫。

习俗，往往被我们忽略，我们不一定会将其归为制度，但实际上如果对照前面 North（诺斯）对制度的定义，习俗同样属于人类社会建构的规则。习俗是人类互动过程中形成的规律性行为，其目的是协调自身行为，让各类活动更简单、更有效率。比如，握手、拥抱、贴面等相互问候的方式就是一种习俗。特定文化中的人们采取约定俗成的方式，不需要见面后再商量如何表达问候，这既达到了问候的目的又简化了问候的过程。而对于重量、长度、时间、货币等的定义，对不同场合的服饰礼仪的尊重等，都体

---

① Hardin G. 1968. The tragedy of the commons. Science，162（3859）：1243-1248.

② Ostrom E. 1990. Governing the Commons—The Evolution of Institutions for Collective Action. Cambridge：Cambridge University Press.

③ Olson M. 1965. The Logic of Collective Action：Public Goods and the Theory of Groups. Cambridge：Harvard University Press.

④ Demsetz H. 1967. Towards a theory of property rights. The American Economic Review，57（2）：347-359.

⑤ Barzel Y. 1989. Economic Analysis of Property Rights. Cambridge：Cambridge University Press.

⑥ Coase R H. 1974. The lighthouse in economics. The Journal of Law and Economics，17（2）：357-376.

⑦ Coase R H. 1937. The nature of the firm. Economica，4（16）：386-405.

⑧ Coase R H. 1988. The Firm，the Market，and the Law. Chicago：University of Chicago Press.

⑨ Williamson O E. 1999. Public and private bureaucracies：a transaction cost economics perspective. Journal of Law, Economics，& Organization，15（1）：306-342.

⑩ North D C. 2005.Understanding the Process of Economic Change. Princeton：Princeton University Press.

⑪ Ostrom E. 2005. Understanding Institutional Diversity. Princeton: Princeton University Press.

⑫ Vatn A. 2005. Institutions and the Environment. Cheltenham：Edward Elgar Publishing.

现了特定人群在互动中达成某种行为偏好的共识，这些习俗都是为了协调、简化人类活动而存在。可想而知，如果没有习俗，我们的正常生活会很麻烦。比如，大家在路上同行，如果不遵从靠右或靠左的习俗，而是任凭自己的偏好，拥堵等麻烦就在所难免。

价值规范，是另一类常常被忽视的制度。如果说习俗是对共同利益（几乎没有冲突的利益）的协调，价值规范就涉及对有一定冲突的不同主体间的利益的权衡，进而推崇或保护特定群体的利益而放弃另一部分群体的利益。价值规范是特定人群对什么是正确的、什么是合适的行为进行的界定。价值规范因特定人群而生，因此这群人也会拥护、维持这些价值。比如，尊老爱幼是一种价值规范，在特定人群中如果出现了格格不入的违反尊老爱幼美德的行为，常常会受到谴责。表现格格不入的人会觉得很难立足，要么离开特定人群，要么转而遵守尊老爱幼的规范。当然，如果这个人愿意承受社群的压力而不改变自己的行为也可以，但会面临被社群孤立的代价。可以看出，价值规范是一种在道德或价值观层面上的约束，并不是一种强制的约束，遵守、离开或忍受由个体自主选择，但相应个体面临的收益和成本是不同的。这个过程中对特定利益的偏好和支持，是难以由习俗来协调的，而需要通过价值规范的方式来进行调和。在大多数的情况下，大部分人的偏好会演变为价值规范，小部分人的偏好会被同化，最终“一致同意”的集体行动会出现。这也是价值规范与习俗的不同之处。

当然，价值规范所能够调和的矛盾是有限的，如果利益冲突过大，价值规范也很难调和相应的矛盾。这时，就需要通过强制规则来对其中的一种利益进行约束而保护另一种利益。强制规则是指由正式的、强制性权力保障实施的规则，包括宪法等各种法律，或者企业等组织内部的规章制度。强制规则覆盖社会各个层面上的活动，当活动出现了难以调和的矛盾时，只能通过牺牲一种利益来成全另一种利益。比如，民事行为合同的双方，其中一方根据合同履职尽责，而另一方破坏合同背信弃义，其背后一定是出现了利益纠纷而使得双方难以合作履约。此时法律都是通过保护履行合同一方的利益，而坚决打击破坏合同的另一方的利益，来实现整个社会对合同约定的遵守，对正常市场秩序的尊重。当然，这种法律的背后体现的是社会对诚信、合作的推崇，蕴含着合同利益本身之外的价值规范。亦可以理解为，强制规则的背后隐含着逻辑一致的价值规范，后者决定着前者。

所以，观察习俗、价值规范和强制规则等三类制度出现的缘由，我们可以发现人类社会总是会因为个人利益和他人利益的冲突而面临集体行动的困境。如果人类需要集体行动，就需要通过制度来调和。当然，不同类型的矛盾需要不同类型的制度来调和，这是降低制度成本提高制度成效的要求。我们不能将所有矛盾都依赖强制规则调和，这不仅没有必要，甚至有时是不可行的。因此，制度对于人类来说，是不可或缺的。对于土地资源利用及其治理来说，也是一样。

三、理解土地制度

在分别阐释土地和制度两个主题词的重要性后，现在可以来看看将两个词放在一起后的含义。如果从实践视角给土地制度下定义，一般是指国家根据一定时期内的政治和经济任务，在土地资源开发、利用、治理、保护和管理等方面规定的行动准则。它是处理土地关系中各种矛盾的重要调节手段，一般包括土地产权及权益制度、土地规制及管控制度和土地市场及税赋制度等。对应到理论视角，土地制度是指为了在土地利用过程中建立秩序以减少土地利用的不确定性，同时降低人类利用土地过程中的交易成本而设计出的各类规则。

新中国成立以来，尤其是改革开放以来，土地制度改革一直是热点话题。可以说，城镇化进程中的土地制度改革是党中央、国务院及各级党委政府高度重视、媒体聚焦、社会关注、群众关心的一项重要工作，几乎是凡谈改革必涉及土地制度改革。因为经济发展在空间上必然会反映到土地用途的变化上，所以中国目前和未来很长时间还将处于土地用途变化频繁的阶段，而这也导致土地制度必然成为现阶段国家治理的基础制度之一。

因此，理解土地制度，要放在经济社会发展的全局中，放在中国特有资源国情和特定发展阶段的背景中，放在土地制度改革的历史中。换句话说，理解土地制度，本质上就是理解中国的资源国情、经济社会发展国情和治理体系改革国情等。

比如，理解中国为什么要提出最严格的耕地保护政策，就要理解中国这样一个拥有十几亿人口大国的特殊的资源国情。任何时候耕地保护都不能放松，否则，代价将难以估量，局面将无法挽回。中国粮食消费量约占世界粮食总消费量的1/4，相当于全球粮食贸易量的两倍。在全球还有10亿人严重缺粮的情况下，寄希望于粮食进口是不现实的，解决粮食安全问题只能立足国内。随着人口增长、粮食消费结构升级、生活水平提高，要满足中国人口高峰年粮食需求，必须严守耕地红线，以确保粮食生产能力基本稳定。同时，还要考虑优质耕地减少可能给粮食供应结构、生态环境等带来的负面影响。因此，坚守耕地保护红线，才能确保粮食安全和生态文明，这是中国国情的需要。

要理解中国为什么形成了以征地制度为基础，地方政府垄断城市国有土地市场、割裂农村集体土地市场的城乡二元土地市场体系，就要先理解改革开放以来以土地征收为手段的建设用地取得制度，为中国工业化、城镇化的快速发展提供了空间保障；以土地有偿使用制度显化土地资产、资本价值，为中国工业化、城镇化发展注入了强大动力。即使是我们已经认识到早期地方政府对“土地财政”的依赖以及“以地谋发展”的策略存在不可持续的问题，但我们仍可以说，没有早期的城乡二元土地市场制度的支撑，中国工业化、城镇化的快速发展是不可想象的。

要理解中国为什么形成了以用途管制为核心的土地规划管控制度，就需要先理解中国长期以来计划经济体制的路径依赖，以及理解土地利用在用途上和空间上的专用性导致的巨大机会成本。传统的计划经济和科层制的行政管理模式是建立土地制度体系的大背景，从上向下的规划、计划的控制逻辑自然而然成为土地规划和用途管制的制度特征。另外，土地利用存在明显的外部性、专用性等特征，进而需要加强对城乡建设、产业发展、基础设施建设、耕地保护、生态涵养等空间格局的整体统筹，确保各类建设用地规模和布局不突破土地资源承载能力，同时又避免产生相互影响。这些都能够解释为什么政府在土地规划和管制上非常严苛。

要理解中国为什么创新性地将使用权从所有权分离，推动国有和集体土地资源确权登记，适时推出承包地、宅基地等农村土地的“三权分置”，以及不断探索各类土地衍生权益制度，就需要先理解国家治理土地的根本目的是协调人地矛盾和土地利益分配关系。经济社会发展中的土地利用，其本质是土地权益的维护。在解决权益问题的过程中，当难以通过习俗、价值规范来化解利益冲突时，建立健全产权权益制度，是正确处理政府与市场、公权与私权的关系的基础，只有这样才能充分发挥市场的配置作用，提高土地利用效率，也才能提升政府在土地征收、用途管制等方面公权力的效力，并提高公共福祉。

因此，《中国土地制度导论》这本教材，不仅要跟大家交流土地制度的本身，更致力于以土地制度为切入口，跟同学们一起来理解中国土地治理所面临的资源国情、经济社会发展国情和治理体系改革国情。可以说，理解了中国土地制度，也就能够对中国国情有更深的理解。在当前的中国国情下，中国特色的土地制度是以协调人与地、人与人之间相互关系为目标的制度体系。这种目标下的土地制度主要包括土地产权及权属制度、土地规划及用途管制制度、土地使用及市场制度等三大核心制度。

第一，明晰产权的制度设置是维护土地权益、合理分配收益的重要保障。产权的登记、管理是城镇化进程中协调人地关系、均衡人与人之间利益分配的重要基础，直接关系到土地收益合理分配和社会和谐稳定。虽然不同国家存在土地所有制上的差异，但对以明晰产权、完善权能为核心的产权制度作为调整利益分配的基本依据是具有广泛共识的。当然，中国目前在土地产权制度改革上仍有很长的路要走，包括国有土地与集体所有土地之间的“同地同权同价”；政府规划管控的公权力与土地使用权的私权利之间的统筹协调；承包地、宅基地如何在保障集体所有权、农户资格权底线基础上，更好地促进使用权权能提升等，都需要做出更为谨慎、细致的制度设计。

第二，政府通过土地规划和用途管制来调控和统筹土地资源配置，是优化城乡格局、促进城乡发展的有效手段。政府在统筹局部与整体、当前和长远、个人和公共的利益冲突上，具有市场机制所不具备的优势。以土地用途管制为手段的政府管控制度，正逐步发展并日趋成熟。城镇化初期，制度主要以控制土地使用密度与容积率为核心；进入快速发展期，制度转向以控制城市规模、优化土地利用结构布局为核心。这些说明政府的规划管控日益成为城镇化发展谋篇布局的重要手段。

第三，通过市场来配置土地资源的制度安排是提升经济社会发展质量的基础保障。发挥好市场配置资源的作用，促进生产要素流动，通过提高土地利用效率来提升城镇化、工业化和生态文明的质量，这是当前国家土地治理的战略核心。比如，中国在改革开放四十多年来的发展过程中，土地所有权与使用权的分离激活了土地作为生产要素的活力，增强了资本的流动性；土地有偿使用制度的改革显化了土地的资产、资本价值，以成本倒逼土地利用效率的提高，激励土地使用者节约集约用地，有效推动了经济社会发展转型。

本章作为绪论，只以概述的方式介绍中国土地制度上述的特征和内容。后续章节将针对性地对这些制度体系分别展开阐述。可以说，经过 40 多年的改革发展和不断完善，中国已经初步建立了一套以社会主义公有制为前提，以土地产权制度为基础，以耕地保护和节约集约用地为核心，以土地用途管制、土地征收、建设用地有偿使用等制度为重点，覆盖征收、转用、供应、使用、补充等环节，具有中国特色的土地管理制度体系。这套土地制度体系在经济社会发展特别是城镇化进程中发挥了重要作用[①]。

① 王世元. 2014. 新型城镇化之土地制度改革路径. 北京：中国大地出版社.

四、解释土地制度的“四层次”分析框架

在进入后续章节之前，有必要介绍土地制度的两类理论分析框架。这两个框架将有助于在后续章节中解释土地制度的前因后果或评价制度的绩效，尤其是可以用于分析土地制度改革中的热点问题，帮助同学们建立一种制度分析的范式。

第一个分析框架就是经典的“社会基础、制度环境、治理结构和资源配置”四层次的分析框架，该框架是由著名的经济学家威廉姆森（Williamson O.E.）在2000年正式提出的①。威廉姆森的四个层次分析框架结构简单但内涵广泛，不仅是理论研究常用的框架，也可广泛用于理解实践中的制度或政策变化。

现实中土地制度种类繁多，目的、对象、内容和作用都不一样。合理地总结各种土地制度之间的关系，是认识土地制度的有效手段。在对土地制度进行分类时，威廉姆森的四个层次分析框架很有帮助，它使得梳理和掌握不同土地制度变得简单很多（图1-1）。四个层次从上到下依次为社会基础、制度环境、治理结构和资源配置。

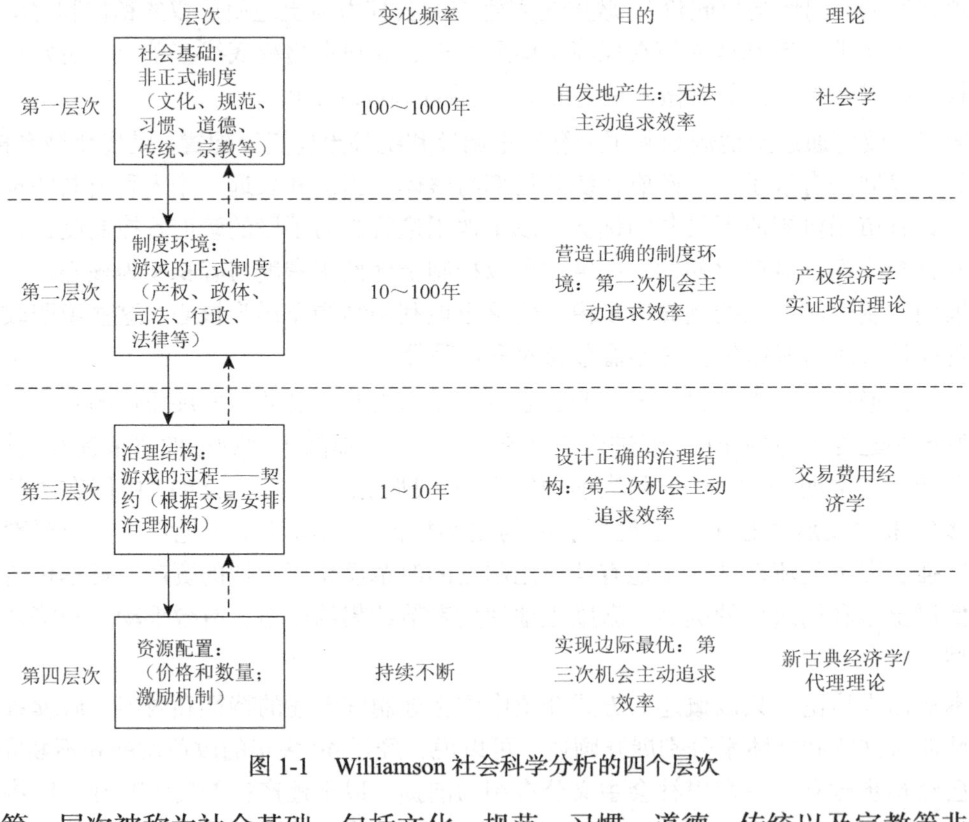

图1-1 Williamson社会科学分析的四个层次

第一层次被称为社会基础，包括文化、规范、习惯、道德、传统以及宗教等非正式规则，这些非正式规则已经被社会广泛接受，并且成为人类行为的基本约束框架。“第一层次被大多数人认为是给定的”，这些非正式制度被认为是自发形成的——“经过人

① Williamson O E. 2000. The new institutional economics：taking stock，looking ahead. Journal of Economic Literature，38（3）：595-613.

类有目的的选择是几乎不存在的”[①]。所以，该层次的制度的变化也相对非常缓慢，周期大多超过 100 年，甚至长达 1000 年。第一层次为社会中所有的活动设立了框架，尽管非正式制度并没有成文的规定，但是它们“具有长期的对社会行为的监督作用”[②]，同时对“经济系统的长期特征产生长远而深入的影响”[③]。比如，“耕者有其田”“涨价归公”等思想，虽然不是成文的法律法规，但已经深入人心，从而为中国特定时期的土地改革奠定了基础。

第二层次被称为制度环境，包括产权、政体、司法、行政、法律等正式规则，这些制度可以看作社会行为的“游戏规则”。这个层次的制度可以“通过进化形成，也有可能具有被人为设计的机会”[②]。因此，设计正式制度就为人类提供了第一次机会来追求效率。产权被确定，就决定了谁有权利使用资源，同时使得这些权利得到保障。这个层次的制度变化的频率虽然比第一层次快了很多，但除了偶然的巨变，比如战争、革命等，一般也需要 10 年到 100 年才会产生变化。比如，土地产权作为正式制度，变化很慢，其目的就是确定土地的利用秩序和实现特定的收益分配。

第三层次称为治理结构，该层次的制度和政策可以看作在第二层次的“游戏规则”下社会主体为实现具体互动活动而设计的规则，即互动行为的组织过程，简单说就是“游戏的过程”。这个层次相应的制度为人类提供了第二次的机会来追求效率，即实现治理结构的效率。因为，虽然第二层次的制度可以用来追求效率，但其本身不会考虑制度的落地实施成本，即制度的制定、执行、监督等存在成本，所以，仅靠第二层次的制度是不能完全满足现实中各类互动的需要。第三层次的制度目的就是在第二层次制度的限制下，为每一种特定的互动选择最佳的治理结构，也就是界定不同主体之间的权利义务和互动过程的规则。这个层次的制度变化的频率比第一、二层次制度的频率快得多，一般是 10 年以内。

比如，在制度环境层次，虽然制定了城市土地属于国家、农村土地属于集体的产权制度，但产权的权益如何实现，并没有在第二层次的制度中详细规定。治理结构层次则通过设定诸如“通过政府的征收，将集体所有的土地转变为国家所有的土地，相应的土地才能够进入市场交易”等制度，对产权权益的实现做出进一步的规则设计。这种进一步的规则设计就属于治理结构，是对正式制度的执行过程或组织方式的细化，影响土地的配置过程。

第四层次称为资源配置，这个层次更多的不是具体的制度，而是在其他三个层次制度的约束或协调下社会主体在最微观的层面上的决策过程。这个层次的决策规则决定了土地配置的结果。一般来讲，行为人为了实现利益最大化而根据个人的成本和收益、市场的价格和供需等信息不断调整自己的决策，即第三次的机会来追求效率。这个层次的决策规则（比如价格和供需的各类信息等）的变化速度最快，几乎是随着市场的变化而持续变化。

这四个层次之间是相互影响的。个体在做决策时，直接受到治理结构层次的规则影响。比如，如果是市场配置土地资源，那么价格和数量就是决策的原则；如果是政府主导的土地配置，那么政府规划计划就是决策的原则。而治理结构层次的规则，又

---

① Williamson O E. 1998. Transaction cost economics：how it works；where it is headed. De Economist，146（3）：23-58.

② Williamson O E. 2000. The new institutional economics：taking stock，looking ahead. Journal of Economic Literature，38（3）：595-613.

③ North D C. 1990. Institutions，Institutional Change and Economic Performance. Cambridge：Cambridge University Press.

受到制度环境层次规则的影响。比如，在刚进入转型期的中国，政府配置比市场配置多，而到了目前深化改革阶段，市场配置的比重则明显上升。当然，制度环境层次的规则还受到社会基础的约束，尤其是不同国家、不同文化的社会里，政府权力、规划、产权等正式制度的内容也大不一样。因此，四个层次从上向下逐级制约着下一个层次的规则。

当然，四个层次从下向上也有着反作用力。尤其是，个体为了实现利益最大化，如果发现相应的治理结构无法满足目标时，那么个体就有改变治理结构的意愿，当个体的意愿在规模上增加到一定程度，即个体的意愿发展成为群体的意愿时，就有可能引起治理结构的改变。最直接的例子就是城市土地有偿使用制度的建立过程，这与改革开放以来外资的进入和土地市场转型中个体利益诉求是分不开的。

进一步，如果治理结构的规则在实现治理效率时面临正式制度的约束，那么积累到一定程度后正式制度也会面临被改变的压力。比如，中国为了实现土地资源的市场化配置，需要在宪法中明确可以把土地使用权从所有权中分离。因为根据之前的宪法，所有权是禁止交易的。但宪法修订后，使用权则可以在市场上交易。这种权利上的分离，为市场制这种治理结构奠定了法律基础。

最后，因为经济社会发展引起社会风俗习惯改变，在现实中也有很多例子。比如，新民主主义革命、解放战争等不同时期的土地改革引起的土地产权正式制度的变革，也同样引起了人们社会风俗的改变，从以前的封建社会下的"小农思想"逐渐转变为为了社会主义新中国勇于牺牲甘于奉献的现代公民思想。

这四个层次的分析框架，可以用于分析土地制度的变迁，也可以分析国家的正式制度如何影响地方政府的政策创新，还可以分析政府的体制机制如何影响土地制度的实施等。这是一个很有用的框架，后续章节中会经常用到。

在大学的学习生活也存在上述四种类型的制度（如专栏 1-1 所示）。

专栏 1-1　大学生活中四个层次制度的例子

- 社会基础的例子："好好学习、天天向上"；"我要成为社会主义的建设者和接班人"。
- 制度环境的例子：大学生要完成培养方案规定的学分。
- 治理结构的例子：在浙江大学土地资源管理专业的培养方案中设计了《中国土地制度》这门课，并且采取了线上线下混合式教学的方法。
- 资源配置的例子：A 同学在课堂上认真听讲、积极参与课上和课后的学习过程，最终该生成绩优良，且学有所获。

第一，学校、家长对我们的殷切期望，比如"好好学习、天天向上"，就属于一种非正式的制度，是长期以来形成的大学生在校期间应该做的事情的一种社会共识。这属于社会基础。

第二，所有的大学都有正式制度和学习规范，比如培养方案的学分是学生完成学业的基本要求，无论培养方案如何设计、内容是什么，都需要满足标准的学分要求。这属于制度环境。

第三，不同专业在设计培养方案时，会根据培养目标、实践对人才的需求等，进行差异化、多元化的课程设计，也会对教学方法、方式进行多样化设计。这些属于为了实现教学目标而选择不同的实施方式，涉及不同课程内容之间的互补关系、教师之间的互补关系、教师和学生之间的有效配合等。这属于治理结构。

第四，不同的学生在课堂上有着不同的表现。比如学生将自己的时间和精力在不同学习内容上的分配，决定了不同课程学习的效果。这属于资源配置。

五、评价土地制度的“三维度”分析框架

第二个制度分析框架可以用于评价不同制度的绩效，或用于比较不同制度的优劣，本教材将它称为“效率-分配-损耗”的分析框架。效率、分配和损耗，实际上是评价制度的三个维度。

效率是指土地制度是否满足最大化土地利用收益的目标，即通过配置实现了特定数量的土地要素投入获得最大的经济产出。这个维度是解决人与地矛盾、人与人之间矛盾的基础，只有尽可能实现土地资源利用收益的最大化，才能为后续调和矛盾提供更多的可能。

比如，我们一方面强调要保护耕地，另一方面又放任工业用地低效利用，且仍不断通过征收农地的方式来增加工业用地供应，这就存在效率上的问题。如果通过制度设计既提高占用耕地的成本，同时尽可能提高工业用地使用效率，那么保留为耕地还是转变为工业用地这对矛盾，将因为整体用地效率的提升而得到缓解。在给定相同用地指标的情况下，工业用地的节约集约利用带来更多的土地收益，满足了用地者的需求，满足了地方政府财政收入和公共支出的要求，也满足了保护农民利益保障国家粮食安全的要求。这是效率提升带来更多利益空间，让各方矛盾可以得到调和或缓解的例子。因此，效率是评价当前土地制度改革的重要维度之一。

分配是指土地制度是否满足特定主体享有特定土地收益的目标。具体土地制度在分配上的目标往往是由更上层的制度确定，但具体制度是否达到了相应的目标则是评价该土地制度的一个重要维度。

比如，改革开放的前30年里，经济增长带来的财富是以农促工、以农村支持城市为原则进行分配的，这为我们国家的快速工业化、城镇化提供了必要的资本支撑，具有历史意义。但是在农村、农民为发展做出了足够的牺牲后，需要对他们进行反哺。党的十八大、十九大以来，通过新型城镇化、乡村振兴和生态文明建设等来推动农村的后发发展，符合新时代土地制度改革在分配上的目标。可见，分配是评价土地制度的重要维度之二。

损耗是指土地制度是否满足最小化土地利用过程中各类损耗的目标。损耗与制度成本、交易成本有关，是人类社会“摩擦”的体现。长期以来，这种成本并没有引起足够重视，因为实践中更看重结果，很少关注效能。但是就像罗纳德·科斯曾经提出著名的科斯之问——“市场中为什么会出现企业”[①]一样，我们可以对土地制度改革提出一个类似的问题，为什么相同的土地制度改革在地方实践中出现了不同的组织模式？

---

① Coase R H. 1937. The nature of the firm. Economica，4（16）：386-405.

比如，在闲置宅基地和农房“盘活”过程中为什么出现了政府统筹推进、村集体自组织推进以及社会资本参与共建等不同模式？这个问题的背后揭示了在正式制度允许宅基地使用权进入市场以后，仍然面临如何组织宅基地使用权进入市场的治理结构选择问题——政府统筹有利于提供基础设施和公共服务，有利于降低市场信息成本和议价成本等；村民自组织有利于形成村民间的集体行动和降低事后冲突；社会资本参与有利于降低村民将宅基地使用权投入市场的初始成本，但可能面临后续在增值收益共享中的冲突等。这些不同的宅基地入市模式实际上揭示了不同的损耗。根据特定的地方情景需要选择最合适的治理结构来降低损耗，这构成了评价当前土地制度的重要维度之三。在国家提出治理体系和治理能力现代化后，评价土地制度尤其需要关注制度成本和交易成本最小化的问题。

“效率-分配-损耗”这个分析框架，系统展现了土地制度在经济效率、收益分配和制度损耗等三个维度上的评价标准。这三个标准也是当前土地制度改革完善的基本要求。后续的章节中也会经常用到这个分析框架来进行制度之间的比较分析。

专栏 1-2 尝试讨论不同情形下春运期间火车票购买的效率、分配和损耗。

专栏 1-2　比较下面情形中的效率、分配和损耗

春运期间如何购买火车票，是大家都很关心的事情。下述三种情形中的购票方式和制度，你能分别从效率、分配和损耗的维度进行评价和比较，并判断哪种方式是最佳的方式吗？如果将三个维度同时考虑，你的答案会变化吗？

情形 1：在窗口排队买票。

情形 2：通过 APP 抢票。

情形 3：出价高的优先获得车票。

请同学们一起讨论上述问题的答案。

六、本教材的结构

本章的最后一节将介绍后续章节的结构和主要内容。《中国土地制度导论》这本教材，有三个核心的教学目标，即领略土地制度变迁图景，解读土地制度热点问题，培养土地制度理论素养。土地资源管理及相关专业本科生关于土地管理和土地制度相关的知识体系还不够完整，需要一本在知识、技能和素养等各个层面都能够帮助大家尽快进入专业角色的教材。这本教材将尽力来承担这个使命。

整本教材除了第一章绪论和最后一章外，中间还有十章。这十章将分别介绍中国最重要的四类土地制度，分别是土地产权制度、土地规划制度、土地市场制度和耕地保护制度。针对每类制度，讲述制度内容及其变化的过程，以及实践中该类制度的焦点问题。同时，在各章中本书将酌情用四个层次和三个维度的分析框架去进行理论辨析、评价或解释。

在土地产权制度部分，第二章将在阐述产权的理论内涵基础上，对中国土地产权制度进行详细介绍，具体包括：现行的土地产权制度、土地调查制度以及迄今为止开展的三次全国土地调查、土地登记制度及不动产登记制度。本章还将解释新中国成立以来农村土地产权的变迁过程和城市土地产权的变迁过程，以及介绍当前在国有土地资源资产管理中的分级代理制度和农村集体开展的土地资产股份制改革内容。土地产权制度是所有类型土地制度的基础，也是激活地方政府和社会主体创造力的源泉，更是保障弱势群体权益底线不被侵害的屏障，因此可以称为土地治理的核心制度之一。

第三章会聚焦当前土地产权实践中的一个热点为题：为什么中国在只有国有和集体所有两类公有制产权制度的前提下也能够实现与理论上私有、共有和公有等多样化产权共存的制度体系相仿的绩效？该章会重点阐释公有制下所出现的中央和地方关系，地方政府面临的政府与市场关系等，来解释现实中存在的权益矛盾以及制度是如何针对性演进的。这些不仅能够让同学们充分了解中国土地产权制度，也有利于同学们对现有的政府纵向间关系和横向间关系有初步了解。

在土地规划制度部分，第四章会在阐释规划的理论内涵基础上，对中国现行的土地规划制度进行详细介绍，具体包括：新中国成立以来的土地利用总体规划制度及其变化过程、土地用途管制制度、土地审批制度、土地督察制度和最新的空间规划和空间用途管制制度。土地规划制度是政府参与土地资源配置，统筹土地用途空间布局和形态优化的重要抓手。在土地利用存在显著的外部性和专用性的特征下，政府通过强化土地利用总体规划和后来的空间规划对城乡各类空间格局进行统筹与引导，发挥用途管制对空间形态和各类用地边界的管控作用。完善土地用途转用许可制度，对城乡新增建设用地开展计划管理，以及建立土地规划定期评估和适时调整制度等，这些都是展现土地领域的治理体系和治理能力现代化的重要窗口，是土地治理的核心制度之二。

第五章会引入关于土地规划中的刚性与弹性的讨论，重点分析政府规划可能面临天然的决策有偏问题，以及介绍地方如何通过政策创新来克服上级规划的刚性问题，进而解决经济社会发展面临的用地指标约束等问题。具体包括浙江省早期在土地发展权上做的初步探索，以及其后续引发中央出台的城乡建设用地增减挂钩政策；以义乌的城乡新社区集聚和山东的合村并居两类案例为例，讨论地方政府在执行相同政策时出现的截然不同的社会效果等。这些内容将有利于提升同学们对规划管制与市场配置之间关系的理解。

在土地市场制度部分，第六章会在阐释市场的理论内涵基础上，对经济快速发展阶段的土地市场制度进行详细介绍。重点介绍改革开放四十多年以来形成的六个割裂的土地市场体系。第七章则针对深化改革阶段国家为了建立城乡统一建设用地市场体系而开展的允许集体经营性建设用地直接入市、宅基地“三权分置”下的用益物权实现以及征地制度改革等三类土地市场制度改革，同时介绍在城市土地市场中开展的产业用地新政和二级市场制度创新等。土地市场制度演化展现出在不同发展阶段有利于推动城镇基础设施建设，增强经济发展后劲，显化土地资产资本价值等作用，是土地治理的核心制度之三。

第八章会引入关于中国土地市场化进程的讨论，重点关注农村集体经营性建设用地入市改革中的效率与分配的问题，通过三个典型案例揭示正式制度的变化并不一定能够带来市场效率的提升和分配的公平公正。该章还将关注宅基地制度改革中的政府与村集体之间的关系，揭示在不同条件下政府主导宅基地盘活利用和由村民自发组织之间的优劣。该章还会介绍征地制度改革的核心难题，即如何让市场机制来确定征地补偿标准，这个部分将以地方的留用地政策创新为例进行讨论。这些内容将有利于提升同学们对土地市场化进程中的政府与市场之间关系的理解。

在耕地保护制度部分，第九章会在解释耕地保护与经济发展矛盾的基础上，对中国现行的耕地保护制度进行详细介绍，具体包括：耕地占补平衡制度、数量质量和生态“三位一体”的保护制度、土地整理复垦开发制度、土地整治和全域土地综合整治制度，以及新时代耕地保护面临的新问题和新战略等。粮食安全是经济社会健康发展的前提，保护耕地是保障粮食安全的基础。在当代中国经济社会和行政背景下形成的耕地保护制度，是土地治理的核心制度之四。

第十章会关注耕地保护在实践中的争论，比如为什么需要保护 18 亿亩的耕地，为什么地方政府往往有卸责的倾向，如何激励地方政府保护耕地。第十一章则关注新时代耕地占补平衡政策和生态产品价值实现机制。这些内容将有利于提升同学们对自然资源管制中政府与市场两种力量和相应政策工具的认识，更有利于判断生态文明阶段政府与市场在自然资源治理领域的地位和作用。

第十二章将总结和回顾本教材的全部内容，呼应在设计上所希望达到的三个目标，即带领同学们去领略新中国土地制度变迁图景，解读改革开放以来土地制度的热点问题，以及通过案例分析等方式锻炼同学们理论分析能力和专业素养。希望为同学们展现土地资源管理专业相关理论与实践的一个全貌，也期待能够让同学们对自己从事本专业的学习和未来的工作充满憧憬、对土地资源管理领域的从业者所做出的贡献充满尊敬，同时让同学们愿意作为我们中间的一分子共同肩负起建设新时代中国特色社会主义土地资源治理体系和相应制度的重任！

➤【本章总结】

土地是一种可以利用的自然资源。在人类社会发展的不同阶段，土地对人类的功能也在不断变化。越是土地用途变化频繁的阶段，人类对土地利用秩序的诉求就越明显。秩序的形成离不开人类自我形成的包括习俗、价值规范和强制规则的三类制度。土地利用秩序也离不开各类土地制度，而不同制度都是嵌套在相应的政治、经济和社会背景中。中国特色的土地制度体系主要包括土地产权及权属制度、土地规划及用途管制制度、土地使用及市场制度等三大核心制度。为了理解这些土地制度，四层次分析框架能够用来解释制度的形成和变化，而三维度的分析框架则可以用来评价制度。

➤【本章复习题】

1. 习俗、价值规范和强制规则作为三种不同的制度，各自的作用是什么？
2. 从四个层次分析框架角度如何理解土地正式制度的变迁？
3. 为什么土地产权、规划和市场是最核心的三类土地制度？

第二章

土地产权制度

产权是现代社会中一种最基础的经济制度，可以说产权会影响到所有的经济行为，而且现代社会中几乎所有国家都建立了产权制度。但是大家对产权的理解往往会有误区，一谈产权制度就联想到私有产权，甚至是私有制。实际上产权制度正如第一章中定义制度及介绍制度分类一样，产权制度也会因为不同情景需要而出现不同的设计，私有产权只是其中的一种。而且，即使是私有产权，也会因为相关主体的权利义务不同而出现不同的产权结构，比如私有产权也需要进一步明确是否允许转让、如何分配收益等。

作为本书关注的第一类制度，本章将从五个方面来介绍土地产权制度，分别是：①理解产权的理论内涵；②了解当前中国土地产权制度的内容；③观察新中国土地产权制度的变迁过程，具体将从农村和城市两类土地产权的变迁进行介绍；④关注实践中国家是如何认定产权及权籍的，具体包括土地调查和土地登记两项与产权相关的制度；⑤介绍在土地公有制下国家或农民集体保障土地资源得以有效利用的两项制度设计，即国有土地资源资产的分级代理制度和集体土地的股份制改革。上述五个方面的内容有助于清晰把握新中国成立以来的土地产权制度体系。

一、理解产权

首先，我们一起来理解产权的概念和内涵。在《慎子·逸文》中有这么一段话[①]：

“一兔走街，百人追之，贪人具存，人莫之非者，以兔为未定分也。积兔满市，过而不顾，非不欲兔也，分定之后，虽鄙不争。”

这段话体现出在战国时期的法家思想中已经出现了对产权问题的讨论。这段话大致的意思是，路上如果突然跑出一只兔子，众人就会都去追赶，因为谁捉到兔子，兔子就属于谁，这是产权没有界定的缘故；而集市上有卖兔子的，笼子里都是兔子，但众人走过时都不会去争夺，不是这些人不想要兔子，而是因为兔子是属于卖者的财产，路过者如果想要就需要付钱。这段话实际上体现了私人产权的作用，它可以建立市场的秩序，不会产生诸如争抢等人与人之间的冲突。

① 详见《慎子·逸文》第21句，中国哲学书电子化计划，https://ctext.org/shenzi/yi-wen/zhs。

那么产权是什么呢？产权是定义在何种条件下谁能够获得特定资源或收益的制度。产权的本质是确定特定资源的分配规则并建立相应的秩序。产权属于人类社会中的一种基本权利制度。因此，产权不是针对物品的权利，而是一种社会关系的体现。它界定了权利拥有人和权利相对人之间针对特定资源或收益的一种特定关系，并且这种关系由特定的权威来保证其合法性和安全性。这里的权威可以是国家，也可以是其他类型的第三方，比如人类早期部落的领袖，当代社会中一些村庄内部的长者等。

这里需要特别解释的是，一个人可以通过武力来实现其对特定资源或收益的占有，但这与拥有该资源或收益的产权不是一回事情，这只是物理上的占有。相反，产权是在一定社会群体内被正式认可的、被权威保护的权利，即使没有物理占有也会被承认的一种社会关系。因此，产权不是与生俱来的，如果没有社会关系的建构，就不存在所谓的产权，产权都是后天设计的。

关于产权，还有四项具体内容需要介绍，以进一步帮助大家从理论内涵上对产权制度有更为全面的了解，即产权的结构、产权的种类、产权的成本和产权的影响。

（一）产权的结构

理解产权制度需要理解产权的结构。一个形象的比喻是，产权制度是一个“黑盒子”，它里面是什么，只用产权两个字是无法概括的。产权制度实际上可以由一组具体的权利关系来组成，也就是文献中的“产权束”的概念。比如，一位学者曾经将所有权分解为多种类型①，其中有几项是我们日常能够接触到的权利。

（1）占有权（the right to possess）：在物理意义上对资源的排他性的控制权利。

（2）使用权（the right to use）：为了特定目的而使用资源的权利。

（3）经营权（the right to manage）：决定如何和由谁来使用资源的权利。

（4）收益权（the right to income）：从资源利用中获得产出剩余的权利。

（5）处置权（the right to capital）：将资源消费、破坏、卖给他人的权利。

（6）安全权（the right to security）：对抗他人任意占有使用等权利。

（7）转让权（transmissibility）：过继给继承者或后代的权利。

可以看出，产权并不是一个笼统的概念，它包含了在实践中由特定社会群体建构出的各类社会关系。上述的占有权、使用权等权利是其中的一些具体内容，对所有权的分解实际上是无法穷尽的，因为社会关系总是不断变化和出新的。这里可以通过举两个例子来分别说明打开产权的“黑盒子”的必要性以及组合新的权利的必要性。

比如，作为一片森林所有者的村集体，该集体不一定拥有对森林完整的使用权、经营权和收益权等。为了保护森林生态系统，政府将森林划定为经济林和生态林。该村集体只拥有经济林的经营和收益权，但无权对另一部分生态林进行处置、经营等。也就是生态林的部分权利被限制了。虽然此时该村集体在名义上还是拥有这片森林的所有权。

① Honoré A M. 1961. Ownership//Guest A G. Oxford Essays in Jurisprudence. Oxford：Clarendon：107-147.

再比如，对于去森林中打猎这样一个司空见惯的行为，如果用产权制度去描述的话至少需要同时具有三类权利。第一，森林的使用权，即进入一片森林射击特定动物的权利；第二，猎枪的产权，即对合法枪支的占有权和使用权；第三，具备使用猎枪的资质，即打猎的人获得了第三方批准的具备安全使用猎枪的资格。在现代社会里，如果一个人不能同时拥有这三项权利，就无法去森林中打猎。这是现代社会为了保护森林和保护野生动物而通过重新组合各类产权来形成新的产权制度的例子。

（二）产权的种类

理解产权制度需要理解产权的种类。除了产权“黑盒子”的内部，“黑盒子”之间也有区别。一般来说，产权可以分为四类：私有产权（private property）、共有产权（common property）、国有（公有）产权（state/public property）、开放产权（open access property）。

私有产权一般意味着权利主体是单个人或企业；共有产权一般意味着权利主体是一群人；国有产权意味着权利主体是国家；开放产权意味着没有特别明确的产权主体，或者说没有建立特定的产权制度。比如，对于一片森林，可以是私有产权，由一个林农或者一个森林企业所有；也可以是共有产权，由一个村庄、社区所拥有。在共有产权制度下，需要界定谁是村庄或社区的成员，以及定义作为成员可以拥有对于森林的何种权利；也可以是国有产权，由一个国家中所有公民拥有。国家此时对资源使用会有相应的制度设计，包括分配森林资源和规范森林的使用秩序等；当然，森林也可以是开放产权。但是很明显，开放产权意味着任何人可以对森林做任何事情。这个时候就可能会面临森林资源被过度砍伐而出现森林的减少或退化。全世界范围内天然森林面积的急剧减少正是因为这个原因。现实中森林资源多已经从开放产权向其他三类产权过渡，其原因主要有两个：一是照顾特定主体的利益而赋予排他性的产权，这是从分配的视角来设定产权；二是避免森林被过度使用或消除可能的外部性，也就是避免所谓的“公地悲剧”[①]。

除了上述四类正式的产权制度外，我们在现实中还能够观察到价值规范等非正式的产权制度可以用来作为补充。比如，在一些地方长期形成的耕作习惯会影响到土地具体的分配、使用等行为；或者，一个村集体长期以来形成的“增人增地、减人减地”的习俗也会影响到国家正式法律中要求的承包权长久不变的规则[②]。非正式产权制度的存在，也说明正式制度往往无法完整地定义产权，需要通过习俗习惯、道德规范等非正式的方式来弥补。同时，也说明正式制度本身还需要不断更新完善以适应现实的需要。

（三）产权的成本

理解产权制度需要理解产权的成本。不同类型的产权制度是没有绝对优劣的，决策者需要根据相应的外部条件对产权类型进行选择，选择一个最适合的产权制度。这是因为产权制度跟其他制度一样，其设计、执行、监管和完善等都是需要耗费成本，也就是产权制度需要考虑经济上的可行性。因此，现实中不同的产权制度有着自己的适用边界。

---

① Hardin G. 1968. The tragedy of the commons. Science，162（3859）：1243-1248.

② 比如，2008 年一份 2200 户的调查表明，认为农地承包期内“增人不增地”和“减人不减地”不合理的被访者比例分别高达 61.98%和 59.95%。详见，刘守英. 2014. 直面中国土地问题. 北京：中国发展出版社：27。

针对特定的资源该如何选择产权制度？如果资源可以低成本地分割，比如股份制公司中的股份，那么可以采取私有产权的形式，每个人获得其中一部分的产权，并且允许自由交易；如果资源难以低成本地分割，比如草场资源，此时往往采取集体共有产权的形式，每个人只是拥有成员权以及基于成员权的使用权，但这种权利对应的资源是无法分解的，从而无法单独出售。此时共有产权制度要界定每个成员在资源使用上的权利义务，为的是协调资源收益分配和内部使用的秩序；如果资源本身在空间尺度上比较大，比如自然保护区，这类资源因为无法准确刻画可能存在的外部性，因此往往以国有产权的方式来避免外部性造成的冲突。但是，此时要考虑国有产权往往面临所有者多目标的影响，比如是追求收益最大化还是追求公平分配等，这些目标会出现冲突而造成额外的成本。相比较而言，共有产权所有者比国有产权所有者的目标往往更为单一或简单，其出现冲突的可能性较低。

可见，每一类产权都有其在制度成本上的优劣势，进而也有其适用范围。这也就引发了后续诸如产权公共域、产权外部性等理论上的讨论，因为课程目标的原因，这里就不展开讨论了[①]。只要同学们注意一句话，即产权制度是没有绝对的优劣，需要根据特定条件来选择最合适的产权制度，就能够为本书后续的内容提供足够的理论支撑了。

（四）产权的影响

理解产权制度需要理解产权的影响。产权制度的选择会对资源（或收益）的分配产生明显的影响。这里用一个简单例子来说明。

两人坐在一个房间中：甲是烟民，乙不吸烟。

假设，甲吸烟的效用是 5 元，但甲吸烟会造成乙的效用降低 6 元。此时，社会最优的状态是甲不吸烟。但是，我们能够观察到，随着产权制度的不同，社会最优虽然都可以达到，但在甲和乙之间的收益分配会出现显著的差异。

第一种情形：甲有权吸烟，乙不能干预。

此时，乙会主动与甲协商，并给甲 5 元的补偿。假设案例中的人对金钱和香烟的效用是等同的，甲将接受补偿，并且不再吸烟。

第二种情形：乙有权利享有干净的空气，甲不能抽烟。

此时，甲与乙协商并答应给乙 5 元来换取自己吸烟的权利。乙因为 5 元低于自己效用降低的程度（6 元），因此会拒绝，甲无法吸烟。

在两个情形下，甲都不抽烟！社会最优都达到了。但是，两个情形下的收益分配的差异是明显的。

第一种情形：甲的净效用是 0 元，乙的净效用是–5 元。

对于甲，甲本可以抽烟，但没有抽，效用为–5 元，但获得了乙补偿的 5 元，这样总的效应是 0 元。对于乙，因为甲有抽烟的权利，所以乙原本是–6 元的效用，但他通过支付 5 元给甲换取了甲不抽烟，此时他的效用实际上只是–5 元。

---

① 如果大家对产权的成本理论感兴趣，可以阅读新制度经济学相关的教材。比如，柯武刚，史漫飞. 2003. 制度经济学：社会秩序与公共政策. 韩朝华译. 北京：商务印书馆.

第二种情形：甲的净效用是–5元；乙的净效用是0元。

对于甲，甲因为不能抽烟，这是制度要求的，对于他来说，这个制度造成他损失了效用5元。但因为自己没有获得补偿，也没有跟乙达成交易，所以甲的净效用是–5元。对于乙，因为甲没抽烟，对自己没有影响，同时自己也没获得额外的金钱，所以乙的净效用是0元。

通过这个简单的案例可以看出，产权的设定可以影响收益分配。这也是为什么在现实中，产权制度是基础性的制度，因为它能通过影响收益分配来影响每个行为人的激励结构，从而影响每个人的决策。

二、中国的土地产权

下面我们来看看当前中国土地产权制度的内容。《中华人民共和国宪法》（以下简称《宪法》）、《中华人民共和国物权法》（以下简称《物权法》）和《中华人民共和国土地管理法》（以下简称《土地管理法》）三项法律都涉及对中国土地产权制度内容的界定，它们对土地产权的相关表述是一致的。

（一）关于所有权

从《土地管理法》的表述看，“中华人民共和国实行土地的社会主义公有制，即全民所有制和劳动群众集体所有制。全民所有，即国家所有土地的所有权由国务院代表国家行使”。因此，全民所有制属于国有产权。而劳动群众集体所有，主要是针对在农村或城镇被特定农村集体经济组织内劳动者共同所有的土地，属于共有产权，其所有权“由村集体经济组织或者村民委员会经营、管理；已经分别属于村内两个以上农村集体经济组织的农民集体所有的，由村内各该农村集体经济组织或者村民小组经营、管理；已经属于乡（镇）农民集体所有的，由乡（镇）农村集体经济组织经营、管理”。以上是从所有制的角度对中国土地产权进行了两种分类，即中国存在两种所有权，一是国有，二是集体所有。

具体到不同区位上的土地资源，《土地管理法》进一步明确了“城市市区的土地属于国家所有。农村和城市郊区的土地，除由法律规定属于国家所有的以外，属于农民集体所有；宅基地和自留地、自留山，属于农民集体所有”。这是从空间上对不同用地类型的所有权进行了分类，即针对城市土地和农村土地两个维度对所有权进行了分类。简单地说，大多数城市土地属于国家所有；大多数农村土地属于集体所有。

《土地管理法》还明确说明，“任何单位和个人不得侵占、买卖或者以其他形式非法转让土地。土地使用权可以依法转让。”这一条款说明了所有权是不允许转让或交易的。但随着改革开放和市场经济的发展，为了避免经济活动面临所有权不能够转让的制约，法律定义了使用权，作为所有权中的一项权利单独划分出来，并允许使用权依法转让。这也就是法律中明确的“国有土地和农民集体所有的土地，可以依法确定给单位或者个人使用。”这段话可以看出，在中国，各类土地都有相应的所有权主体，也通过使用权的设立，明确了实际的使用者。这些为保障土地资源的利用秩序、提升土地利用效率和分配土地资源的价值奠定了制度基础。

同时，这些表述也能够呼应前一节产权制度理论关于“黑盒子”的表述，即法律上的产权制度的“黑盒子”已经被打开了。如果以“所有权和使用权”“城市和农村”两类维度划分，在实践中至少可以划分出四类产权结构，包括城市土地所有权、使用权；农村土地的所有权、使用权等①。

（二）关于使用权

使用权从所有权分离后，法律对使用权也做出了进一步的界定。下面本章从农村集体土地和城市国有土地两种类别分别进行阐述。

1. 农村集体土地使用权

对于农村集体土地，可以进一步分为农业生产用地（可以简称为农用地），各类建设用地（主要包括集体经营性建设用地、宅基地、公共设施和公益事业建设用地）以及未利用地（荒山、荒沟、荒丘、荒滩等）。

我们先来看看农业生产用地。

“农民集体所有和国家所有依法由农民集体使用的耕地、林地、草地，以及其他依法用于农业的土地，采取农村集体经济组织内部的家庭承包方式承包，不宜采取家庭承包方式的荒山、荒沟、荒丘、荒滩等，可以采取招标、拍卖、公开协商等方式承包，从事种植业、林业、畜牧业、渔业生产。”

——摘自《土地管理法》第十三条

这段法律内容给出了农用地使用权一般采取由农村家庭承包的方式，承包权即可以视为使用权。这种承包权本质上是农户拥有集体成员权的体现，即家庭免费获得承包权，不需要支付集体土地租金。值得提一下的是，近年来农用地的家庭承包制度出现了“三权分置”的创新，即所有权、承包权和经营权三种权利分别设置②，将经营权从承包权中进一步分离出来，允许其他主体（包括本集体内外不同主体）通过市场获得经营权来实际使用农用地。这主要是为了在保护集体所有制不变，农户承包权长久稳定的前提下，提升农用地的使用效率。经营权是有偿转让的，受让方要支付相应的费用给转让方，即后续主体出钱从原承包户手里购买到经营权。经营权实际上是一种新的衍生权利，亦即产权“黑盒子”的进一步细化。

上面法律表述中还进一步明确了如果是荒山、荒沟、荒丘、荒滩等未利用地，由于没有直接的经济效益，为了鼓励相关主体（尤其是外来工商资本）有积极性投资改善土地的经营条件来提升土地经济效益，允许通过招标、拍卖、公开协商等有偿的方式来出

---

① 中国实践中的土地产权制度的“黑盒子”被打开，也揭示了理论之于实践的价值。学习理论有利于我们理解实践，也有利于指导实践。当然，对实践的探索也有利于理论的创新和积累。

② 2014年1月中央一号文件《关于全面深化农村改革加快推进农业现代化的若干意见》中首次提出“农户承包权”和“土地经营权”的概念，要求在落实农村土地集体所有权的基础上，稳定农户承包权、放活土地经营权，并允许承包土地的经营权向金融机构抵押融资。经过随后四年的土地流转改革与实践，“三权分置”的内容于2018年以《中华人民共和国农村土地承包法》（简称《农村土地承包法》）第二次修正的形式确立了下来。此次修改明确了土地经营权为流转的客体，增加了经营权登记和融资担保的相关规定。

让未利用地的承包权。这种使用权的出让方式，就不是为了体现成员权，而是为了显化经济效益。当然，出让承包权和相应经济效益由全体村民共有，由村集体代表全体村民行使相应权利。

我们再来看看农村建设用地。本章分别针对宅基地、集体经营性建设用地、公共设施和公益事业建设用地等三类农村建设用地来说明。

首先看一下宅基地。

> “农村村民一户只能拥有一处宅基地，其宅基地的面积不得超过省、自治区、直辖市规定的标准。人均土地少、不能保障一户拥有一处宅基地的地区，县级人民政府在充分尊重农村村民意愿的基础上，可以采取措施，按照省、自治区、直辖市规定的标准保障农村村民实现户有所居。”“农村村民出卖、出租、赠与住宅后，再申请宅基地的，不予批准。国家允许进城落户的农村村民依法自愿有偿退出宅基地，鼓励农村集体经济组织及其成员盘活利用闲置宅基地和闲置住宅。”
>
> ——摘自《土地管理法》第六十二条

这段法律条款说明宅基地的使用权也是一种成员权。本集体成员免费从村集体获得宅基地的使用权。当然，法律进一步规定了各省区市应出台每户农民获得免费的宅基地的面积标准。宅基地使用权可以转让，分为两种情况。一种情况是村民将地上的房子出卖、出租、赠与后，“地随房走”，宅基地使用权不得不随房子转让，但此时规定出让方不得再申请新的宅基地；另一种情况是进城落户（即户籍农转非）的村民，因为退出了村集体成员身份，其宅基地可以有偿退还给村集体或本集体成员。法律上“鼓励”由本村集体或内部成员盘活利用这些“退还”的宅基地，在该条款中没有明确是否允许本集体之外的成员包括城市居民来盘活利用这些宅基地。这给实践中农村宅基地改革和管理工作留下了“伏笔”。

但是，在《土地管理法》第六十三条中只明确了“土地利用总体规划、城乡规划确定为工业、商业等经营性用途，并经依法登记的集体经营性建设用地，土地所有权人可以通过出让、出租等方式交由单位或者个人使用”，意味着农村集体建设用地中只有经营性建设用地是允许对外出让、出租，这也就意味着宅基地在目前仍然是不允许的。城市居民是不允许购买集体土地上的住宅的，否则会被视为“小产权房”而不予登记，进而无法受到法律保护。而外来农户因为没有集体经济组织成员权，因此也无法享有正常的成员权益，导致对购买宅基地也没有太多的意愿。因此，法律中的“鼓励”的字眼，体现了国家对宅基地使用权转让的一种主导方向，即在本集体内部进行交易和盘活。当然，也值得一提的是，宅基地最近几年也出现了“三权分置”，即所有权、资格权和使用权的分离上的创新①，这个主要也是类似于承包地“三权分置”的目的，即保护集体所有权、保障农户成员权，激励外来工商资本投资使用权的积极性，这个使用权在不改变集体所有权和农户成员权的前提下，通过使用闲置的农房及其宅基地来发展民宿、乡村旅游等

① 2018 年中央一号文件明确提出，“完善农民闲置宅基地和闲置农房政策，探索宅基地所有权、资格权、使用权‘三权分置’，落实宅基地集体所有权，保障宅基地农户资格权和农民房屋财产权，适度放活宅基地和农民房屋使用权”。

新兴业态。目前地方实践中，这种宅基地的使用权的流转大多是以租赁、抵押等方式存在，而非使用权的出让或转让，体现了地方在改革过程中的审慎原则。

我们再来看一下集体经营性建设用地，根据 2019 年修正的《土地管理法》，集体经营性建设用地的使用权相较之前已经有了非常明显的变化。修正前集体经营性建设用地是不允许进入市场转让的，只能由村集体经济组织开办的乡镇企业自用。也就是使用权只是自用。但修正后的法律做出了明显的调整，集体“土地所有权人可以通过出让、出租等方式交由单位或者个人使用”“通过出让等方式取得的集体经营性建设用地使用权可以转让、互换、出资、赠与或者抵押”。

新法中的这些变化，实际上赋予了集体经营性建设用地与国有建设用地一致的使用权。当然，在区位条件、基础设施配套、规划管控等方面，集体经营性建设用地与国有建设用地还有差异，会影响到使用权的效能。这些差异的影响本书将在讨论土地市场制度时展开论述。

而对于公共设施和公益事业建设用地，其用途是诸如村集体的管理用房、养老设施、道路、晒谷场等公共设施和公益事业用地，属于村庄的公共物品，因此在保持所有权属于集体不变的前提下，使用权是由该集体内部人所共同享有。这里的使用权属于一种共有产权，而不是之前讨论的各种使用权或承包权，后者本质上属于私有产权。

以上本章逐一说明了农用地、未利用地、宅基地、集体经营性建设用地、公共设施和公益事业建设用地等五类农村土地的使用权制度安排。另外，还需要说明的是，《土地管理法》也明确了农村各类土地的使用权年限。

“家庭承包的耕地的承包期为三十年，草地的承包期为三十年至五十年，林地的承包期为三十年至七十年；耕地承包期届满后再延长三十年，草地、林地承包期届满后依法相应延长。国家所有依法用于农业的土地可以由单位或者个人承包经营，从事种植业、林业、畜牧业、渔业生产。发包方和承包方应当依法订立承包合同，约定双方的权利和义务。承包经营土地的单位和个人，有保护和按照承包合同约定的用途合理利用土地的义务。”

——摘自《土地管理法》第十三条

这说明农村从事农业生产的土地，如果是集体土地使用权的话，其期限是根据耕地、草地、林地三种类型来划分，分别是 30 年、30～50 年、30～70 年，这些期限既体现了相应农业活动周期，也给出了实际操作中的弹性空间。如果是国有土地从事农业生产的话，其使用权期限由承包合同约定。可以看出，对集体土地使用权期限的明确界定，主要是为了保护农民利益，维护产权的稳定。

而对于农村建设用地，比如宅基地，使用年限没有明确期限。对于公共设施和公益事业建设用地，使用年限也没有明确期限。集体经营性建设用地使用权的出让及其最高年限，参照同类用途的国有建设用地执行。

可以看出，无论是农用地还是建设用地的使用权期限设定，都跟土地用途实际需要是相一致的。因为成员权是没有明确期限的，则基于成员权分配的宅基地和公益类用地使用权也就没有明确期限。而集体经营性建设用地的使用权跟成员权无关，其出让和产业有关，根据产业特征进行了相应的期限设定。

2. 城市国有土地使用权

城市国有土地使用权类似于农村土地使用权，也分为无偿获得和有偿获得两种。但和农村集体土地相比，因为不涉及成员权等引起的公平公正和历史遗留等复杂问题，因此制度设计相对简单一些。

对于无偿获得的城市土地使用权，也就是通过划拨方式无偿取得的土地使用权，主要是以下几类用地：

“（一）国家机关用地和军事用地；（二）城市基础设施用地和公益事业用地；（三）国家重点扶持的能源、交通、水利等基础设施用地；（四）法律、行政法规规定的其他用地。”

这些以划拨方式无偿获得的土地使用权因为与公共利益有关，因此一般不明确使用期限。

对于有偿获得的城市土地使用权，也就是通过出让的方式有偿取得的土地使用权，是针对在上述划拨取得用地类型之外的其他类型用地。这里的有偿获得就是指使用权人通过缴纳土地出让金和相关税费来获得土地使用权的方式。具体出让方式这里不详细介绍，会在本书后续的土地市场制度章节详细阐述。

对于城市土地使用权应当满足国土空间规划管制要求（若还未编制空间规划，则需要满足土地利用总体规划、土地利用年度计划和建设用地标准的相关要求），同时要按照土地使用权出让合同的约定或者土地使用权划拨批准文件的规定使用土地。这些都是国家公权力对土地使用权所做出的限制。

另外，根据《中华人民共和国城镇国有土地使用权出让和转让暂行条例》，城市国有土地使用权年限为：

“居住用地 70 年；工业用地 50 年；教育、科技、文化、卫生、体育用地 50 年；商业、旅游、娱乐用地 40 年；综合或者其他用地 50 年。”

可以看出有偿获得的国有土地使用权不是无限期的，一般都会根据相应产业生命周期进行使用期限的限定。这是体现和保护国有土地所有者权益的需要。但是，在现实中这些年限的设定还是逐渐面临了一些新的问题，比如使用权到期后如何续期？另外，工业用地 50 年相对于民营等工业企业的产业周期偏长，导致企业破产后土地盘活利用受限等。这些问题也引起了针对使用权期限相关制度的调整，但目前来说仍然在探索中，并未形成统一的法律或国家层面的制度变化。

比如，目前包括《物权法》等法律中只是在原则上对续期进行了明确，但是否再缴纳土地出让金以及土地出让金标准如何确定等还未有定论。而工业企业弹性年期等政策创新也只是停留在地方层面的探索中，国家还未改变现有的法律。这些制度变化缓慢主要是因为涉及明显的利益调整，在当前的利益矛盾还未突出的情况下，正式法律还可以等一段时间后再决定如何改变。

正如在本章第一部分理解产权部分所介绍的那样，具体的产权制度的设定原因多与两类因素有关：一是产权制度背后涉及的利益分配，二是产权制度的成本。中国的土地产权制度从这两类因素来看都比较复杂，也一直在动态变化，所以中国的土地产权制度一般不会轻易变化。

本章第三部分将以城市和农村两类土地产权制度的变迁为例，借助威廉姆森的四个层次的分析框架从宏观上介绍和解释中国产权制度的演化过程，重点关注产权变化背后的利益分配和成本优化的目的。土地产权制度所引起的其他更为深远的影响，本书会在后续课程中结合其他土地制度另行介绍。

三、解释中国土地产权制度变迁

新中国的土地产权改革是分别在城市和农村两个封闭系统内部进行的，这既是城市和农村不同的经济发展阶段使然，也是城乡二元格局等体制机制影响的结果。下面分别用集体农用地产权变迁和国有建设用地产权变迁两类制度变迁为例，来说明和解释新中国土地产权制度的演化过程。

（一）农村土地产权制度变迁

新中国农村土地产权的变迁过程主要分为四个阶段，即土地改革的产权私有化阶段（1952 年前）、互助合作和人民公社下的产权公有化阶段（1953～1977 年）、集体所有权和农户承包权分离的阶段（1978～2002 年）、农地承包权（经营权）可依法流转的阶段（2003 年至今）。

本书在第一章中介绍了威廉姆森的四个层次的分析框架，包括第一层次的社会基础、第二层次的制度环境、第三层次的治理结构和第四层次的资源配置。本章将借助这个框架来观察土地产权变迁过程中的制度变化是在哪个层次上发生的，以及解释为什么会发生变化。

第一阶段的土地改革是从第二层次政体制度的变化开始的。首先，中国特色社会主义制度和人民民主专政的政体结构势必要求没收资本家和地主的土地，并分配给农民。这种在第二层次上政体制度的变化自然地实现了产权的转移。同时，第一层次“耕者有其田”和“平均主义”的思想为没收并平均分配产权奠定了社会基础，保障了土地改革能够得到广大民众的支持。

然而，由于个人拥有的生产资料、经营能力和知识经验不一样，出现了贫富的两极分化（即第四层次的变化）。为了解决生产的低效率，互助合作的治理结构出现了（即第三层次制度的变化）。从“初级社”“高级社”再到“人民公社”（1953～1977 年），治理结构的改变导致了农村土地产权从私有到公有的变化（即第二层次制度的变化）。这个阶段，农民并没有因为失去土地产权而出现大规模的抗议，这又是因为第一层次的社会基础起到了保障作用。东方的文化传统中民众对中央权力的依赖性、认同感，以及长期以来形成的集权意识，大大节约了第二层次制度变迁的成本。在“共产”“无产阶级光荣”等号召下，人民公社制度平稳地将土地产权从私有转变为公有。

但是，集体产权由于激励机制弱、监督成本高、农业生产效率低下（即第四层次的影响），逐渐孕育了1978年的家庭联产承包责任制（即第三层次的制度变化）。经过几年发展最终成为国家的正式制度，形成了所有权与承包权的分离（即第二层次的制度变化）。此时，集体所有权和家庭承包权相结合的产权结构，与第一层次的社会基础也有关系。一方面，所有权和使用权的分离维护了集体所有的特征，避免了所有权与国家政体上的冲突（即第二层次上的政体制度对第三层次建立以家庭为单位的使用权制度的影响）。另一方面，以家庭为单位也大大减少了制度的成本，节约了农户与政府之间达成合约的交易成本。而且，以家庭为单位反过来在实际生产过程中能够很好地解决"生产队"体制下劳动的卸责，以及对劳动的监督和收益分配上的困难等问题，促进了农业生产的效率（即第三层次家庭为单位的生产制度对第四层次的生产效率的影响）。同时，为家庭尽责尽力、牺牲等伦理，保障了家庭承包的产权的实际效率（即第一层次的非正式制度对第三层次以家庭合作为生产组织形式的影响）。

随着社会经济格局的变化，承包权的流转需求受到了农村劳动力的非农转移和农业规模生产的刺激（即第四层次上的改变引起了对第三层次制度改变的需要）。2003年《农村土地承包法》和2007年《物权法》在正式制度层次虽然规范了农地流转的行为（即第二层次的制度的初步变化），可是这种流转在用途、区域范围、二次合约等方面受到了诸多的限制，更重要的是早期并不存在农地的市场价格体系，这与实现农地承包权转让由市场配置的目的相差甚远（即早期第二层次的原有制度限制了第三层次的创新，第三层次创新的滞后限制了第四层次农业生产效率的提升）。所以，随着2008年10月中共十七届三中全会的召开，全覆盖式的农村土地定级估价与土地流转工作的推进，成为当时农村土地管理的基础工作之一（即第二层次上的制度对第三层次制度改进的要求）。在2013年11月中共十八届三中全会上，中央进一步提出鼓励承包经营权在公开市场上向专业大户、家庭农场、农民合作社、农业企业流转，发展多种形式规模经营。随后，2016年10月中共中央办公厅、国务院办公厅印发《关于完善农村土地所有权承包权经营权分置办法的意见》，正式明确了农用地所有权、承包权和经营权的三权分置。在2018年修正的《农村土地承包法》中正式确立了"三权分置"的内容，明确了土地经营权为流转的客体，增加了经营权登记和融资担保的相关规定（即第二层次上正式制度的变化）。这些制度创新为在保障集体所有制和农户成员权的前提下，放活农用地的经营权给出了坚实的制度保障。农地"三权分置"在坚持了农地承包经营长久不变的基础上，放活了土地经营权，为农地利用效率的提高、农村集体提升土地规模化收益找到了出路（即第二层次制度的正式变化为后续第三和第四层次的制度创新提供了重要的制度保障）。

（二）城市土地产权制度变迁

城市土地产权的变迁过程也可以分为四个阶段，即1949年后国有土地有偿使用阶段（1954年前）、行政划拨的国有土地无偿使用阶段（1955～1987年）、现行国有土地有偿使用形成阶段（1988～2005年）、现行国有土地有偿使用确立阶段（2006年至今）。

第一阶段的土地有偿使用指无论是全民所有制单位还是集体所有制单位，只要使用城市国有土地，都必须向国家缴纳租金和有关税费。这一时期从制度上并未否定城市土地具有交换价值、可以收益的商品属性。这是因为在新中国成立之初，在社会经济体制还未健全的情况下，需要在一定条件下延续新中国成立以前的土地产权安排（即第二层次相关制度不健全的影响）。同时，因为此时农村也继续延续私有产权制度，所以对国有土地实行有偿使用制度也符合整个经济系统的价值体系（来自第三、四层次上相关制度的影响）。

1954 年后，中国建立了高度统一的计划经济体制，城市土地也完全通过政府无偿划拨来满足使用者的需求（即第二层次影响第三、四层次）。无偿划拨的形式实质上否定了土地在经济上的交换价值，所有权的自由流转也被禁止了。这主要是受到社会主义建设初期社会基础的影响，包括劳动价值论引起的对商品价值的判断、社会生产中形成的共有和按需分配的观念等，所有这些第一层次上的因素决定了第二层次制度的内容。

到了改革开放以后，国家为了适应向市场经济体制转变的要求，同时为了吸引外资和增加外资的安全感，实行了城市土地使用权与所有权分离的产权制度。同时，允许使用权根据法律规定和市场规律进行转让（即第三、四层次的变化逐渐引起第二层次的改变）。但该阶段（1988～2005 年），受长期以来的土地无偿使用习惯的影响（第二层次原有制度对第一层次的影响），使得政府在实际操作过程中更多还是采用行政色彩更浓的协议出让方式，土地出让价格往往受到非市场因素的影响，城市土地使用权的经济价值并没有在市场上立刻显现出来（即第一层次仍然影响到第二、三、四层次）。

直到 2006 年国务院印发《关于加强土地调控有关问题的通知》，城市所有经营性和生产性用地都必须采用招、拍、挂等符合市场配置原则的竞争性出让方式，才基本上消除了之前土地无偿使用的观念对市场配置土地的影响。这是政府在面对土地调控中出现的建设用地总量增长过快，低成本工业用地过度扩张，违法违规用地、滥占耕地现象屡禁不止等现象采取的措施（本质上是第四层次上土地低效配置对第三层次上土地招拍挂市场交易制度创新的诉求）。同时，在第三层次上的变化有利于土地市场机制的健全，对第二层次上的市场经济转型也有帮助（即第三层次反馈并促进了第二层次的土地市场制度的健全）。这种健全的趋势可以说一直持续到现在——实践中可以观察到，城市国有土地市场体系一直处于不断完善的过程中，比如近年来国有土地二级市场制度的健全过程，以及城乡统一建设用地市场制度的建立健全过程[①]。

前面通过四个层次的分析框架分析了新中国土地产权制度在农村和城市两个系统内部的变迁过程，这里做一个小结：土地产权的改革，不仅是正式制度改革的问题（第二层次），还受到其他方面的因素，尤其是文化（第一层次）、法律（第二层次其他因素）、治理（第三层次）、行为（第四层次）等多方面的共同作用。文化层次，已经被证明会对产权的变化产生影响。因此，如何合理利用这些非正式制度的作用来促进第二层次制度的改变，进而促进第三层次和第四层次的绩效，是一个重要的探索方向。法律、治理两种不同层次的内容，既受到第一层次社会基础的影响，又直接决定了第四层次资源配置的绩效。因此，关注并应对第四层次上的土地生产效率和收益分配的变化，是土地产权制度及其治理体系改革的关键。土地产权制度体系能否及时且有效应对变化，将直接影响到国民经济增值和社会发展的绩效。

---

① 这些内容会在第六章和第七章的土地市场制度部分详细介绍。

四、土地产权制度的两项前置制度

在解释土地产权变迁的过程后，我们可以再看看土地产权制度在现实中还需要哪些配套的制度来构成产权的制度体系。下面要介绍两类制度，第一类是前置制度，也就是没有前置制度，产权制度很难建立；第二类是后续制度，没有后续制度，产权制度很难落地实施。前置制度主要包含土地调查制度和土地登记制度。

（一）土地调查制度

土地产权的确定需要首先确定土地的自然条件和相关的社会属性。这些基础信息一般是通过土地调查来实现的。土地调查就是指“对土地的地类、位置、面积、分布等自然属性和土地权属等社会属性及其变化情况，以及永久基本农田状况进行的调查、监测、统计、分析的活动”。这是自然资源部《土地调查条例实施办法》中对土地调查的定义。

从类型上看，土地调查包括全国土地调查、土地变更调查和土地专项调查。全国土地调查，是指国家根据国民经济和社会发展需要，对全国城乡各类土地进行的全面调查。土地变更调查，是指在全国土地调查的基础上，根据城乡土地利用现状及权属变化情况，随时进行城镇和村庄地籍变更调查和土地利用变更调查，并定期进行汇总统计。土地专项调查，是指根据自然资源管理需要，在特定范围、特定时间内对特定对象进行的专门调查，包括耕地后备资源调查、土地利用动态遥感监测和勘测定界等。三种类型的土地调查共同构成了土地产权的权籍基础，但各自的作用和地位又不同。

1. 全国土地调查

全国土地调查是国家土地产权和管理制度的基础，覆盖全国所有城乡土地，是其他两类土地调查的基础。后续的变更调查和专项调查一般都需要与全国土地调查相衔接。当然，全国土地调查因为范围广、工作量大，更新的频次就比较低。至今中国共计开展了三次全国土地调查。根据 1984 年 5 月 16 日印发的《国务院批转农牧渔业部、国家计委等部门关于进一步开展土地资源调查工作的报告的通知》，第一次全国土地调查于 1984 年 5 月开始，这次调查一直到 1997 年年底结束，历时 13 年。技术、经费和体制机制等原因，导致耗时长且成果质量相对较低。可以说第一次调查是全国土地调查的一次尝试。

第二次全国土地调查于 2007 年 7 月 1 日全面启动，于 2009 年完成。调查的主要任务包括：农村土地调查，查清每块土地的地类、位置、范围、面积分布和权属等情况；城镇土地调查，掌握每宗土地的界址、范围、界线、数量和用途；基本农田调查，将基本农田保护地块（区块）落实到土地利用现状图上，并登记上证、造册；建立土地利用数据库和地籍信息系统，实现调查信息的互联共享。在调查的基础上，建立土地资源变化信息的统计、监测与快速更新机制。可以看出，第二次全国土地调查在技术、体制机制等方面具备了很好的调查经验，调查成果质量也相对明显提高，已经能够有效支撑土地资源管理的各项工作。

第三次全国国土调查（原称为第三次全国土地调查）是第三次全国性的国土调查，自 2017 年 10 月 8 日启动，于 2020 年全面完成（以 2019 年 12 月 31 日为标准时点）。第三次调查的任务是实地调查土地的地类、面积和权属，全面掌握全国耕地、种植园用地、林地、草地、湿地、商业服务业、工矿、住宅、公共管理与公共服务、交通运输、水域及水利设施用地等地类分布及利用状况；细化耕地调查，全面掌握耕地数量、质量、分布和构成；开展低效闲置土地调查，全面摸清城镇及开发区范围内的土地利用状况；同步推进相关自然资源专业调查，整合相关自然资源专业信息；建立互联共享的覆盖国家、省、地、县四级的集影像、地类、范围、面积、权属和相关自然资源信息为一体的国土调查数据库，完善各级互联共享的网络化管理系统；健全国土及森林、草原、水、湿地等自然资源变化信息的调查和统计以及全天候、全覆盖遥感监测与快速更新机制。可见第三次全国土地调查更为全面、先进和系统地完成土地调查，将全面细化和完善全国土地利用基础数据，掌握翔实准确的全国国土利用现状和自然资源变化情况，最终为自然资源管理各项工作奠定基础条件。

2. 土地变更调查

土地变更调查，是自然资源管理部门的日常工作内容，不需要像全国土地调查那样专门集中人力、物力、财力开展调查任务。它只需要由自然资源部统一部署，以县级行政区为单位组织实施。县级以上自然资源主管部门应当按照国家统一要求，组织实施土地变更调查，保持调查成果的现势性和准确性。根据自然资源部《土地调查条例实施办法》的规定，“土地变更调查，包括下列内容：（一）行政和权属界线变化状况；（二）土地所有权和使用权变化情况；（三）地类变化情况；（四）永久基本农田位置、数量变化情况；（五）自然资源部规定的其他内容”。可以看出，土地变更调查主要“以全国土地调查和上一年度土地变更调查结果为基础”，以年为单位，关注土地利用社会属性和自然属性方面的变化信息，“全面查清本年度本行政区域内土地利用状况变化情况，更新土地利用现状图件和土地利用数据库，逐级汇总上报各类土地利用变化数据。土地利用变更调查的统一时点为每年 12 月 31 日”。

土地变更调查也反映了每年度自然资源管理部门的工作开展情况，是上级部门核查、考核下级部门相关工作的一项依据。

3. 土地专项调查

土地专项调查由县级以上自然资源主管部门组织实施，专项调查成果报上一级自然资源主管部门备案。全国性的土地专项调查，由自然资源部组织实施。专项调查可以依附于全国土地调查或变更调查过程开展，也可以单独开展。主要是针对重点土地资源或土地利用情况进行调查，以获取全国土地调查和变更调查所未提供的信息，是前两种调查的有效补充。比如，针对耕地后备资源的专项调查，针对自然保护区的土地调查等。

（二）从土地登记到不动产登记

根据原国土资源部《土地登记办法》（2008 年 2 月 1 日施行，2017 年 12 月 29 日废止），“土地登记，是指将国有土地使用权、集体土地所有权、集体土地使用权和土地抵押权、地役权以及依照法律法规规定需要登记的其他土地权利记载于土地登记簿公示的行为”。可以看出，土地登记是土地产权制度的一项必备程序，是土地产权制度得以在实践中实施的基础。

当然，之所以《土地登记办法》被废止，是因为国务院于2014年公布了《不动产登记暂行条例》，明确规定国务院国土资源主管部门负责指导、监督全国不动产登记工作。2016年国土资源部公布实施了《不动产登记暂行条例实施细则》，对土地、海域以及房屋、林木等不动产登记制度进行了详细规定，进一步规范了不动产登记行为，细化了不动产统一登记制度。《土地登记办法》的主要内容已被《不动产登记暂行条例实施细则》的制度规范所替代。为了有效保障不动产登记法律制度体系协调统一，国土资源部决定对《土地登记办法》予以废止。

根据《不动产登记暂行条例》，不动产登记是指不动产登记机构依法将不动产权利归属和其他法定事项记载于不动产登记簿的行为。本条例所称不动产，是指土地、海域以及房屋、林木等定着物。下列不动产权利，依照本条例规定办理登记：

"（一）集体土地所有权；（二）房屋等建筑物、构筑物所有权；（三）森林、林木所有权；（四）耕地、林地、草地等土地承包经营权；（五）建设用地使用权；（六）宅基地使用权；（七）海域使用权；（八）地役权；（九）抵押权；（十）法律规定需要登记的其他不动产权利。"

可见，从土地登记到不动产登记，是为了整合不动产登记职责，规范登记行为，方便群众申请登记，保护权利人合法权益。因此，无论是土地登记还是后来的不动产登记制度，都是土地产权制度的基础。

五、产权制度的两项后续制度

中国特色社会主义产权制度最主要的特征是公有制，具体就是国有产权和共有产权制度，没有私有产权制度。这种产权制度下面临的首要问题就是如何解决所有者所可能面临的集体行动困境的问题。简单来说，就是究竟谁来行使土地的所有权。

为了解决这个问题，实践中有两项产权制度的后续制度，一是国有土地资源资产的分级代理制度，二是集体土地的股份制。这两项制度对公有制产权制度起到了必要的补充[①]。

（一）国有土地资源资产的分级代理

从理论角度看，如果产权为国有，资源所有者一般不得不采取委托的方式让少数人来组织资源利用和管理以实现资源的经济收益。根据中国目前土地的相关法律法规，国有土地资源资产的价值实现主要存在三次委托的过程。

第一，全民所有（即国有）土地的所有权由国务院代表国家行使，这意味着全民委托中央政府行使土地所有权；第二，中央政府本身不可能也做不到对每一块国有土地进行利用管理，因此这意味着中央政府还需要委托地方政府（包括省级人民政府和省以下人民政府）代为管理辖区内的国有土地；第三，地方政府也不可能包揽辖区的土地利用

① 本章只简单介绍这两项制度。关于这些制度的缘由和影响将在后续章节中讨论。

和管理，实践中地方政府通过出让或划拨手段有偿或无偿地将土地的使用权委托给具体的用地者经营，从而最终实现土地经济收益。

这种代理的机制在 2019 年 4 月 14 日中共中央办公厅、国务院办公厅印发了《关于统筹推进自然资源资产产权制度改革的指导意见》中得到了明确，即“国务院授权国务院自然资源主管部门具体代表统一行使全民所有自然资源资产所有者职责。研究建立国务院自然资源主管部门行使全民所有自然资源资产所有权的资源清单和管理体制。探索建立委托省级和市（地）级政府代理行使自然资源资产所有权的资源清单和监督管理制度，法律授权省级、市（地）级或县级政府代理行使所有权的特定自然资源除外”。

当然，这里有一个相对模糊的地方，即国务院行使所有权的资源清单和管理体制并没有明确内容，同时委托省级及其以下政府代理行使所有权的资源清单和监督管理制度仍然在探索阶段。这实际上揭示了目前实践中并没有对所有的自然资源包括土地资源明确代理的主体及其权限，同时也很难克服可能会面临的委托代理的难题，即代理者是否会尽心尽力为委托者服务。这个问题将在下一章中详细讨论。本章只明确说明，分级代理的制度目前仍然在建立健全的过程中，这个制度将是中国国有土地产权制度得以有效实施的一个必要延伸。

（二）集体土地的股份制改革

集体土地面临类似的问题，即在行使集体共有产权时也会面临集体行动困境。究竟谁来代表集体行使所有权？代为行使权利的主体能否保障集体土地得到最优利用？土地收益是否能够在集体内部公平公正的分配？

土地管理法明确集体土地所有权是由村集体经济组织或者村民委员会经营、管理，而在现实中农村集体各类资产产权归属不清晰、权责不明确、保护不严格等问题日益突出，侵蚀了农村集体所有制的基础，影响了农村社会的稳定，改革农村集体产权制度势在必行。但是如何充分体现农民作为成员的土地财产权益，并保障农民充分行使话语权？

在中央政府政策要求的指导下，各地正积极开展集体土地股份制改革，通过成立集体土地农业经合组织、股份合作社或股份公司等，使农民对集体资产享有充分的股权，以期公平有效地落实农村集体土地所有者权益。

2013 年党的十八届三中全会提出了保障农民集体经济组织成员权利，积极发展农民股份合作，赋予农民对集体资产股份占有、收益、有偿退出及抵押、担保、继承权的改革任务。2016 年，中共中央、国务院印发《关于稳步推进农村集体产权制度改革的意见》，提出力争用 5 年左右时间基本完成农村集体经营性资产股份合作制改革。

2017 年开始施行的《中华人民共和国民法总则》赋予了集体经济组织特别法人资格。2018 年，农业农村部、中国人民银行、国家市场监督管理总局印发文件提出，开展农村集体经济组织登记赋码工作，对全国各级农村集体经济组织赋全国统一社会信用代码，从而可以到相关部门办理公章刻制和银行开户等相关手续，以便发挥好管理集体资产、开发集体资源等作用。

2019 年中共中央办公厅、国务院办公厅印发的《关于统筹推进自然资源资产产权制度改革的指导意见》明确要求，“推进农村集体所有的自然资源资产所有权确权，依法落实农村集体经济组织特别法人地位，明确农村集体所有自然资源资产由农村集体经济组织代表集体行使所有权，增强对农村集体所有自然资源资产的管理和经营能力，农村集体经济组织成员对自然资源资产享有合法权益”。

值得关注的是2017年，中央农办、农业农村部组织开展了全国农村集体资产清产核资工作，历时3年该项工作基本完成。农业农村部在2020年7月公布了全国农村集体资产的家底：截至2019年底，全国拥有农村集体资产的5695个乡镇、60.2万个村、238.5万个组，共计299.2万个单位，共有集体土地总面积65.5亿亩①，账面资产6.5万亿元，其中经营性资产3.1万亿元，是集体经济收入的主要来源；非经营性资产3.4万亿元。集体所属全资企业超过1.1万家，资产总额1.1万亿元。

可见，土地资产是农村集体资产最主要的部分。这也是为什么国家一直鼓励集体土地股份制改革，成立集体土地农业经合组织、股份合作社或股份公司等，让农民对集体资产享有充分的股权，进而体现农民作为成员的话语权和财产权益。最终做到在农村集体土地所有权不变的前提下，通过完善和强化土地用益物权，使农村集体土地所有权权益实现最大化。

➢【本章总结】

产权可以细分为产权束，同时还可以重新组合成新的产权制度体系来适应约束或协调的目的。产权在发挥作用的同时也产生相应的成本，实践中需要在成本收益上进行权衡来实现产权的效率。产权还决定了收益的分配。实现人类互动的效率和收益的分配是产权存在的主要原因。中国土地的所有权只存在全民所有和集体所有两类，但实践中多通过衍生的各类使用权来发挥产权的作用。新中国成立以来农村土地产权和城市土地产权制度变迁揭示了这种不断衍生的过程。而威廉姆森四个层次的分析框架能够帮助我们理解产权变迁的原因。产权制度在实践中为了得到认定和实施，还需要调查、登记等两项前置制度，以及分级代理和股份制改革两项后续制度。

➢【本章复习题】

1. 农村土地产权变迁的过程有哪些具体阶段，各阶段变迁的动因是什么？
2. 为什么使用权要从所有权中分离出来？
3. 集体土地股份制改革的目的是什么？你可以借助威廉姆森四个层次的分析框架来解释吗？

① 1亩≈666.67平方米。

中国土地产权之谜

上一章介绍了中国土地产权制度体系的基本内容和变迁的历史，同时还提出了一个未详细回答的问题：土地公有制如何适应经济社会发展的实践需要？公有产权是否造成土地利用低效一直是理论争论的热点。既然土地公有制在中国体现了其良好的绩效，那么实践中是如何缓解公有产权可能引致的制度成本呢？

作为呼应上一章对中国土地产权制度的基本内容的介绍，本章的目的是通过对现实中土地产权热点问题的分析，来进一步帮助同学们理解土地公有制在治理结构上的制度设计。具体说，本章将从中央和地方关系的视角分析土地公有制（即第二层次制度环境）下的具体运行机制（即第三层次治理结构）。这是一种分权式的经营管理和集权式的行政约束相互作用下的治理结构，它为市场发挥作用提供了基本的产权条件，为国有土地的经济价值提供了有效的制度支撑。这种治理结构一定程度上实现了与西方产权理论中的私有产权相仿的绩效。

为了展示这个治理结构的作用机制和演化过程，本章以中央与地方政府针对国有建设用地所有者权益上的四次互动为例来进行阐释。通过学习本章的内容，同学们将能够理解该治理结构如何为地方履行中央的土地经济目标提供足够的激励和约束，同时中央政府在土地经济和非经济目标上的动态权衡会影响并不断塑造上述激励和约束机制的内容。

这其实就是解读中国土地产权之谜的钥匙。

一、中国的土地产权之谜

（一）产权之谜是什么？

西方学者曾经对市场经济转型的必要条件做了一个判断，即经济自由化、产权私有化和政治民主化等是实现市场经济转型成功的前提[①]。“公地的悲剧”这个经典的寓言故事，给我们的直观印象也是公共产权会造成资源被过度利用[②]。如图 3-1 所示，著名的经济学家丹尼尔·W. 布罗姆利曾以土地资源为例进一步提出，如果土地经济价值比较高，应优先考虑界定私有产权；只有当土地经济价值较低时，其他类型产权，即共有产权、

---

① Summers L H. 1992. The rise of China. Transition Newsletter，3（6）：7.

② Hardin G. 1968. The tragedy of the commons. Science，162（3859）：1243-1248.

国有产权、开放性产权才应被考虑[①]。上述这些判断似乎隐含着西方产权理论的一个逻辑，即选择合适的产权制度是保障资源经济价值实现的必要条件，否则就会出现一些不必要的"损耗"，无法满足资源配置效率最大化的要求[②]。

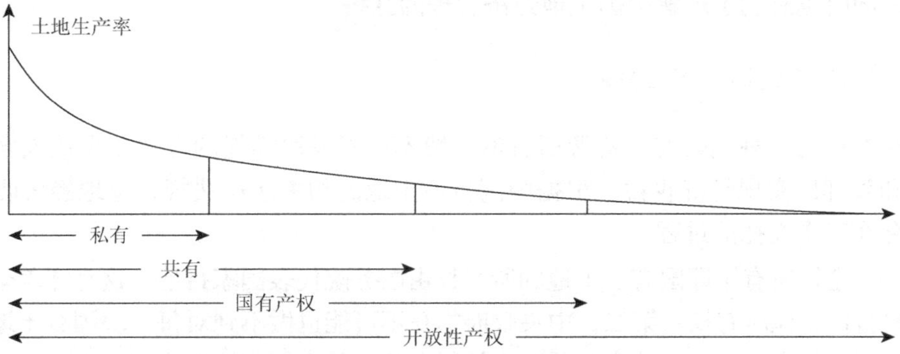

图 3-1　产权的多样性与土地生产率的匹配关系[①]

但是在中国，以国家所有和农民集体所有为形式的土地公有制表现出一个"产权之谜"：中国并没有根据土地经济价值的不同而采用多样化的产权设置，尤其是没有对价值高的土地采用私有产权，但是中国的土地利用却有效地支撑了改革开放四十多年来经济增长和社会发展的需要。"谜"一般是指无法被科学解释的现象，那么这里的产权之谜指的就是不能够被西方主流产权理论所解释的中国土地产权的绩效。土地产权之谜该如何解释呢？

有人可能会指出，虽然土地所有权是公有特征，但因使用权从所有权分离且可以交易，这样土地已经具备了私有产权的特征，因此就解释了为什么中国土地经济能取得良好的绩效。但是，这种解释只回答了在使用权市场上使用权人遵循市场经济规律的原因，却并不能回答一个重要的问题：土地进入使用权市场之前，地方政府为什么有积极性来管理并实现辖区内国有土地的经济价值？因为从产权角度看，地方政府并不拥有土地所有权（只是为国务院代理行使全民所有权），也不必然享有辖区土地的经济收益。

还有人给出公有产权实际上是"有意的产权模糊"的解释，即中央政府将本该没有任何歧义的土地产权故意模糊化，使得任何人都无法给出"谁是中国土地的拥有者"这一问题的明确答案，而这恰好是土地所有制得以稳定的原因[③]。而这种模糊也为政府在管理土地上的"政治艺术"提供了条件[④]。然而，这种"故意模糊说"对中央政府态度的揣摩因无法证伪而容易受到质疑[⑤]。而且，这种"故意模糊说"实际上也没有回答产权制度的内容是什么，无助于我们解释上述产权之谜。

那么，中国土地产权之谜究竟该如何解释呢？实际上，这个"谜"的提出至少说明

① Bromley D W. 1991. Environment and Economy：Property Rights and Public Policy. Oxford：Blackwell Publishing.

② Qian Y Y. 2002. How reform worked in China. William Davidson Working Paper Number 473；Xu C G. 2011. The fundamental institutions of China's reforms and development. Journal of Economic Literature，49（4）：1076-1151.

③ Ho P. 2005. Institutions in Transition：Land Ownership，Property Rights，and Social Conflict in China. New York：Oxford University Press.

④ 王金红. 2011. 告别"有意的制度模糊"——中国农地产权制度的核心问题与改革目标.华南师范大学学报（社会科学版），(2)：5-13，159.

⑤ 陈胜祥. 2014. 农地产权"有意的制度模糊说"质疑. 中国土地科学，28（6）：3-9.

西方的产权理论无法直接解释中国土地公有产权的绩效。此外，如果我们接受制度的质量决定一个国家的资源利用、经济发展和社会进步的观点[①]，那么在中国土地公有产权之下具体起作用的制度是什么？只有找到这种隐藏的制度才能够帮助我们解释上述公有产权之谜，同时也有利于理解中国土地经济管理的脉络。

（二）产权之谜分析的视角

如果产权为大规模公有，资源所有者一般不得不采取委托的方式让少数人来组织资源利用和管理以实现经济收益。根据中国目前土地的相关法律法规，土地经济收益的实现主要存在三次委托的过程。

第一，全民所有（即国有）土地的所有权由国务院代表国家行使，这意味着全民委托中央政府行使土地所有权；第二，中央政府本身不可能也做不到对每一块国有土地进行利用管理，因此这意味着中央政府还需要委托地方政府代为管理辖区内的国有土地；第三，地方政府也不可能包揽辖区的土地利用和管理，实践中地方政府通过出让或划拨手段有偿或无偿地将土地的使用权委托给具体的用地者经营，从而最终实现土地经济收益。

对于委托代理关系来说，如何激励代理者按照委托者的初衷进行决策是关键问题。上述土地经济的委托代理关系中，第一次和第三次的委托代理的激励机制不存在明显的问题。在第一次委托中，中央政府在实现国有土地经济收益上基本不存在卸责或者道德风险的问题，因为不仅全体人民的监督是很明显的约束（即反向激励），而且在实现土地经济收益的目标上中央政府与全体人民是统一的。在第三次的委托中，国有土地的使用者因土地使用权市场的存在而具有来自市场本身的激励和约束，即土地使用权的私有特征及其市场化使得用地者会按照市场规律来实现土地经济收益。

可以看出，最容易出现激励问题的是第二次的委托，即中央和地方之间（以下简称央地关系）的委托问题。地方政府因何和如何管理好辖区的土地来实现土地的经济收益的最大化？如果地方政府不是土地的所有者，当地方与中央在土地利用上的目标不一致时，委托代理就容易出现问题。尤其是，现阶段地方政府的目标不仅仅局限在土地经济收益本身，其他因素比如财政预算约束、地域经济竞争、个人政绩等方面，都会对地方的土地决策产生明显的影响。这些都可能造成央地目标的分歧，最终影响第二次委托中的激励效果。这种央地关系的激励问题，应该就是解释中国土地公有产权之谜的关键。本章就是要探寻这种央地关系中的激励机制是什么及其如何发挥作用。

二、地方政府代理行使国有土地所有权的激励机制

讨论土地管理的央地关系及其激励机制，不能忽视经济社会管理整体框架下的央地关系。中国自市场经济转型发展以来，在经济经营主体、价格机制、税制、产品市场、要素市场等方面都进行了一系列的改革[②]，总体的央地关系逐渐形成了一种以行政集权和经济分权为特征的体制。在行政上，中央政府对地方政府进行集权式的管理（比如人事

① 许成刚. 2009. 中国经济改革的制度基础. 世界经济文汇，(4)：105-116.

② 罗纳德·哈里·科斯，王宁. 2013. 变革中国：市场经济的中国之路. 北京：中信出版社.

任免）；而在经济上，中央政府则赋予地方政府相对充分的自治权，然后中央政府巧妙地将经济发展作为行政考核标准，有效地激励了地方政府在发展经济上的能动性和主动性，也就是形成了地方官员晋升上的竞争局面[①]。

在这场职级晋升的竞争中，随着价格机制、税制改革以及要素市场的逐渐放开，地方政府发现能够用于竞争的传统手段所剩无几。现阶段地方政府只有尽可能地提供更优越的公共服务，包括基础设施、营商环境、要素市场优惠或便利、税费减免或补贴等，来吸引外来的投资。值得关注的是，在这些所剩无几的手段中，土地作为一种工具，其作用非常明显。

与上述治理结构中“政治集权和经济分权”的特征类似，土地管理形成了一种以“分权的土地经济管理和集权的土地行政约束”为内容的治理结构。而这种治理结构在公有产权下完成了对土地利用的管理，一定程度上实现了西方产权理论中所设想的私有产权和市场配置相仿的效果，比如实现了土地经济收益的市场配置效果和土地作为要素投入促进经济增长的作用。

这种分权和集权结合的土地管理的治理结构，正是可以用于解释中国土地公有产权之谜的制度基础。分权的土地经济管理，意味着地方政府在实现土地经济收益上的自主权。而集权的土地行政约束，意味着中央政府在激励地方政府能动性的同时也建立了一种约束机制。这种土地的集权和分权管理特征使得地方政府会尽可能地实现土地经济收益，又不会明显地背离中央政府的其他目标。

为了更好地解释这种治理结构，本节先通过两个方面来解释地方政府的激励机制：一个是土地本身经济收益方面，即文献中常说的地方政府的“土地财政”；另一个是在职级晋升的竞争中地方政府以土地为手段进行要素市场整合来满足地域间竞争的要求，即我们常说的“跳出土地看土地”。后面第三节和第四节会详细论述地方政府的约束机制。

（一）土地财政的激励：在土地市场上的竞争

首先我们来看看土地财政的激励机制。

1994 年税制改革的影响是深远的，对缓解国民经济的市场扭曲起到了很大的作用[②]。同时，税制改革也使得增值税和土地租赁收入成为地方政府的主要收入来源，这实际上改变了地方政府在区域经济竞争中的行为。一个被广泛关注的独特的现象，即土地财政，出现了[③]。土地财政，一般可以理解为地方政府通过出让、抵押或出租的方式，以国有建设用地使用权获取土地收益的行为，从而满足在基础设施建设等方面支出的需要。

根据国土资源部历年的《中国国土资源公报》数据计算，从 1987 年底实施土地有偿使用制度至 2014 年底，土地出让收入已达 22.15 万亿元。根据国家统计局公布的统计数据计算，全国同期地方财政收入为 50.08 万亿元。可见这个时期土地出让收入占地方财政收入已经接近 50%。《国有土地使用权出让收支管理办法》中规定，土地出让收入全部缴入地方国库，全额纳入地方政府基金预算管理。很明显，土地出让金为地方政府在基础

① 周黎安. 2007. 中国地方官员的晋升锦标赛模式研究. 经济研究，42（7）：36-50.

② 吴敬琏. 2017. 当代中国经济改革. 北京：中信出版社.

③ 王瑞民，陶然，刘明兴. 2016. 中国地方财政体制演变的逻辑与转型. 国际经济评论，（2）：6，101-126.

设施和经商环境的竞争中提供了必要的财力支撑。那么，剩下问题就是如何尽可能地将辖区的土地“卖”出去。

在“卖地”时，地方政府面临不同的竞争情形。对于商业和住宅用地（商住用地），地方政府发现可以通过竞争性的手段（比如“招拍挂”等）来尽可能地卖高价；而对于工业用地，地方政府往往卖不出高价。表面上看，地方政府是为了吸引工业投资而采用低价的策略。实际上，正如一些研究指出的，地方政府能否卖出高价，取决于土地的区位专用性①。商住用地的区位专用性很高，开发商的目的是给本地的消费者提供商业或住宅用房，他们必须在本地购买土地，这使得政府可以尽可能抬高价格——开发商是竞争者；而工业用地的区位专用性相对商业或住宅用地来说并不高，即用地者不依赖于某一特定的区位来实现产品的生产和销售，工业产品主要不是卖给当地的人，这造成用地者之间竞争不激烈——地方政府在吸引用地者上是竞争者，只能采取低地价的策略②。

这样看来，如果是为了“以地生财”，地方政府会尽力管好、用好商业和住宅用地。相反，因为工业用地直接的土地收益相对不明显，似乎地方政府不会尽力管好、用好工业用地。不过，地方政府此时并不是为了土地的直接收益来管理工业用地，而是因资本要素市场竞争的影响，地方政府会“利用”工业用地来吸引更多的资本投资，比如刻意压低地价等。只是此时不仅牺牲了土地的直接经济受益，而且在诸如环境破坏、资源过度开发等非经济价值上的“副作用”也很明显。

无论如何，土地财政为地方政府履行中央政府的以市场配置为手段、显化国有土地市场价值的目的提供了足够的激励。反过来，这也说明了中国土地虽然是公有产权性质，但在经济目标上，中央政府并不担心地方政府出现“道德风险”问题。公有产权作为一种基础制度框架，可以应对现阶段实践的需要。

（二）经济社会发展的激励：在要素市场上的竞争

如果跳出土地的直接收益看，地方政府还面临一种循环的挑战。为了在区域经济发展的竞争中获胜，地方政府需要改善基础设施和营商环境，而这需要通过“卖地”获得更多的资金支持。而土地“卖”得如何，又取决于地方经济发展程度、基础设施配套条件和营商环境优劣等，即当地对外来投资的吸引力。这种循环使得各级地方政府与现代企业极其相似，努力让自己的“公司”在市场竞争中获胜。

从改革开放开始，中国政府主导的经济市场化转型经历了几个明显的阶段。首先是以权力下放和产品市场双轨制为主要特征的第一轮的国企改革（即改革开放至1988年之前），但因为政企不分和政府对要素市场的垄断等根本原因造成第一阶段的改革没有获得成功。相反，所谓的四大“边缘革命”（包括农业家庭联产承包责任制、乡镇企业、民营经济和经济特区），却在政府主导改革之外体现了市场化的绩效；在这种背景下，经过短暂的调整后，中国政府于1992年前后开始对价格体制（包括解除价格管制和消除产品市场双轨制等）、税制（包括简化税制、建立分税制和旨在弱化地方保护主义的税收管理制

① Tao R，Su F B，Liu M X，et al. 2010. Land leasing and local public finance in China's regional development：evidence from prefecture-level cities.Urban Studies，47（10）：2217-2236.

② 关于地方政府如何“卖地”的制度设计，详见本书第六章和第七章的土地市场制度。

度）等方面进行改革，为第二轮的国企改革（即以国有企业股份制改革和政府成立国资委为特征）在单一价格体系及全国统一产品市场等方面奠定了基础。而这些改革很快促进了全国上下资产和资本市场的建立。此时，企业（尤其是国有企业）发现，市场竞争已经从最初的产品价格竞争过渡到产品质量的竞争，进而再过渡到要素市场的竞争——如果在生产要素分配或购买环节具有优势，那么就能够在产品市场竞争中获得明显的优势。这种现象实际上引出了各级政府在市场转型中的特殊的地位和作用。如果企业在产品市场的竞争受到要素市场的制约，那么政府在要素上的调控作用对企业来说将举足轻重。

虽然经济体制层面的全国统一的公共市场已经逐步形成（比如消除了地区壁垒、产品价格放开等），但地方政府依旧影响着或者控制着许多重要的经济资源（包括贷款、垄断行业和具有经济价值的自然资源），土地就是其中的一个重要的要素。

土地在区位、规模、形状等方面具有明显的异质性，影响着土地的承载、经济和社会功能。企业的生产和经营在很多情况下仍然依赖于土地要素的投入，土地要素价格低、区位好、规划和用途管制有利等条件，能够明显地提升企业在产品市场中的竞争优势。正如前面土地财政激励中提到的，虽然表面上地方政府的工业用地供应不存在经济收益上的激励，但如何通过整合或者借助工业用地来吸引外来投资，对拉动地方经济有着非常重要的作用，这也是为什么早期会出现“低地价”“零地价”等现象的原因之一[①]。如果这种单要素价格上的降低能够带来整体经济收益的增长，同时实现地方经济竞争中的优势，那么就不应该认为“低地价”“零地价”是一种经济收益上的损失。

至此，可以发现在土地公有制下国有建设用地经济收益实现的三次委托关系中都存在着足够的激励机制让代理者能够用好、管好土地。当然这只回答了隐藏在公有产权背后的激励机制的内容，还需要看央地关系约束机制是如何与激励机制共同产生作用的。

三、地方政府代理国有土地所有权的约束机制

从央地关系中的权利分配看，代理所有权的激励机制和约束机制共同构成了治理结构的内容。允许地方政府在土地经济管理上的能动性，同时又不脱离中央政府的管控，这需要一定的代理所有权的约束机制。本节将关注这种集权化的土地行政约束（比如土地规划、计划和审批制度等），它让中央控制地方的土地管理行为成为可能。

偏重土地经济收益的分权化治理，往往会伴随着一些负面影响，比如土地低效配置、城市无序蔓延、生态环境破坏、开放空间减少、粮食安全受损等[②]。为了规避这些风险，中央政府设计了严格的用途管制与行政审批制度，尤其是，将土地利用总体规划、农地征收、“农转用”和建设用地供应这四类审批权集中在中央和省级人民政府，保障了土地治理上“从上向下”的刚性约束。这种刚性约束对土地经济管理分权起到了必备的平衡作用。

约束机制首先包含了严格的用途管制制度。土地用途管制，是根据规划目标来划定土地用途分区，确定土地使用限制条件，实行用途变更许可的一项强制性制度[③]。一般包

① 谭荣. 2014. 中国土地安全评论. 北京：金城出版社，社会科学文献出版社.

② Tan R. 2011. Reforming China’s land policy for its green target.Environment：Science and Policy for Sustainable Development，53（6）：29-33.

③ 关于用途管制制度将在本书第四章详细介绍。

括两个方面：一是对土地进行分区，即根据自然经济社会条件对不同地块的用途、功能等进行地域空间的划分；二是管制规则，即对不同分区内部和区域之间土地开发利用行为进一步制定规则，包括允许、限制、禁止土地特定用途和开发利用方式等。分区是为了协调、统筹不同土地利用，让土地利用更为科学合理；管制是为了落实规划的目标和分区的各项目标。这种用途管制制度包含了三类重要的土地指标，即规划期内的建设用地总量、耕地保有量及年度新增建设用地占用耕地指标[①]。前两类总量指标在规划期内对地方建设用地供应规模或耕地保有规模提出了总量要求，而第三类年度计划指标则在总量指标控制下决定了建设用地的年度供应量。如果地方政府的决策与中央政府的目标出现了明显的分歧，中央政府可以通过减少、停止年度计划指标的方式进行纠正或惩罚[②]。这使得地方政府不得不顾及中央的目标。

约束机制还包含了一套土地行政审批制度[③]。这套审批制度旨在保障各类指标管控的准确与合规。第一，土地利用总体规划实行分级审批。目前绝大多数情况下，只有国务院和省级人民政府两级行政机关有规划审批权。少部分设区市、自治州在得到省级授权后，可以审批乡镇级土地利用总体规划。第二，中央对农用地转为建设用地专门设计了审批制度。目前也只有两级农转用审批权限，一是国务院，二是省级人民政府，分别对应相应的土地利用总体规划的审批机关。只有少数设区市政府被授权审批相应乡镇土地利用总体规划时，才有权对相应乡镇的农转用进行审批。第三，国家对征收也制定了严格的审批制度。《土地管理法》中明确了只有国务院和省级人民政府具有征地审批权限。第四，建设用地供应审批是指为了具体建设项目而开展的用地许可审批。建设用地供应审批权限取决于项目用地涉及的规划的审批权限。

至此，隐藏在土地要素市场化背后的集权与分权相互依存的机制被刻画出来了：中央通过分权的方式让地方政府代以行使部分土地经济权力，然后通过集权的方式约束地方政府的土地利用决策。分权化的土地经济管理与地方政府经济发展总体目标相吻合，起到激励的作用；而集权化的约束机制又为中央政府保留了协调经济与非经济目标的政策手段。这种分权与集权、激励与约束的权衡，构成了土地公有制下的产权制度的核心治理结构。

这种在经济上分权经营和在行政上集权约束之所以能够产生上述激励与约束的效果，实际上类似于很多学者解释“中国经济之谜”的逻辑——在分权化的经济管理和集权化的政绩考核的共同作用下地方政府间形成了诸多以县为单位的地域经济竞争的局面，即中央通过将传统的计划经济体制分权并营造出 2000 多个以县为单位的计划经济体制，让这 2000 多个县级集体经济体制展开竞争，塑造了中国特色的市场化转型的道路[④]。类似地，分权化的土地经济管理和集权化的土地行政约束两种机制的相互作用，也形成了地方政府在代理土地的国家所有权上的竞争局面，这种竞争可以用于解释中国土地产权之谜。

---

① Tan R，Beckmann V. 2010. Diversity of practical quota systems for farmland preservation：a multi-country comparison and analysis. Environment and Planning C：Government and Policy，28（2）：211-224.

② 谭荣，曲福田. 2015. 土地非农化的治理效率. 北京：科学出版社.

③ 关于土地行政审批制度将在本书第四章详细介绍。

④ Qian Y Y. 2002. How reform worked in China. William Davidson Working Paper Number 473；Xu C G. 2011. The fundamental institutions of China’s reforms and development. Journal of Economic Literature，49（4）：1076-1151.

四、中央和地方政府关于代理所有权的互动

若要进一步理解这种集权与分权相互作用下的土地管理制度，离不开改革开放以来国家经济社会发展的大背景。尤其是，如果观察到央地关系在土地管理上的四次互动，可以进一步理解这种集权与分权相互依存的作用过程以及制度本身的演变。当然，上述制度不是突然形成的，无论是分权经营还是集权约束，其制度是逐步演化的，尤其是约束机制——实际上历史上除了仅有两次通过暂停年度新增建设用地供应计划（1997 年和 2004 年）来对地方土地经营进行直接调控外，中央多通过其他行政手段来约束地方政府的土地经济行为，这实际上揭示了中央政府也不希望影响与地方政府共同的经济目标。

地方的分权经营来源于土地有偿使用制度。正如本书第二章中介绍的，该制度是国家行使土地所有权权益的重要形式。在改革开放初期，如何解决城市建设资金的短缺问题，是中国政府面临的最大难题之一。20 世纪 80 年代后期，中央政府提出能否像国外一样，通过“让渡”土地筹集城市建设资金。在当时的体制机制下，政府最终采用“土地出让”一词代替了土地买和卖。自此，中国逐渐建立了城市土地一级市场及相应的土地出让制度。

此后，如何实现并提升土地在一级市场中的经济收益成为中央政府的关切。从 20 世纪 90 年代到 21 世纪初期，随着经济社会显著的市场化转型，土地在经济社会中的角色越来越重要。尤其在商品房制度和土地储备制度建立以后，土地从资源到资产再到资本的“三位一体”的属性正式形成，不仅推进了城市土地一级市场的繁荣，更为地方工业化和城市化奠定了急需的资本积累[①]。可以说，代理所有权上的央地关系在这个阶段是融洽的。然而，这种土地有偿使用制度在最初的制度红利释放以后，背后的问题也逐渐显现出来。

（一）央地互动第一阶段：招拍挂的尴尬

正如前面提到的，地方政府在履行土地有偿使用制度时是存在偏好的，尤其对于工业用地，往往不是将土地直接的经济收益放到第一位。同时，因成本相对较低，在一级市场供应的源头上往往对农民的土地进行过度征收，这进一步降低了土地资源的配置效率[②]。

为了让地方政府切实履行市场化配置土地的要求，降低国有资产流失风险，国土资源部在 2002 年 5 月发布《招标拍卖挂牌出让国有土地使用权规定》，在 2004 年 3 月下发《国土资源部、监察部关于继续开展经营性土地使用权招标拍卖挂牌出让情况执法监察工作的通知》，尤其是后者被视为地方政府出让经营性用地必须采用招拍挂等竞争性手段的最终“期限”。而国务院在 2006 年的 31 号文件《关于加强土地调控有关问题的通知》进一步要求工业用地也必须采用招拍挂方式出让，这又被视为中央政府进一步要求地方

① 曲福田，陈江龙，陈会广. 2007. 经济发展与中国土地非农化. 北京：商务印书馆.

② 谭荣，曲福田. 2006. 中国农地非农化与农地资源保护：从两难到双赢. 管理世界，（12）：50-59，66.

政府履行市场化配置土地资源的强烈要求——在《国土资源部 监察部关于落实工业用地招标拍卖挂牌出让制度有关问题的通知》中明确了 2007 年 6 月 30 日为工业用地也要遵循市场竞争价格出让的最终“期限”。

直观上看，地方政府不再有机会造成土地市场价格扭曲。但实际上，中央强制推行招拍挂仍然面临地方工业用地供应策略的挑战，即工业用地始终区位专用性较弱，使得工业用地市场需求方不存在激烈的竞争——这是现实中采用招拍挂出让工业用地后价格依然不像商住用地那么高的部分原因。而另一个更重要且隐含的原因在于，在满足中央强制性政策要求的同时，地方政府仍需要在其他要素市场上进行竞争。逐渐地，地方政府发现了一种能够应对招拍挂要求但又可以满足要素市场上竞争的方式：地方政府多偏好挂牌出让。从《中国国土资源年鉴》的统计数据上可以观察到，2006 年以后无论是商住用地还是工业用地，地方政府在出让方式选择上都更多使用挂牌的方式。

究其原因，首先，招标因只是一次性报价等原因，市场竞争不是非常充分，不利于土地竞争性价格的实现。其次，挂牌与拍卖直观的区别是，前者是时间较充分的竞价，后者只是短期的现场重复竞价。在最初，很多学者都认为挂牌的方式比拍卖的方式更有利于市场竞争，因为前者的竞争更为充分，竞争者可以有更多的时间和更充分的对手信息来考虑市场出价①，所以挂牌理应成为地方政府偏好的方式。但实际上，如果说地方政府偏好采用挂牌是为了进一步提高土地市场价格，就无法解释两个现象。一个是在工业用地上地方政府并不追求价格，相反还有动机通过低价来在要素市场上进行竞争；另一个就是商住和工业用地以挂牌出让的价格明显低于以拍卖出让的土地的价格。因此，必然有其他的原因使得地方更偏好挂牌的方式。

实际上，相对于拍卖，挂牌更利于地方政府在要素市场上竞争的能动性。可以从挂牌和拍卖的区别来理解这种能动性。挂牌一般分为两个阶段，第一阶段一般是 15～20 天的公开投标，且标价及时公布，投标者可以重复出价；第二阶段是在挂牌截止当天若还有两个以上竞价者竞价则转入传统的“英式拍卖”，即在现场出价高者中标。挂牌不同于拍卖的本质原因就在于第一阶段中地方政府可以影响竞价的过程和结果。比如，地方政府在挂牌程序开始前可以通过“量身定做”为其偏好的竞价者设定挂牌门槛，将其他潜在的竞价者排除，或者在挂牌开始后根据竞价者报价等信息“劝退”非偏好的竞价者。这意味着挂牌成为协议之后另一种可以被地方政府用于干预土地市场的出让方式——满足地方政府在土地要素市场竞争上的能动性②。

这意味着中央政府在全面推进土地招拍挂上虽然取得了一定的成效，国有土地取得了可观的经济收益，但地方政府依然存在过度干预土地一级市场的现象。而且在国有土地一级市场的另一端，即农地征收方面仍然存在一些地方政府过度征收农村土地的现象。为了进一步降低地方政府土地财政和地域竞争中的风险，中央政府在 2006 年前后开展了第二轮的改革。

---

① 曲福田，冯淑怡，俞红. 2001. 土地价格及分配关系与农地非农化经济机制研究：以经济发达地区为例.中国农村经济，(12)：54-60.

② Wang 和 Tang 的研究为此提供了部分证据。详见 Wang Y，Tang W. 2014. Managing urban growth：an investigation of Chinese governments' land allocation behaviors. Pacific Rim Conference on Financial and Economic Links and Institutions for Prosperity Working Paper.

（二）央地互动第二阶段：中央收权与地方应对

正如国土资源部原部长孙文盛在一次接受记者采访时说道："我国改革开放以来的土地管理制度一直是围绕保护耕地和保障经济发展展开的。"[①]这体现出当时中国土地管理的两个目标存在着一种潜在的矛盾。中央既需要实现土地的经济功能，又不能忽视土地的非经济功能，比如保障粮食安全。但是，在现行的政绩考核等机制下，地方政府可能只是在经济目标上与中央政府保持一致。

中央政府第二轮的政策改革主要包括"省以下土地垂直管理"、"土地督察制度"和"土地出让金收支两条线"等三项土地管理体制上的改革。这些改革的目的可以说都与中央试图改变地方政府仅关注土地经济目标有关。

1."半垂直"的尴尬

为了避免地方政府对地方土地管理部门的不当干预，尤其是违规审批农转用等，自2005年起省级以下土地管理部门的用地审批权和领导干部的人事权由地方政府管辖改为由上级国土部门管理为主（省到中央并不垂直管理）。这样做的目的很明显，即地方国土部门负责人可以只对上级国土部门负责。然而，该项改革并没有将财政和非主要领导干部的人事权等也一并垂直，财政预算、其他人事权依旧由相应地方政府管理。

这种"半垂直"实际上造成了市县乡三级国土管理部门有两个直接领导，一个是相应级别的地方政府，对财权、物权和内部职工的人事权进行管理，另一个是上级土地管理部门，对用地审批权、领导的人事权、业务规范等方面进行管理。实践中这种"双头领导"的"半垂直"体系对控制地方政府违规或抑制地方土地经济目标冲动并没有非常明显的作用，相反地方国土管理部门常常左右为难，最终导致地方国土部门在土地行政上的积极性降低。

2. 土地督察的困惑

国务院于2006年进一步授权国土资源部代表国务院对各省、自治区、直辖市，以及计划单列市人民政府土地利用和管理情况进行监督检查，即设立国家土地总督察（由国土资源部部长兼任），向地方派驻9个国家土地督察局，代表国家土地总督察履行监督检查职责，监督检查耕地保护、核查土地利用和管理的合法性和真实性，监督检查土地管理审批事项和土地管理法定职责履行情况等。这可以看作在"半垂直"之外中央采取的另一条用于控制地方政府土地管理目标分歧的措施。

目前来看，土地督察主要采用的是年度抽查的方式，每年选择若干市级或县级政府进行详查，对监督检查中发现的问题，向相关省级和计划单列市人民政府提出整改意见。对整改不力的，由国家土地总督察依照有关规定责令限期整改，整改期间暂停该地区的农用地转用和土地征收的受理和审批。因为涉及用地指标可能被暂停，督察制度的威慑力比较明显。

然而，土地督察制度实施以来也产生了一些困惑。就督察的隶属看，目前的督察仍旧隶属于国土资源部，其总督察和副总督察都是国土资源部的正副部长，督察的工作人员都属于同一个国土管理行政体系中，这实际上无法避免督察职能的独立性不受干扰。

---

① 10年历程见证30年辉煌——访国土资源部原部长孙文盛. 中国国土资源报，2009-2-24.

尤其是，从每年的督察公告中可以看出，督察工作公开问责的比例低，且多以地方政府整体为责任主体，几乎没有针对具体责任人的问责。而且绝大多数的被督察出的违法违规案件都通过约谈、整改的方式“内部消化掉”，这反映了实际的土地督察很少“自己人打自己人”——因为如果被问责，国土部门自己人难辞其咎。

3.“收支两条线”的地方应对

2007 年前土地出让金是不经过地方国库而由地方政府在预算外进行管理使用，造成土地出让收入的监管存在漏洞。从 2007 年起，国务院规定将土地出让收支纳入地方预算，实行“收支两条线”管理。土地出让金由国土部门负责代收，财政部门、中国人民银行和地方国库负责实际的收入和支出的管理。支出的范围也有明确规定，除了征地成本外，只能用于“三农”支出或者城镇基础设施建设等。这种“收支两条线”的制度，有利于土地出让金使用更加透明，纠正地方政府土地开发的短期行为和对土地财政的冲动。

但在实际执行过程中，土地出让金收支两条线似乎并没有产生预期的绩效，因为地方政府依旧可以找出很多方式来变相支配土地出让金。比如，有的地区土地出让收支未全额纳入地方基金预算管理；有的地区已收缴的土地出让收入在非税收入汇缴专户滞留时间过长，未按规定及时缴入地方国库；有的地区存在拖欠土地出让金的问题，未能做到应收尽收；有的地区越权减免缓缴或变相减免土地出让收入，造成土地出让收入流失；还有的地区未按规定编制土地出让收支预算等。所以，“收支两条线”制度依旧面临地方政府的“下有对策”。

（三）央地互动第三阶段：节约集约和存量优先

实际上在央地第二轮互动中，中央政府不是没有发现制度实施过程中的问题。只是在经济发展共同的目标下，中央政府对地方政府的行为采取的是“睁一只眼、闭一只眼”的策略：只要经济得到发展，地方政府的应对之策能被中央政府接受，中央还是允许“灰色地带”的存在[①]。然而，随着十八大以来经济社会发展进入新常态，土地经济目标实现背后的矛盾逐渐显现，尤其是以新增建设用地供应为主的增量模式，造成了经济低效、粮食安全问题、环境退化、社会安全和经济社会连锁反应等五大类的风险。

经济低效指的是对土地要素投入和增长质量的担忧。不仅现有研究已经揭示了增量土地供应存在过度的现象[②]，从国家发展和改革委员会等三部委 2007 年公布的开发区清理公报也可以看出，全国开发区面积从 3.86 万平方公里压缩至 9949 平方公里，数量由 6866 个核减至 1568 个[③]。这些都反映了前一段时期经济高速增长的质量问题——资源的代价被忽视了。

粮食安全问题的背后是耕地保护的隐忧。虽然“18 亿亩”在全国第二次土地调查后不再被强调，但守住耕地红线和基本农田红线依然是新常态下的提法。这说明中央政府没有改变耕地保护上的国策。反观当前耕地保护的形势，无论是数量还是质量都非常严峻[④]。

---

① 曲福田，谭荣. 2010. 中国土地非农化的可持续治理. 北京：科学出版社.

② 谭荣，曲福田. 2006. 中国农地非农化与农地资源保护：从两难到双赢. 管理世界，(12)：50-59，66.

③ 国家发展和改革委员会，国土资源部，住建部. 关于全国各类开发区清理整顿工作总结报告. 2007.

④ Kong X. 2014. China must protect high-quality arable land. Nature，506 (7486)：7.

工业化、城市扩张占用耕地和为了实现耕地的占补平衡进行未利用地开发等，对生态环境的压力也不言而喻。工业污染、农业污染和生活污染在城市化过程中越发严重，尤其是虽然耕地占补平衡政策的初衷是保护耕地数量不减少，但实际上造成的建设占用从耕地向边际土地转移，这进一步造成了生态环境的严重破坏[①]。

而地方政府土地财政的背后还隐含着对农村和农民利益的侵害。土地的增值收益成为工农产品价格“剪刀差”后新的“以农补工”的手段[②]。而这实际上也揭示了本书第六章和第七章将要讨论的关于农村土地的经济价值的实现过程——在央地第三次互动之前实际上被地方政府通过征收的方式“变现”，然后为政府和部分城镇用地者所分享[③]。在城乡统筹发展目标下，这种土地分配格局的矛盾也给政府的战略转变提出了新要求。

最后，鉴于目前中国经济增速回落是结构性问题造成的，传统的需求导向的强刺激没有成为当前宏观经济政策原则的选择，相反，结构性改革成为必然的选择。这种结构性选择指的是经济结构的优化、增长动力的切换、制度环境的改变等成为经济进入增速阶段性回落的新常态时期的目标。换句话说，如果地方政府在土地管理上依然只以经济收益为目标,那么实际上会造成土地引发的连锁反应——不仅土地财政本身的可持续性会受到影响，而且还会影响到整个经济的结构性改革，这是“跳出土地看土地”的要求。

在上述的背景下，中央政府开始了央地之间的第三次互动：推动土地节约集约利用和推动城乡统一建设用地市场改革。

虽然土地节约集约利用的概念在 2005 年前后已经出现，但是直到 2013 年前后才成为中央的土地管理战略选择。十八大和十八届三中全会以来，国土资源部先后出台《关于大力推进节约集约用地制度建设的意见》《节约集约利用土地规定》《关于推进土地节约集约利用的指导意见》《关于部署开展全国城市建设用地节约集约利用评价工作的通知》等文件，把土地节约集约利用推进到新的高度。

推进土地节约集约利用，实际上是中央在央地关系上的一个“妙招”。虽然地方政府在土地非经济功能上与中央目标上的分歧明显，但中央又不能把地方经营土地经济的权力收上来——完全的集权管理可能会出现更糟的局面。经过一段时期反复提出“土地节约集约利用”的国家目标，并且在十八届三中全会提出“缩小征地范围”“赋予农民更多财产权利”“建立城乡统一的建设用地市场”的背景下，2014 年 1 月 10 日国土资源部部长姜大明在全国国土资源工作会议上提出“除生活用地外，原则上不再安排人口 500 万以上特大城市的新增建设用地”。换句话说，这是中央在土地规划和计划上集权化管理的一种举措，释放出一种信号：以往的依靠征收农村土地的增量发展模式不复存在了，地方政府必须在实现土地经济功能上寻找新的途径。而新的途径只能是对存量土地、低效用地等进行盘活或再开发，而这正是中央政府土地经济与非经济目标同时关注的内容，有利于提升经济效率、保护资源环境、缓解社会利益分配中的矛盾，同时满足结构性改革的需求。更重要的是，这种集权式的约束比起第二轮互动中的改革手段更为直接有效，

---

① Tan R. 2011. Reforming China’s land policy for its green target. Environment：Science and Policy for Sustainable Development，53（6）：29-33.

② 唐健，王庆日，谭荣. 2014.新型城镇化战略下农村土地政策改革试验. 北京：中国社会科学出版社.

③ Tan R，Qu F T，Heerink N，et al. 2011. Rural to urban land conversion in China—how large is the over-conversion and what are its welfare implications？. China Economic Review，22（4）：474-484.

实施的信息成本和执行成本更低。

至少从目前来看，地方政府已经意识到增量模式无法持续支持地方发展，为此多地已经开展了不同模式的存量或者低效用地的再开发，比如“三旧改造”“城市更新”“减量化发展”等。虽然我们还不能断定未来央地之间是否会在经济增长、耕地保护和生态环境保护等方面始终保持一致，但至少从目前看，中央的这第三轮的“发力”，即通过指标控制、重点考核结果等手段来约束地方政府，直指之前央地关系中的代理困境和隐藏在土地经济效益背后的负面效应。

另外，中央的第二个妙招是大力推进了城乡建设用地统一市场的改革步伐。党的十八届三中全会提出，建立城乡统一的建设用地市场。在符合规划和用途管制前提下，允许农村集体经营性建设用地出让、租赁、入股，实行与国有土地同等入市、同权同价。缩小征地范围，规范征地程序，完善对被征地农民合理、规范、多元保障机制。扩大国有土地有偿使用范围，减少非公益性用地划拨。建立兼顾国家、集体、个人的土地增值收益分配机制，合理提高个人收益。完善土地租赁、转让、抵押二级市场。党的十八届五中全会通过的《中共中央关于制定国民经济和社会发展第十三个五年规划的建议》中提出，深化农村土地制度改革，完善农村集体产权权能等。

2014 年 12 月，中共中央办公厅和国务院办公厅联合印发了《关于农村土地征收、集体经营性建设用地入市、宅基地制度改革试点工作的意见》，这标志着我国农村土地制度改革进入试点阶段。2015 年 2 月 25 日十二届全国人大常委会第十三次会议开幕，审议了国务院关于提请审议《关于授权国务院在北京市大兴区等 33 个试点县（市、区）行政区域暂时调整实施有关法律规定的决定（草案）》的议案。这意味着针对农村土地征收、集体经营性建设用地入市、宅基地制度的改革正式启动。

中央在这个阶段推动城乡建设用地统一市场建设的改革，是对之前很长一段时间地方政府增量发展模式的反馈，也是对农民利益诉求的回应。城乡建设用地统一市场的建设，将能够对地方政府在低成本征收农民土地、只看重当前土地收益忽视未来土地收益等起到明显的约束[①]。

（四）央地互动第四阶段：生态文明和审批放权

十九大以来，国家在土地和自然资源治理体系改革上做了一个更大的动作。为统一行使全民所有自然资源资产所有者职责，统一行使所有国土空间用途管制和生态保护修复职责，着力解决自然资源所有者不到位、空间规划重叠等问题，实现山水林田湖草整体保护、系统修复、综合治理，中央决定将国土资源部的职责，国家发展和改革委员会的组织编制主体功能区规划职责，住房和城乡建设部的城乡规划管理职责，水利部的水资源调查和确权登记管理职责，农业农村部的草原资源调查和确权登记管理职责，国家林业局的森林、湿地等资源调查和确权登记管理职责，国家海洋局的职责，国家测绘地理信息局的职责整合，组建自然资源部，作为国务院组成部门。

表面上看这只是一个行政机构的优化重组，但实际上是在不断持续的央地互动中中央推出的第三个“妙招”。这里的“妙”就体现在组建自然资源部后，中央将土地资源治

① 关于这个部分的细节，本书将在第六章和第七章的土地市场制度体系中再详细讨论。

理转向自然资源综合治理，尤其是将重点放在生态文明建设和简政放权两个维度来对地方代理所有权做出了新的要求。这个过程不仅进一步放活了地方权力，又能够进一步有效约束地方的行为，使得上述委托代理关系得以更加有效地落实。

组建了自然资源部以后，不仅将国有自然资源资产所有权统一到一个行政主体身上，这为统一代理所有权奠定了更加有利的制度基础，还为推动土地经济价值和非经济价值之间的权衡提供了新的目标和机制。自然资源部需要完成新的国土空间用途管制制度体系的建立，同时需要履行生态保护修复职责，这两项工作任务都是进一步对地方政府以往的增量发展模式的纠正之举。空间规划和用途管制是中央对地方代理所有权的一种新的约束机制，而生态保护修复则是对地方在行使代理所有权过程中提出的一个新的要求。

国土空间规划通过划定城镇、农业、生态空间“三区”和生态保护红线、永久基本农田保护红线、城镇开发边界线“三线”，倒逼城乡空间发展由外延式扩张向内涵式增长转变，从而实现国土空间开发与资源环境承载能力相匹配，人口分布、经济布局与资源环境相适宜的国土空间高质量发展格局。用途管制是在国土空间规划的基础上，在空间准入许可、用途转用许可和开发利用监管等环节对所有国土空间用途或功能进行监管。简单说，国土空间规划和用途管制制度是政府对国土空间开发利用秩序的重新界定，是新时代自然资源治理体系的基础规则。

生态保护修复是以国土空间综合整治和生态修复为主要手段，旨在处理过去粗放的经济发展模式造成的遗留问题，包括保护耕地、统筹城乡发展、恢复被破坏的生态环境，同时避免进一步破坏生态环境。国土空间综合整治主要针对空间格局失序、效能低下和品质不高的空间开展整治；生态修复主要针对结构不良、功能受损的生态系统进行修复。生态保护修复是中央政府重塑发展目标的发力点，也是对存量用地盘活、闲置用地再开发等战略的深化。

以上述两项任务为载体的自然资源治理体系重塑，将有效迫使地方政府转变发展观点，将依赖增量模式的发展策略转变为“绿水青山就是金山银山”的发展理念。为了夯实新发展理念，2019 年上半年中央先后下发了包括《关于统筹推进自然资源资产产权制度改革的指导意见》、《关于建立健全城乡融合发展体制机制和政策体系的意见》、《中共中央 国务院关于建立国土空间规划体系并监督实施的若干意见》和《关于建立以国家公园为主体的自然保护地体系的指导意见》等四项重要文件。这四项文件可以视为中央对自然资源治理“四梁八柱”式的制度设计，分别对应新时代自然资源产权制度体系建设，城乡统一建设用地市场中政府与市场、城市与农村的关系建设，国土空间规划管控的公权力体系建设，以及央地在自然资源治理体系上的分工协作体系建设。可以说，这四项中央文件基本奠定了央地关系的新秩序。

在央地这种新秩序的基础上，2020 年 3 月国务院下发了《关于授权和委托用地审批权的决定》和《中共中央 国务院关于构建更加完善的要素市场化配置体制机制的意见》。这两个文件可以视为在新秩序的基础上，中央进一步下放了土地管理的部分权力给地方，同时也进一步明确土地要素要进一步通过市场配置来提升治理效率和效能。国家此时开始进一步深化土地要素市场化改革，可视为第四个妙招。

其中，用地审批是按照相关法律法规和土地利用总体规划、年度计划，对农用地转为建设用地及其土地征收事项进行审查、批准。本次国务院授权和委托用地审批权包括：

一是将永久基本农田以外的农用地转为建设用地审批事项授权各省、自治区、直辖市人民政府批准；二是试点将永久基本农田转为建设用地和国务院批准土地征收审批事项委托部分省、自治区、直辖市人民政府批准。这是落实新修正的《土地管理法》中的相关规定和进一步深化“放管服”改革的具体举措，主要是为了“切实提高审批质量和效率”。

另外，在推进土地要素市场化配置上，中央明确要求在四方面着力，一是建立健全城乡统一建设用地市场；二是深化产业用地市场化配置改革；三是鼓励盘活存量建设用地；四是完善土地管理体制。详细的内容本章不展开，可以看出这些关于土地要素市场化建设的内容与央地之间的第三轮互动以来土地管理的目标任务基本保持一致。

在央地之间的秩序重塑和权力下放的条件下，一些地方政府也开始积极响应。经济先行地区的一些地方政府不再一味地压低工业用地价格来吸引投资，转而通过用地全过程服务和营造更好的营商环境等来吸引投资。比如，浙江等地出台的“标准地”制度，采取事前设定用地的亩均税收、亩均投资等标准来约束用地者重视投资门槛，以及承诺实现相应的用地目标。在这种制度创新下，用地者将一改之前“找市长不找市场”的怪现象，转变为“找市场不找市长”，真正实现了由市场来配置土地资源。因为当“标准地”制度全面推开后，“找市长”就没有太多的必要，无论如何用地者都要完成“标准”，这样与其“走后门”“找关系”，不如踏踏实实做好土地经营，提高土地利用效率。这体现了第四轮互动中的一种良性结果，央地关系更加和谐，委托代理难题逐渐得到改善。

总体来说，经过前三次央地互动以及到目前正在进行的第四次互动，涉及跟市场经济和微观主体经营活动有关的权力，基本上都放权给地方政府去管理，也就是充分发挥和保障地方政府代理所有权的能动性；而涉及宏观层面公共安全、公共福利有关的权力，则继续保留在中央。这实际上符合中央与地方政府分工及协作的原则——土地制度改革与转变政府职能统筹推进，在突出简政放权和注重提高效率中实现土地资源治理体系和治理能力的现代化。

五、解锁产权之谜：央地关系视角下的土地产权治理结构

至此，我们已经将隐藏在土地公有产权制度背后的土地产权治理结构刻画出来了：中央通过分权的方式让地方政府代以行使部分土地经济管理权力，然后通过集权的方式约束地方政府的土地利用决策。分权化的土地经济管理与地方政府经济发展总体目标相吻合，起到激励的作用；而集权化的约束机制又为中央政府保留了协调经济与非经济目标的手段。

1. 中国土地产权的治理结构

虽然中国采取的是土地的公有产权制度，但在上述集权与分权的治理结构下，一定程度上实现了西方产权理论中“私有产权+市场化”的配置效果。地方政府首先实现了不同行政区域土地利用上的竞争，然后在辖区内实现了不同利用主体间的竞争——这些都是市场机制在发挥作用。所以，不能绝对地认为政府参与市场会对土地资源配置产生不利的影响，政府有时是以市场主体的身份参与了市场活动。

另外，中国土地市场的另一个特征是，虽然是公有产权，但权利的界定会在土地使用权转移时同时完成。比如，城市土地使用者会在获得使用权后通过登记的方式完成权

利的界定，这实际上回答了文献中关于“故意的模糊”的争论，中国不是没有明确的产权，政府也不是把产权故意模糊化，产权的界定会在实际中以成本较低的方式完成，而不是一开始就要将权利完整界定。

只不过，我们应该从央地关系的四次互动中体会到：正因为早期中央政府也在追求土地的经济目标，使得为了非经济目标的集权化约束机制在早期的实施中并不是那么理想，“全面推行招拍挂”、“半垂直管理”、“土地督察”和“收支两条线”等制度在初期实施过程中并未能取得预期绩效。这也说明上述分权激励与集权约束共同作用的治理结构不是绝对的、静止的，中央政府会根据经济社会发展的实际需要来把握分权与集权之间的度。前两轮互动中的经济目标使得中央不得不对地方让步，接受地方政府在土地经济上的低效决策。

2. 产权制度体系中制度环境与治理结构的互动

公有产权作为制度环境层次的正式制度，必然需要治理结构层次的制度来实施。本章正是从这个角度解释了为什么中国公有制的土地产权能够有效支撑过去四十多年来的经济社会发展。不同于从使用权与所有权分离的角度来解释土地使用者能够遵循私有产权的规则实现产权的经济绩效，本章侧重回答了土地出让之前（即使用权从所有权分离之前）为什么地方政府（非土地所有者）愿意按照中央政府（土地所有者）的目标去实现土地的经济收益。一种分权化的经济激励和集权化的行政约束相互作用的治理结构为中国公有的土地产权绩效奠定了基础。这种治理结构不仅能够有效激励地方政府在土地经济目标上的能动性，还能够约束地方政府经济收益上的短期行为。

地方政府在上述治理结构下实际上参与了土地市场而不是代替了市场，这使得市场在土地配置中依然发挥着作用。同时，中国的土地权利的界定一般是在使用权出让和转让时同时完成，这否定了中国的土地产权是一种“故意的模糊”。这些都使得中国土地公有产权在当前阶段能够实现与西方产权理论中“私有化+市场化”相仿的经济绩效。

进一步看，这种治理结构实际上是嵌套在当前中国整体的经济社会制度之中。因为当前国家整体上的分权化的经济管理和集权化的政绩考核形成了地域间经济竞争的局面，为地方土地管理奠定了激励的基础。土地经济收益能够为地域竞争提供必要的资金支持，作为要素还能够在吸引投资上发挥作用。这种逻辑使得地方政府能够在土地经济目标上与中央政府保持一致。

然而，央地在土地非经济目标上存在着分歧。地方政府不仅会因为任期等原因出现短期决策，还会忽视资源环境保护和社会公平等问题。只不过中央政府在约束地方时面临着一种度的权衡，是否允许地方的短期行为也决定了地方政府在实现经济目标上的激励效果。这从央地在土地管理的四次互动上能够得到印证。在以经济增长为主要目标的阶段（比如前两轮互动），中央实际上对地方的一些负面行为持默许的态度。但是进入经济发展新常态后，中央政府依赖土地经济的压力有所缓解，因此在土地节约集约利用目标下中央已经开始对规划和计划指标进行重新设定，且将部分审批权进一步下放。这些举措预期能够有效解决前两次互动中没有解决好的央地目标分歧，即在确保秩序的前提下尽可能提升地方的积极性和能动性，降低央地之间委托代理关系的信息成本和交易成本。

存量用地再开发将成为用地指标紧缩下的一种土地利用新模式，协调央地在经济目标和非经济目标上保持一致。虽然此时经济增速可能受到限制，但与整个经济新常态下国家调整经济结构的战略相吻合，也有利于应对来自城乡土地利益重新分配上（即对农村土地还权赋能）的压力。而生态文明建设对自然资源管理体系的重塑和对生态保护修复提出的新要求，将进一步夯实央地在经济目标和非经济目标上的协同，也有利于为后代人的利益提供一种保障机制。这也是土地产权制度乃至整个土地管理制度体系在动态变化中得到不断完善的体现。理解和把握这个过程中制度变化的缘由，将有利于同学们增加对中国的资源国情、经济社会发展国情和治理体系改革国情的认识。

➢ 【本章总结】

本章从央地关系的视角出发，刻画了一种“分权的土地经济管理和集权的土地行政约束”的治理结构，这种央地间的治理结构是理解中国土地产权之谜的钥匙。本章进一步通过改革开放以来中央和地方在土地管理上的四轮互动来印证上述治理结构。在前两轮的互动中，因为中央对地方在土地经济管理上的依赖而不得不对地方让步；而后两轮的互动中，中央因其管理目标上的调整而设计了四个妙招，推动地方政府不仅继续努力实现土地经济效益，也不得不重视经济高质量发展、存量用地优化、农民利益反哺，以及生态文明建设等目标。这些互动过程也揭示了中央政府在土地经济和非经济目标上的动态权衡会不断塑造上述治理结构的具体内容。可以说，中国土地产权在治理结构上的稳定但在内容上的不断优化，保障了中国土地产权能够发挥其绩效。

➢ 【本章复习题】

1. 中国的土地产权之谜是什么，该如何解释这个谜？
2. 央地之间关于代理所有权的四次互动分别是什么？
3. 地方政府代理土地所有权的激励和约束机制分别是什么？

土地规划制度

在前一章介绍“分权式的经营管理和集权式的行政约束”的土地产权治理结构时，已经涉及中央和地方在土地管理公权力上的分配。实际上，中国土地管理的公权力是与土地规划制度紧密联系在一起的。所以从本章开始，本书要用两章的篇幅来详细介绍第二类土地管理的基础制度，即奠定公权力基础的土地规划制度体系。本章主要介绍 1987 年以来土地规划制度的基本内容，下一章将关注实践中为了解决土地规划“科层制”管理模式的一些弊端而进行的制度创新。

对于土地规划制度的基本内容，本章先从概念和制度内涵的角度解释土地规划制度；然后介绍中国土地利用规划制度体系中的四类相互依存的制度，分别是土地利用总体规划、土地用途管制、用地审批制度和土地督察制度；接着，本章将进一步介绍土地规划制度的变迁过程，尤其是近年来逐渐成形的空间规划和空间用途管制体系。这些内容将有助于理解三十多年来形成的土地规划制度体系。

一、理解土地规划

可能大家一听到土地规划，就想起了烦琐的绘图、制表，以及需要与大量的数据和遥感影像资料打交道。别担心，那些是土地规划在技术层面上的内容。土地规划本质上也是一种制度，还可以视为土地产权制度的另一面。因为如果说土地产权是允许权利主体做什么，那么就可以说土地规划更多的是不允许权利主体做什么。这是因为土地规划背后代表的是公权力对土地产权权益的限制。公权力一般会代表国家利益、公共利益、社会福祉等对土地利用进行统筹、协调或限制。这也就意味着土地规划涉及国家治理的目标，其关注的不仅仅是土地利用的本身（即土地的自然属性），还与土地的社会属性有关，包括土地利用效率、收益分配，以及这些过程中的公平正义和可持续发展等。

（一）土地与普通商品的不同

土地与普通商品不同。这里的普通商品特指工商业具有同质性的产品，即单位产品之间没有明显差异的商品；这些产品还具有可度量性，即可以用台、辆、张等度量单位衡量。但是，土地是不同的，任何一块土地都跟其他地块因为形状、区位、自然禀赋、社会特征等条件的不同而不同。因此，土地面临一系列跟普通商品不同的特征。

一是土地及其利用具有整体性。一块土地的利用很难单独与相邻土地分离，因为其既对周围土地产生依赖或支持，也需要避免对周围土地产生不当影响。比如，一块农田的有效耕作需要与周边地块在利用上相互支撑，包括需要有良好的水源且不能有污染等；同时，这块农田的耕作也不能为了产量的增加而使用大量的化肥农药，影响到周边的诸如鱼塘等其他土地的利用。这实际上就说明，土地利用本身是一个生态系统。即使能够对地块进行人为的分割和确权，但在本质上却并没有或无法做到对土地的生态系统进行分解——土地不可能像普通商品那样分解。因此，整体性（或相互依赖性）是土地的第一个特征。

二是土地及其利用具有过程性。土地不像普通商品那样一旦生产出来就不再改变且不宜改变了。比如，一台普通的电视机一旦生产出来几乎不会再进行改变，同时其市场价值也会不断贬值。而土地利用则不同，土地的价值源于其被不断利用的过程，甚至会因不断利用而保值增值。这实际上揭示了土地利用的过程对于价值非常重要，既需要认识土地利用往往在时间上跨度很长，也要理解因时间跨度长而更需要对土地相关用途进行保护修复、利用及再利用，才能保障土地对应的价值不受损。因此，过程性是土地的第二个特征。

三是土地及其利用具有专用性。专用性是指土地被用作一种用途后再用于其他用途的难易程度。如果很难再用于其他用途则意味着专用性较高，反之则较低。比如，耕地开发建设房地产后就很难再用于耕种。因为优质的耕作层需要几十年反复耕耘才能形成，耕作层被破坏后如果恢复则需要投入高额的经济成本和时间代价。这揭示了土地用途从农业向非农业转变，其用途改变后的专用性非常高。土地利用专用性高意味着对土地的开发利用要更为谨慎，需要综合考虑事前的机会成本和事后的调整成本等。因此，专用性是土地的第三个特征。

四是土地及其利用具有区位性。区位性是指土地的价值高度依赖周边环境，如果面临不同的区位，即使将土地用于相同的用途，其绩效也常常会显著不同。比如，投资造船厂，建在水边和建在山顶，对于造船厂的经营影响是明显不同的。因此，区位性是土地的第四个特征。

五是土地及其利用具有不确定性。不确定性是指土地投入生产因为周期较长、外部条件不断变化而可能造成投产绩效无法预估。这本质上与土地利用决策需要考虑时间维度有关，比如是当期开发还是未来开发，将影响到土地利用的最佳决策。另外，因为无法预估未来可能面临的各种不确定性，导致当期决策往往会因此而增加应对未来风险的保障性投入，这意味着土地的开发利用往往需要在早期就投入额外的保障成本（比如土地开发的规划设计、环境评估等）。因此，不确定性是土地的第五个特征。

六是土地及其利用具有（复杂的）社会性。社会性是指土地的开发利用将影响社会关系，导致土地利益分配结构的变化。比如，土地的确权和普通商品确权不同，土地确权往往意味着利益冲突才刚刚出现。如果对一片林地进行产权登记，所有权人是否应该满足他人合理通行、观赏的诉求？确权的内容不同会造成后续土地利用规则的不同，并进一步影响到该片土地的利益相关主体的社会关系等。可见，对土地确权与对普通商品确权的目的是不一样的。对普通商品确权，主要是为了促进市场交易，而对土地确权往往超出市场交易的目的，是一种更为复杂的社会秩序的建立。因此，（复杂的）社会性是土地的第六个特征。

（二）土地规划是一种制度

土地规划，就是为了应对上述土地的整体性、过程性、专用性、区位性、不确定性和（复杂的）社会性等特征而人为设定的一种“游戏规则”，是人类为了规范自身在政治、经济和社会领域内的土地利用行为而设计出的行为限制[①]。土地规划就是用来决定谁可以在何种场合做出何种土地决策，何种土地利用行为是允许的或者限制的，何种总体规则是要遵守的，何种程序需要遵循，何种信息必须或者禁止提供，个人的土地利用行为能够获得何种收益等[②]。

所以，土地规划属于一种制度，它是人类在利用土地过程中用来形成秩序和减少不确定性的工具。它可以引导人们的土地利用行为，定义了人们在利用土地上的激励机制，减少了人们利用土地过程中的机会主义行为。

在实践中，土地规划一般是指在一国或一定地区范围内，按照经济社会发展的前景和生态环境保护的需要，对土地合理使用作出的长期安排。具体来说，就是国家和各级政府或组织在土地利用的过程中，为达到一定的目标，对各类用地的结构和布局进行配置的长期计划。

可见，正是因为规划的制度属性使得规划不仅仅是技术层面的事务，它还涉及“经济社会发展的前景”“生态环境保护的需要”“合理使用”等相关内容，这些是属于经济、政治、社会和自然等层面的公共事务，需要制度来避免冲突。所以，土地规划需要满足至少四个方面的要求。

1. 土地规划是关于公正的制度

土地规划需要关注公平正义。相对于私权利（比如个人、企业的产权等），规划是公权力（比如政府或组织的权力等）对私权利的限制或调和。土地规划涉及的是特定群体的共同利益，群体内部个体的权利会受到土地规划的限制或调和，从而实现符合群体利益的目标。

如果土地规划将某个人的土地划分为生态保护用地或者公共设施用地，那么对于这个人来说，其经济利益将会受到影响，因为生态保护用地或公共设施用地是不能够开发为各类产业用地的，因此将显著降低这块土地的市场价值。那么是否以及如何对这个人的经济价值损失进行补偿，就是土地规划在公正上需要考虑的内容。同理，如果土地规

---

① 改编自诺斯对制度的定义。诺斯认为“制度就是社会中的游戏规则，更正式一点，就是人类为了规范自己在政治、经济和社会领域的交互行为而设计出的行为限制”。详见：North D C. 1990. Institutions，Institutional Change and Economic Performance. Cambridge：Cambridge University Press.

② 改编自奥斯特罗姆对制度的定义。奥斯特罗姆认为“制度是一系列的规则，它用来决定谁可以在何种场合做出决策，何种行为是允许的或者限制的，何种总体规则是要遵守的，何种程序需要遵循，何种信息必须或者禁止提供，个人的行为能够获得何种收益……所有的规则都包括禁止、允许或者要求的其他行为和结构。当个人在做决策的时候，制度对于他们来讲，实际上就是那些正在使用的规则、监督的规则、执行的规则”。详见：Ostrom E. 1990. Governing the Commons-The Evolution of Institutions for Collective Action. Cambridge：Cambridge University Press.

划将农村某处的土地划分为未来城市的商住用地，这将显著提升这片土地的经济价值，那么是否以及如何对这些农村土地的产权权益进行限制以防止个人得利过高，也是土地规划在公正上需要考虑的内容。

在公有产权国家和私有产权国家，土地规划关于公正的考虑，其逻辑是不同的。公有产权国家的土地规划是土地产权的所有者（国家或集体）对土地利用的一种谋划、安排、部署和展望，其目的是实现社会整体利益和公共利益而做出土地利用的理性选择、提供土地未来发展的战略安排等。因此，其本质上是对集体行动规则的定义。

而私有产权国家的土地规划是公权力方（政府或组织）对土地产权的所有者（比如民众）的土地利用行为的限制。虽然此时的土地规划也是一种谋划、安排、部署和展望，也是为了实现社会整体利益和公共利益，但其本质上是对土地产权人权利的限制。

因此，土地规划制度需要考虑公平正义上的权衡。既然是为了社会整体利益和公共利益，如何权衡不同利益主体在土地利用上的得与失，权衡当前利益和长远利益，权衡不同区域之间的平衡发展等，是土地规划制度的基本内容之一。

2. 土地规划是关于效率的制度

土地规划需要关注效率。追求土地资源的经济和社会价值的不断提升，是规划配置土地的用途结构和空间布局的目标之一。效率，一直以来是经济学研究的重点。新古典经济学回答什么是效率很简单，效率是一个数学微分问题——任何两个或多个决策（比如资源利用、生产投入、商品销售等）在边际价值上的等值替代[①]，也就是函数的极值求解的问题。这实际上也给土地规划提供了一个决策标准，即土地规划是否实现了土地资源在不同行业、区位、用途等方面的投入符合经济价值上的最优?

不过，土地规划面临着更为复杂的问题。一方面，土地规划往往要在更多的数学微分决策上进行计算。当超过两个的经济决策、经济与非经济利益权衡等，土地规划要么面临数学上的非线性规划求最优解的问题（而且不一定有最优解），要么面临“零和博弈”的问题，很难做出权衡。

另一方面，还需要保障规划能够落地实施。受到交易成本和信息成本的影响，即使已经符合数学微分上最优的规划，在实施过程中也会面临规划落地实施的问题。比如，现实中大量的诸如“森林砍伐”“渔业捕捞”“草场放牧”等公共资源利用行为，并没有哪个是根据数学意义上那个最优解来直接设定配额、税费或补贴的标准。大多数情况下采用的是“间歇期”“轮作”“限制捕捞时间、地点、工具”等规则来约束或协调资源利用。这说明最优解只是理论上的计算和参考，由于这个计算面临信息成本而可能存在不准确的问题，另外规划实施的过程中不同组织方式的成本也不同，因此现实中可能会选择更容易实施的方式来降低实施成本。

可见，土地规划在追求效率上会面临很多约束，导致最初按照效率原则进行设计的规划，在实际执行过程中可能会出现问题。因此，如何通过规划的制度设计，既能在设计阶段就满足效率目标，又能够在实施、监督等环节同样满足效率和具备可操作性，是土地规划制度的基本内容之二。

---

① Hayek F A. 1945. The use of knowledge in society. American Economic Review，35（4）：519-530.

3. 土地规划是关于权力分配的制度

土地规划本质上是关于权力分配的制度。这包含两个层面的内涵，一是土地规划是为决策者的目标服务；二是土地规划引致权力的分配。

为决策者目标服务是指规划的最终目的体现的是决策者的意志。效率和公正是常见的目的，符合大多数决策者的目标，但有时也不尽然。社会的稳定、政治的秩序、制度的适应性和韧性、行政的透明度和可问责程度、可持续发展等也可能是决策者的目标。为了满足不同的决策目标，土地规划制度的内容设计就会明显不同。比如，中国在21世纪初期的土地规划，主要目的是保护耕地与保障经济发展，而这就使得当时的土地规划更关注耕地的保有数量和新增建设用地的总量；而对于20世纪70年代以来的德国，土地规划主要的目的是保护自然，这就使得其土地规划多涉及景观、栖息地和森林等规划内容。

权力的分配是指对于规划产生的公权力会在不同级别的政府或政府的不同职能部门之间进行分配。比如，如果是“从上向下”制定规划，下级只能无条件遵守上级的命令；如果是“从下向上”制定规划，上级只从协调冲突的角度来对下级规划做出修正。再比如，是统一由一个政府职能部门去编制土地利用总体规划，还是由更多的部门诸如发展改革委、自然资源部、住房和城乡建设部、农业农村部、生态环境部等单独编制部门规划后汇总或单独实施？统一编制成本较高，前期冲突较多，需要花费大量时间和精力去协调统筹；分开编制成本较低，但事后执行过程中冲突往往较多，不同职能部门之间的权力协调可能要耗费更多的时间与精力。所以，权力的分配不仅决定着土地规划编制的内容，体现决策者的目标，还影响着规划的实施效率，甚至影响规划的严肃性和合法性。

因此，土地规划制度在编制和实施过程中采取何种治理结构，也就是如何组织规划的编制和实施，会涉及规划产生的权力的分配，是土地规划制度的基本内容之三。

4. 土地规划是关于共同未来的制度

土地规划不仅是经济、社会和权力的制度，还是关于人类共同的未来的制度。如果我们跳出当前的发展阶段看过去和未来，我们是否在惋惜历史上出现的各种土地决策的失误（比如围湖造田造成的生态破坏和洪水灾害），是否在期待能够早日共享“人类只有一个地球，各国共处一个世界”的人类命运共同体的信念并采取行动（比如共同应对全球气候变化）？这些都说明土地规划不仅仅是局部的土地利用统筹安排，更是关于人类未来全局性的土地利用制度。也就是，虽然土地规划是一国、一个地区、一个集体内部的土地利用规则，但往往涉及跨国家、跨地区、跨行政边界的共同利益，这是前述土地整体性等特征造成的必然结果。

在全球范围来看，欧盟出台的与规划相关的政策就对成员国的规划产生了影响。比如著名的共同农业政策（Common Agricultural Policy）对欧盟各国内部土地利用以及土地利用规划就产生了很大的影响，而共同农业政策本身已经从最初旨在推动农业发展演变为目前的旨在推动自然生态保护的内容，这也说明在欧盟各国之间的合作对于土地规划的作用至关重要。同时，单个国家的土地规划对欧盟的共同利益也至关重要。在中国，国家提出要统一行使全民所有自然资源资产所有者职责，统一行使所有国土空间用途管制和生态保护修复职责，推进山水林田湖草整体保护、系统修复和综合治理[①]，这也是一种生命共同体的理念，单一的规划、局部的规划是无法满足人类未来整体发展的需要。

因此，土地规划制度需要考虑土地规划规则是否与土地利用的“外溢性”相匹配。这里的外溢性是指相邻效应，是指一个经济活动的主体对它所处的经济、社会和环境的影响。外溢性是否能够有效治理，将影响到生命共同体的发展，这是土地规划制度的基本内容之四。

二、土地利用规划制度

下面到实践中看一下中国的土地规划制度体系。本节只聚焦在土地行政管理部门编制的土地利用规划。对于其他部门编制的相关规划，会在本章最后一节介绍空间规划时一并介绍。先介绍土地利用规划制度及其变迁，有利于“以点及面”地认识中国土地利用规划制度体系。等介绍到后续空间规划制度体系时，再开始辨析分散在不同职能部门的“主体功能区规划”“国土规划”“城乡规划”等“涉土”规划与土地规划之间的关系。

土地行政管理部门编制的土地利用规划可以分为土地利用总体规划、土地利用专项规划和土地利用详细规划。土地利用总体规划是指在各级行政区域内，根据土地资源特点和社会经济发展要求，对今后一段时期内（通常为 15 年）土地利用的总安排。土地利用专项规划是在土地利用总体规划的框架控制下，为实施土地利用总体规划而对土地利用某一专门问题进行的规划，是对土地利用总体规划的补充和深化。常见的土地利用专项规划包括土地整治规划、土地开发规划、土地复垦规划、土地整理规划等。土地利用详细规划是指以土地利用总体规划为依据，针对农村区域一定范围的土地利用（比如村庄、企业等）或者针对农村具体土地利用项目（比如土地整理项目、增减挂钩项目、占补平衡项目等）所做的土地布局安排或项目技术设计等[②]。本节只聚焦于土地利用总体规划，因为总体规划代表了土地利用规划制度的核心内容，更偏向制度层面；而专项规划和详细规划，相对更偏向设计或技术层面。

（一）第一轮土地利用总体规划（1987～2000 年）

土地利用总体规划正式编制了三轮。2015 年后国家本应开始第四轮的编制工作，但随着自然资源部成立，国家将土地利用总体规划体系转型为国土空间规划体系，用后者全面替代了前者[③]，因此土地利用总体规划就没有进行第四轮修编。

第一轮的土地利用总体规划可以追溯到 1987 年，国务院办公厅转发国家土地

---

① 赵婧. 2020. 统筹山水林田湖草一体化保护修复——两部委就《全国重要生态系统保护和修复重大工程总体规划（2021—2035 年）》相关问题答记者问. 资源导刊，(7)：18-19.

② 关于土地利用详细规划有两点需要说明。一是上述分类提到的土地利用详细规划属于理论上的划分，在实务上并没有对应存在该名词。在农村地区，编制全覆盖的土地利用详细规划对于土地行政部门日常管理来说还不必要。实践中只有当农村地区需要开展具体土地利用项目时，比如村庄整治或搬迁、土地开发、复垦、整理等，才会针对该具体项目编制村土地利用规划或项目规划，这类村土地利用规划或项目规划就属于土地利用详细规划。另外，如果一些农村地区已经由城乡规划编制部门编制了城乡规划体系中乡规划或村庄规划，一般也视同土地利用详细规划而不需要另行编制土地利用详细规划；二是在城镇地区，因为已经存在由城乡规划部门编制的包含土地利用的城市详细规划或镇详细规划，所以土地行政管理部门也没必要再编制针对城镇的土地利用详细规划。因此，城镇地区的详细规划一般指由城乡规划编制部门编制的城市规划或镇规划中的详细规划。

③ 本章最后一节会详述空间规划，此处暂不解释。

管理局《关于土地利用总体规划工作的报告》，中国自此开始编制第一轮土地利用总体规划。根据《全国土地利用总体规划纲要（草案）（1985—2000 年）》，第一轮规划以 1985 年为基期，规划期为 2000 年，展望到 2020 年和 2050 年。在纲要中确定全国土地利用的总目标是：耕地面积确保 18 亿亩以上，森林覆盖率由 13%提高到 17%，建设占用耕地控制在 3000 万亩左右。

总体上看，这一轮规划主要还是对总体规划这项新生事物的探索。在规划编制过程中逐渐明确了土地利用总体规划制度的目标，即切实保护耕地、保障必要的建设用地、努力改善生态环境、提高土地利用率和生产力、实行土地“开源”与“节流”并举的方针等。国家土地管理局也发布了《土地利用总体规划编制审批暂行办法》（1993 年）《县级土地利用总体规划编制规程（试行）》（1997 年）等管理办法或技术要点文件。

到 1996 年底，全国大部分省、自治区、直辖市完成了省级土地利用总体规划的编制工作，地（市）、县级规划分别完成了 64%和 75%，而乡（镇）级规划编制工作则是刚刚展开。这说明这一轮的规划并不是一个强制性的工作，是国家对土地利用规划工作的一项探索。

（二）第二轮土地利用总体规划（1997～2010 年）

第二轮的土地利用规划始于 1997 年。国家土地管理局印发了《关于认真做好土地利用总体规划编制、修订和实施工作的通知》。1999 年 4 月国务院批准《全国土地利用总体规划纲要（1997—2010 年）》。该轮规划以 1996 年为基期，2010 年为规划期，并展望到 2030 年。第二轮的土地利用规划正式成为国家的法律规则，不仅在中央文件中明确强调各级人民政府要认真做好土地利用总体规划的编制、修订和实施工作（详见《中共中央 国务院关于进一步加强土地管理切实保护耕地的通知》，1997 年），“土地利用总体规划”还成为《土地管理法》的专章。

第二轮全国土地利用总体规划纲要中确定的目标比第一轮要更加综合一些，不仅关注保护耕地和保障建设用地投入，而且对土地利用提出了综合的要求，包括在保护生态环境前提下，保持耕地总量占补平衡，土地利用方式由粗放向集约转变，土地利用结构与布局明显改善，土地产出率和综合利用效益有比较显著的提高，为国民经济持续、快速、健康发展提供土地保障。主要目标如专栏 4-1 所示。

专栏 4-1 全国第二轮土地利用总体规划的主要定量目标

农用地特别是耕地得到有效保护和综合整治。2000 年，耕地总面积保持在 19.40 亿亩以上；2010 年，耕地总面积保持在 19.20 亿亩以上，其中基本农田面积 16.28 亿亩以上，占 1999 年当时耕地总面积的 83.5%以上。林地、牧草地面积增加，2000 年，林地面积达到 35.30 亿亩，森林覆盖率达到 15.5%，牧草地面积达到 40.05 亿亩；2010 年，林地面积达到 37.50 亿亩，森林覆盖率提高到 19%，牧草地面积达到 40.40 亿亩。水面面积保持稳定。加强中低产农用地改造，耕地总体质量有所提高，有林地和人工、半人工草地面积有较大幅度增加。

在保障重点建设项目和基础设施建设用地的前提下，建设用地总量得到有效控制。1997～2000 年，新增建设用地不超过 2040 万亩；2001～2010 年，新增建设用地不超过

3072 万亩，合计不超过 5112 万亩，其中占用耕地面积不超过 2950 万亩。适当增加城镇用地面积，同时通过积极引导和加强管理，促使城乡居民点用地总规模逐步缩小。

到 2001 年 31 个省区市和 81 个城市的土地利用总体规划全部批准实施，其他地方各级土地利用总体规划也陆续批准实施。这也说明第二轮土地利用总体规划进入了一个正规发展的阶段，不再是第一轮时的探索尝试。

需要着重说明的是，在第二轮规划正规化阶段国家也正式明确了土地利用年度计划管理的制度。1999 年 2 月 24 日，国土资源部第 4 次部务会议通过《土地利用年度计划管理办法》，这个管理办法既明确了土地利用总体规划采取的是“指标控制+分区管制”的模式，也为建立以指标为核心抓手的规划实施制度奠定了基础。

土地利用年度计划管理是指国家对年度“农用地（含耕地）转用计划指标”、“耕地保有量计划指标”和“土地开发整理计划指标”等的具体安排。也就意味着，在 15 年的土地利用总体规划期内，每年地方政府可以开展的农用地转为建设用地总额、耕地保有量总额、土地开发整理完成总额需要“由上向下”从中央逐层下达，地方政府不能够突破年度计划进行相应的农转用，同时要完成不低于年度任务的耕地保有量和土地开发整理数量的任务。

同时，在这个时期另一项影响深远的制度，即耕地占补平衡制度也建立起来了。1999 年 2 月 4 日，国土资源部发布《关于切实做好耕地占补平衡工作的通知》，明确了“非农业建设经批准占用耕地的，要严格执行《土地管理法实施条例》第十六条规定，明确责任单位，按照‘占多少，垦多少’的原则，由占用耕地的单位负责开垦与所占耕地数量和质量相当的耕地”。通知还要求“尽可能不占或少占耕地”“对确需占用耕地的进行指导并帮助占用耕地单位制订补充耕地方案，督促落实开垦耕地的资金，做好补充耕地的规划选址和勘测定界工作，并落到土地利用现状图上”，并“做好新开垦耕地的验收工作”。

需要重点说明的是，实践中为了保障耕地占补平衡的实施，占用耕地的具体单位并不直接负责补充耕地，而是通过缴纳耕地占用税、耕地开垦费等成本后，由地方政府负责统筹完成辖区的耕地占补平衡工作。因此，占补平衡制度本质上也是通过“从上向下”指标控制的方式落实，即上级政府通过土地利用年度计划管理的方式将占补平衡指标分配下去，下级政府成为占补平衡任务的主要责任人，从而满足耕地保有量不因建设占用而减少①。另外，耕地占补平衡任务可以在省域范围内进行交易，由受资方代替出资方来完成相应的任务。

（三）第三轮土地利用总体规划（2006～2020 年）

第三轮全国土地利用总体规划始于 2005 年。2005 年 6 月 4 日，国务院办公厅转

---

① 这里的占补平衡指标的年度计划管理，虽然在土地利用总体规划中明确的“土地利用年度计划管理”没有直接对应的指标，但已经包含在相应的指标中。这与国土资源部在 2000 年 4 月发布《关于加大补充耕地工作力度确保实现耕地占补平衡的通知》中提出的“建立建设用地项目补充耕地与土地开发整理项目挂钩制度和补充耕地储备制度”和 2008 年党的十七届三中全会做出的《中共中央关于推进农村改革发展若干重大问题的决定》中指出的“继续推进土地整理复垦开发，耕地实行先补后占，不得跨省区市进行占补平衡”等制度演化有关。可见，当地方政府必须执行“先补后占”且“建设用地项目补充耕地与土地开发整理项目挂钩和补充耕地储备制度”等要求时，且地方政府需要完成年度计划管理中的各类指标任务时，就意味着耕地占补平衡也变成了一项具有具体指标数量的任务。另外，还需要说明的是，虽然地方政府是耕地占补平衡的主要责任人，但对于“单独选址”的国家大型能源、交通等基础设施项目占地，一般由相应用地单位负责。这些用地单位一般是国家或上级政府的国有企业。

发国土资源部《关于做好土地利用总体规划修编前期工作的意见》，2008 年 10 月，国务院批准实施《全国土地利用总体规划纲要（2006—2020 年）》。第三轮规划以 2005 年为基期，以 2020 年为规划期末年。第三轮土地利用总体规划的目标比起第二轮就更为全面，如专栏 4-2 所示。

专栏 4-2 全国第三轮土地利用总体规划的主要定量目标

守住 18 亿亩耕地红线。全国耕地保有量到 2010 年和 2020 年分别保持在 18.18 亿亩和 18.05 亿亩。规划期内，确保 15.6 亿亩基本农田数量不减少、质量有提高。

保障科学发展的建设用地。到 2010 年和 2020 年，全国新增建设用地分别为 2925 万亩和 8775 万亩。通过引导开发未利用地形成新增建设用地 1875 万亩以上，其中，“十一五”期间达到 570 万亩以上。

土地利用结构得到优化。城镇工矿用地在城乡建设用地总量中的比例由 2005 年的 30%调整到 2020 年的 40%左右，但要从严控制城镇工矿用地中工业用地的比例。

土地整理复垦开发全面推进。到 2010 年和 2020 年，全国通过土地整理复垦开发补充耕地分别不低于 1710 万亩和 5500 万亩。

在第三轮土地利用总体规划编制过程中，国家明确了市县乡级土地利用总体规划编制指导意见，明确了各类用地空间的布局、基本农田调整和布局、建设用地布局与管制等要求和规则，这可以视为土地利用规划模式从之前的以指标控制为主的规划模式逐渐向可以对土地利用“定位”的空间规划模式的过渡。同时，第三轮规划也强调了数据库建设、严格实施管理、规划调整完善等细节规则，使得整个土地利用规划制度体系更为完善。

在第三轮的规划实施中，首次明确了“永久基本农田”的概念。2009 年 12 月 2 日，国土资源部、农业部公布了《关于划定基本农田实行永久保护的通知》。2014 年 10 月，国土资源部、农业部联合下发《关于进一步做好永久基本农田划定工作的通知》，并于 2015 年联合组织部署开展划定工作。2016 年 8 月 4 日，国土资源部、农业部联合发布《关于全面划定永久基本农田实行特殊保护的通知》，再一次明确了对永久基本农田的保护制度。2017 年 9 月 20 日，国土资源部、农业部举行永久基本农田划定成果发布会，并宣布截至 2017 年 6 月底，永久基本农田划定工作总体完成。全国有划定任务的 2887 个县级行政区全部落到实地地块、明确保护责任、补齐标志界桩、建成信息表册、实现上图入库，划定成果 100%通过省级验收，成果数据库 100%通过质检复核。这项工作意味着永久基本农田在空间上准确落地，是土地利用规划中最先具有明确空间位置的用途分区类型。

在第三轮规划实施过程中，土地利用年度计划管理制度也得到更新。年度计划指标体系重新修订为：①新增建设用地计划指标，包括新增建设用地总量和新增建设占用农用地及耕地指标；②土地整治补充耕地计划指标；③耕地保有量计划指标；④城乡建设用地增减挂钩指标和工矿废弃地复垦利用指标。可见，第三轮规划中的年度计划指标比第二轮进一步细化，并增加了城乡建设用地增减挂钩指标和工矿废弃地复垦利用指标。对于新增加的两个指标，都与存量建设用地空间优化有关，是非常重要的新指标，本书将在后续章节中再详细解释这两个指标的作用。这些都说明第三阶段的计划指标管理更趋成熟。

另外，在这一时期土地整治逐渐成为土地行政部门的重要工作。通过农村建设用地整治、城镇工矿建设用地整治、农用地整理、高标准基本农田建设、土地复垦和土地生态整治等方式，推动全国耕地数量质量保护全面提升、城乡土地利用格局不断优化、土地利用效率明显提高，也进一步增强了国家在土地整治方面的制度建设和能力建设。

以上是中国土地利用总体规划发展的三个重要阶段，是规划从无到有，从探索到成熟的过程。在三轮土地利用规划制度建设过程中，形成了规划编制、规划审批、规划实施、规划监管等各类制度体系。这些制度体系，为国家在十九大后，推动主体功能区规划、国土规划、城乡规划、土地利用规划等空间类规划的“多规合一”，形成新时代的国土空间规划体系积累了经验和奠定了制度基础。本章接下来将针对土地利用规划制度体系中的三项重要制度展开介绍，分别是土地用途管制、土地审批制度和土地督察制度，最后统一进展到土地规划制度演进的当前阶段，即国土空间规划制度建设阶段。

三、土地用途管制制度

土地利用总体规划需要得到有效实施且需要保障其权威性。为此，土地用途管制制度成为土地规划实施过程中的第一类重要制度。

（一）土地用途管制的制度内容

土地用途管制，是土地利用规划制度体系中的一项重要组成部分。规划的目标需要通过相应的制度来实现，而用途管制就是常用的一种制度。土地用途管制是指根据规划目标来划定土地用途分区，确定土地使用限制条件，实行用途变更许可的一项强制性制度。其内容一般包括两个方面，一是对土地进行分区，即根据自然经济社会条件对不同地块的用途、功能等进行地域空间的划分；二是针对分区建立管制规则，即对不同分区区域内部和区域之间土地开发利用行为进一步制定规则，包括允许、限制、禁止土地特定用途和开发利用方式等。分区是为了协调、统筹不同土地利用，让土地利用更为科学合理；管制是为了落实规划的目标和分区的各项目标。

比如，将一个城市分为居住区、商业区、工业区、农业区、自然保护区等，这属于对土地按照功能进行分区；而如果对居住区内的建筑位置、形状、容积率、建筑密度、建筑规范等进行设计，则属于管制规则。可见，根据不同分区规则和管制规则，现实中的土地用途管制制度可以千变万化。因此，没有绝对优劣的土地用途管制制度，只有是否符合特定目标的管制制度。

（二）中国特色的“分区管制+指标控制”

在中国，从第二轮土地利用总体规划开始，逐渐形成了具有中国特色的“分区管制+指标控制”模式。第二轮土地利用总体规划时期的分区规则相对简单，因为当时规划的主要目标是保护耕地资源与保障经济增长，所以控制城市扩张占用耕地成为规划的主要目标。从便于政府行政的角度，第二轮规划主要将土地分为三大类，即农用地、建设用地和未利用地（详见 2002 年 1 月 1 日试行的《全国土地分类（试行）》）。农用地是指用于农业生产的土地，包括耕地、林地、草地、养殖水面等；建设用地是指建造建筑物、构筑物的土地，包括城乡住宅和公共设施用地、工矿用地、交通水利设施用地、旅游用地等；未利用地是指农用地和建设用地以外的土地。

在三大类的土地分类下，市县乡三级土地利用总体规划中的分区管制一般包括划分出基本农田保护区、一般农业用地区、园地区、林地区、城镇建设用地区、村镇用地区、独立工矿区、风景旅游用地区、生态环境安全控制区等。在实际编制过程中，市县乡三级土地利用总体规划会将上述分区归类为允许建设区、有条件建设区、限制建设区、禁止建设区等。其中允许建设区是城乡建设用地规模边界以内可以用于农转用的地块范围，有条件建设区指城乡建设用地规模边界以外、扩展边界以内的范围，在不突破规划建设用地规模控制指标的前提下，区内土地可以用于规划建设用地的布局调整的地块范围[①]。允许建设区和有条件建设区这两类分区是在相应条件下可以用于新增建设用地计划指标落地（允许农转用用途变化）的空间，也是第二轮和第三轮土地利用总体规划时期规划分区最为关注的空间。

在上述分区下，指标控制是指通过土地利用年度计划管理中的各类指标对土地利用进行统筹和控制，尤其是控制耕地转变为建设用地。具体的指标就是前面已经介绍的新增建设用地计划指标、土地整治补充耕地计划指标、耕地保有量计划指标、城乡建设用地增减挂钩指标和工矿废弃地复垦利用指标等。这些指标以“从上向下”逐级分解的方式由上级政府分配给下级政府，实现对各地土地利用在空间和数量上的总体协调和控制。

（三）中国土地用途管制的局限与展望

上述具有中国特色的“分区管制+指标控制”的模式始于第二轮的土地利用总体规划，成形于第三轮土地利用总体规划，并且在中国土地用途管制中发挥了巨大的作用。然而，在实践中也逐渐因经济社会及自然条件的变化而出现一些问题。第一，土地规划在编制中面临科学性质疑。全国的指标总量如何计算，以及从上向下的指标分配，是否具有科学性？中央政府在信息不对称、外部条件动态变化的限制下所“计算”出的指标总量往往面临是否符合“最佳”或“效率”要求的质疑。同时，在中央将指标分配给地方的过程中，如何既保证指标分配符合地方经济发展实际所需，同时又满足全国总体的土地利用效率和公平公正的要求？

第二，土地利用不仅仅是为了实现耕地保护和经济发展的目标，当经济社会发展对包括生态系统服务、景观需求、人地和谐、可持续发展等提出更多的要求时，土地利用的多功能性、综合性、多元性就对土地规划和年度计划的编制，包括分区和管制提出了更高的要求。传统的用途管制分区多是单一功能分区，而新时期如何从整体的、系统的角度去规划土地用途是现实中亟须解决的问题。比如，农业用地与生态用地可以是相互融合的，但与建设用地是矛盾的；森林用地与生态用地是相互融合的，但与耕地是矛盾

---

① 规模边界是指依土地利用总体规划确定的城乡建设用地规模对应划定的边界，即允许建设区的范围界线。扩展边界是为适应城乡建设发展的不确定性，在城乡建设用地规模边界之外划定城、镇、村、工矿建设规划期内可选择布局的范围边界，即有条件建设区的范围界线。扩展边界是可以进行城乡建设的最终范围界线，由允许建设区和有条件建设区共同形成。这两个名词属于各地土地利用总体规划编制（或修改）技术指南中的术语。规模边界和扩展边界是土地利用总体规划在空间上的布局，划定这些边界后，相应的用地指标就只能用在这些边界内。因此，这两个边界具有约束力。这些边界属于地方土地利用总体规划编制内容，随规划一起报有关部门审批后生效。

的；低丘缓坡与建设用地是部分相容的，但与耕地是矛盾的等。这些在功能分区上的互补性和竞争性对需要同时考虑各类用途共生性的土地用途管制制度创新提出了需求，也对传统的单一功能分区提出了挑战。

因此，土地用途管制制度本身也在演化。从单一目标向促进经济、社会和生态等多维度的整体目标发展，催生了新的用途管制制度的建立。2015 年国家《生态文明体制改革总体方案》中要求“构建以空间规划为基础、以用途管制为主要手段的国土空间开发保护制度”。2018 年十九届三中全会通过的《深化党和国家机构改革方案》中对新组建的自然资源部的职责做了明确界定，其中，“统一行使所有国土空间用途管制和生态保护修复职责”就与用途管制制度改革直接相关。在 2019 年《中共中央 国务院关于建立国土空间规划体系并监督实施的若干意见》中进一步强调国土空间规划体系要形成以国土空间规划为基础，以统一用途管制为手段的国土空间开发保护制度。

新时期的国土空间用途管制源于土地用途管制，与后者相比，前者涉及的资源类型更多，不再局限在以耕地保护为核心的农用地转用管制上，而是将管制对象扩展到以生态保护为重点的河流、湖泊、地下水、湿地、森林、草原、滩涂、岸线、海洋、荒地、荒漠、戈壁、冰川、高山冻原、无居民海岛等各类自然生态空间以及城乡建设区域。将管制的目标从限制开发建设活动转变为主动实现土地利用多功能性和整体性的统筹协调，从而保障公共利益和全社会的福祉的不断提升。目前国土空间用途管制制度转型还正在进行中，不仅理论层面还面临诸如多元目标协调等制度设计的难题，实践操作也面临政府职能重塑等阶段性挑战，可以预计未来仍需要一定的时间才能成形并显现其治理效能。

四、土地审批制度

土地审批制度是土地利用总体规划实施过程中的第二类重要制度。目前中国已经形成了一套“从下向上”报送并由具有审批权限的上级部门审批的制度，旨在保障规划实施的准确与合规。因为所有的审批都是以规划为依据，所以相应审批一般就需要提交给负责审批相应土地利用总体规划的部门审批。

（一）土地审批制度体系和内容

1. 土地利用总体规划的审批

土地利用总体规划实行分级审批。根据《土地管理法》，“省、自治区、直辖市的土地利用总体规划，报国务院批准。省、自治区人民政府所在地的市、人口在一百万以上的城市以及国务院指定的城市的土地利用总体规划，经省、自治区人民政府审查同意后，报国务院批准。本条第二款、第三款规定以外的土地利用总体规划，逐级上报省、自治区、直辖市人民政府批准；其中，乡（镇）土地利用总体规划可以由省级人民政府授权的设区的市、自治州人民政府批准”。“土地利用年度计划的编制审批程序与土地利用总体规划的编制审批程序相同，一经审批下达，必须严格执行”。

可见，目前有土地利用总体规划审批权限的一般只有国务院和省级人民政府两级行政机关。设区市、自治州在得到省级人民政府授权后，可以审批乡镇级土地利用总体规划。

2. 农用地转为建设用地审批

因长期以来对粮食安全和耕地保护的重视，国家对农用地转为建设用地专门设计了审批制度。《土地管理法》规定，“建设占用土地，涉及农用地转为建设用地的，应当办理农用地转用审批手续。永久基本农田转为建设用地的，由国务院批准。在土地利用总体规划确定的城市和村庄、集镇建设用地规模范围内，为实施该规划而将永久基本农田以外的农用地转为建设用地的，按土地利用年度计划分批次按照国务院规定由原批准土地利用总体规划的机关或者其授权的机关批准”。“在土地利用总体规划确定的城市和村庄、集镇建设用地规模范围外，将永久基本农田以外的农用地转为建设用地的，由国务院或者国务院授权的省、自治区、直辖市人民政府批准”。可见，目前有三级农转用审批权限，一是国务院，二是省级人民政府，三是（设区）市级人民政府。

国务院负责的农转用审批包括三类：①永久基本农田的农转用审批，采取一事一批；②由国务院审批土地利用总体规划的城市，在其建设用地扩展边界内的一般农用地（非永久基本农田）的农转用审批，采取分批次集中报批；③在城乡建设用地扩展边界外的一般农用地的农转用审批，采取一事一批。第三种情况国务院也可以授权省级人民政府审批。

省级人民政府负责的农转用审批包括两类：①由省级人民政府审批土地利用总体规划的城市，在其建设用地扩展边界内的一般农用地的农转用审批，采取分批次集中报批；②在城乡建设用地规模边界以外的且得到国务院授权的一般农用地的农转用审批，采取一事一批。

（设区）市级政府只负责一类农转用审批，即如果辖区内的乡（镇）土地利用总体规划已经由省级人民政府授权该（设区）市级人民政府批准的，则相应乡（镇）建设用地规模边界内的一般农用地转用，可以由该（设区）市级人民政府批准。

这里需要着重说明农村内部农用地转为建设用地的三类审批情况。一是农村集体经济组织兴办企业，或者与其他单位、个人以土地使用权入股、联营等形式共同举办企业的，若涉及占用农用地，需要办理农转用审批手续。《土地管理法》明确对此类用地严格控制。二是乡（镇）村公共设施、公益事业建设，需要使用土地的，经乡（镇）人民政府审核，向县级以上地方人民政府自然资源主管部门提出申请，按照省、自治区、直辖市规定的批准权限，由县级以上地方人民政府审批。若涉及占用农用地，需要办理农转用审批手续。三是农民宅基地由乡（镇）人民政府审核批准，如果涉及占用农用地的，需要办理农转用审批手续。

3. 土地征收审批

征收作为一种公权力，往往会影响土地价格和收益分配，进而改变土地利用秩序。因此国家对征收也设计了严格的审批制度。《土地管理法》中明确了只有国务院和省级人民政府具有征地审批权限。需要报国务院审批的土地征收项目包括以下三类：①涉及征收永久基本农田；②涉及征收基本农田以外的耕地超过 35 公顷的；③涉及征收其他土地超过 70 公顷的。需要报省级人民政府审批的土地征收项目包括以下两类：①低于 35 公顷的耕地（不包括基本农田）征收；②低于 70 公顷的其他土地征收。

同一项目的征地审批一般晚于农转用审批，但当两类审批都是报同一有权部门审批时，一般会同时开展两类审批。例外的情况是，当省级人民政府只有农转用审批权限而没有相应征收权限时，还需要提交到国务院进行征地审批。比如，省级人民政府批准了在建设用地扩展边界内的一般农用地（非永久基本农田）的农转用审批，但其中非耕地面积超过 70 公顷，或者耕地面积超过 35 公顷，那么还需要报国务院进行土地征收审批。这本质上是因为征地审批与农转用审批在制度初衷和作用上是不同的。

4. 建设用地供应审批

建设用地供应审批是指县级（含）以上人民政府根据本级土地利用总体规划对辖区内具体建设项目进行的用地许可审批。跨行政辖区的用地项目，向能够包含所涉行政区的上级人民政府报批。

如果是大型能源建设项目、交通建设项目、水利建设项目、矿山建设项目、军事设施建设项目等，一般涉及在土地利用总体规划确定的城市和村庄、集镇建设用地规模边界以外选址进行建设（简称圈外用地），此时多采取“单独选址建设项目用地”报批方式。一般程序是用地单位提出用地申请、建设项目用地预审、市（县）拟定“一书四方案”、逐级报至有审批权一级政府审批。建设项目用地预审，是指自然资源管理部门（原国土资源管理部门）在建设项目审批、核准、备案阶段，依法对建设项目涉及的土地利用事项进行的审查。主要审核是否符合土地利用总体规划，是否符合国家供地政策和土地管理法律、法规规定的条件等。通过预审后，由市、县国土资源管理部门拟定“一书四方案”（即编制建设项目用地呈报说明书、农用地转用方案、补充耕地方案、征收土地方案、供地方案），经同级人民政府审核同意后，报上级国土资源管理部门审查，并逐级上报有批准权的人民政府批准。

如果是其他类型用地项目且落在建设用地区以内建设（简称圈内用地），则多采取“城市批次用地”报批的方式。一般程序是市、县政府用地请示、建设用地项目呈报材料“一书三方案”（即建设用地呈报说明书、农用地转用方案、补充耕地方案、征收土地方案），并逐级报至有审批权一级政府审批。相对而言，批次用地适用于规模小、量大的在土地利用总体规划确定的城乡建设用地规模范围内的建设项目用地。

（二）土地审批制度的演化

土地审批制度也是在动态变化的，反映的是审批权在中央和地方等不同级别政府之间分配的动态变化。

对于土地利用总体规划的审批，伴随着规划内容的逐渐成形，审批权限稳定在国务院和省级人民政府两级政府。除了 1986 年版的《土地管理法》明确“地方人民政府的土地利用的总体规划经上级人民政府批准执行”外，自 1998 年修订《土地管理法》起，土地利用总体规划的审批权限集中在国务院和省级人民政府。唯一的例外情形是，只有乡镇级别的土地利用总体规划可以在省级人民政府授权后由（设区）市级人民政府审批。此后，土地利用总体规划的审批权限保持不变。

而对于农转用和征地审批制度，改革开放以来相关审批制度大体经历了四次调整，出现了“先松后紧再松”的变化过程①。

---

① 此处关于审批权限变化过程的划分，参考了：赵雲泰. 2020. 用地审批的制度变迁与治理逻辑. 中国土地，（4）：4-6.

第一次调整是 1986 年《土地管理法》出台前后，这个阶段主要将建设占用耕地或其他土地作为审批内容，但相对宽松。只有占用耕地 1000 亩以上，或者占用其他土地 2000 亩以上的，才需由国务院审批；而征收耕地 3 亩以下，或其他土地 10 亩以下的，可由县级人民政府审批；其他情况由相应有权机关审批。审批主体包括国家、省、市、县等各级人民政府。

第二次调整是 1998 年对《土地管理法》修订后，该阶段审批内容调整为：只允许在土地利用总体规划范围内实施建设占用农用地行为，以及对建设占用耕地、基本农田和其他土地等审批权限和条件等进行了调整。该阶段规定对涉及基本农田、基本农田以外的耕地超过 35 公顷、其他土地超过 70 公顷的，由国务院审批，其他情况由省级人民政府审批；同时增设了农转用审批事项。可以看出，这个阶段审批权限上收并且收紧，审批主体主要是国务院和省级人民政府。只有一种例外，即如果市级政府被授权批准了乡镇土地利用总体规划，则该市级人民政府在相应乡镇规划范围内的农转用具有审批职能。可见，这是国家对前一阶段审批权限的收紧。

第三次调整是国务院下发《关于深化改革严格土地管理的决定》（2004 年）和《关于加强土地调控有关问题的通知》（2006 年）两份重要文件时期，这个阶段虽然审批内容与前一阶段保持一致，但中央明确用地审批权限只保留在国务院和省级人民政府两级。虽然（设区）市级政府仍可在省级人民政府授权的条件下批准乡（镇）土地利用总体规划，但（设区）市级政府是否具有农转用审批权限则没有明确。相比前一阶段，这是国家对审批权限的进一步收紧。

第四次调整是在《土地管理法》2019 年修正后，国务院于 2020 年 3 月下发《关于授权和委托用地审批权的决定》，虽然仍将用地审批权限归于国务院和省级人民政府，但明确两类具体事项可由国务院授权省级人民政府审批，一是永久基本农田以外的农用地转为建设用地审批事项授权各省、自治区、直辖市人民政府批准；二是试点将永久基本农田转为建设用地和国务院批准土地征收审批事项委托部分省、自治区、直辖市人民政府批准。两者都属于农转用审批权或征地审批权放松的明显信号。第四次调整引起了广泛关注。因为一直以来审批权限收紧的趋势出现了放松的迹象。

总体上看，国务院将用地审批权下放到地方政府，是一次明显的放权过程。为什么距离第二次收权调整时隔20年后中央开始放权？这主要是一方面新时期中国经济由高速增长转向高质量发展，农转用和征地的规模都明显放缓；另一方面中央在深化改革的过程中大力推进“放管服”改革以赋予地方更多自主权来优化资源供给结构和配置管理，提升资源治理效率和效能。在这两个大背景下，审批权的下放有利于推动土地要素市场化改革，也有利于新时代加快完善社会主义市场经济体制。

当然，审批权下放，并不会造成用地失序。因为土地用途管制制度没有变；建设用地总量指标和耕地保有量指标（规划指标）、土地利用年度指标（计划指标）等重要土地利用与管理的指标体系没有变；自上而下分配用地指标的方式没有变。省级人民政府只是按照国务院批准的土地利用总体规划并按土地利用年度计划来行使由国务院授权和委托的用地审批权。省内层层分解的土地指标（比如新增建设用地指标）在各市之间的分配在规划编制的时候就确定好的。不存在用地审批权下放就可以改变用地计划和规划、大幅增加用地数量的情况。另外，省级的自主权还是要受国务院及其相关职能部门的监督、审查或督察。根据权责相等的原则，对省级人民政府来说，在此次国务院将审批权下放后，实际上更需要承担好省内区域协调发展的责任。在用地项目的审批上，省级人民政府需要兼顾用地效率和区域公平。

（三）审批制度的决策难题与解决的路径

审批制度始终在决策上面临权衡的难题。一方面，审批权上收，有利于从上向下的控制，但面临信息成本和监管成本；另一方面，审批权下放，有利于放活下级能动性和主动性，但面临失控的风险。表面上看似乎进入了一种难以调和的矛盾，但实际上从放权一定会有利于降低信息成本和制度实施成本来说，当前实践中的审批制度需要完善的是：放权后如何对地方进行监督和控制，避免地方滥用权力或者过度偏好地方利益而损害国家整体利益。

有三种监督机制可以实现这个目标。一是技术进步带来的信息成本和监管成本的下降，有利于上级对下级的过程和事后监管；二是地方政府之间的横向竞争（包括地方经济发展的竞争和晋升竞争），有利于下级之间的互相监督；三是给人民群众赋权后人民群众对地方政府的监督，形成中央对地方纵向制约的闭环管理。三种手段是一种互补的关系，若发挥得当则有利于避免审批权放权后地方政府可能的机会主义行为。

第一，虽然无论技术如何进步，上下级之间的信息不对称永远无法消解且在动态变化，但在当前阶段随着全国土地调查、年度变更调查、全天候遥感监测、“一张图”建设等工作不断取得新的成果，土地信息化技术深度应用，显著提升了中央政府的监管能力，国家可以快速便捷地掌握各地土地利用变化情况，具备及时调整管理政策的条件和能力。当然，上级不能过度自信，认为技术进步就可以解决信息不对称的难题，因为技术进步本身也可能增加新的信息不对称。

第二，分权给地方政府为形成地方政府间的竞争提供了条件，而地方间的竞争也是一种相互监督机制。在中国土地产权之谜那一章中我们解释了现阶段地方政府的激励机制，用好地方土地资源并与其他地方政府在引资、引智上的竞争，不仅仅使得地方政府会积极开展各类创新来满足地方发展的需要，更会成为彼此的监督者，因为大家都希望在公平公正的环境下竞争，这是一种天然的监督机制。

第三，中国改革开放以来的市场经济转型本身就是从放权开始的。最初是由中央政府将经济权利放权给两千多个县级经济体。十八大以后这种放权更为明显，放权给社会民众、放权给农村集体和农民是两个重要的特征。前者是指社会治理越来越受到关注，政府从“划桨人”转型为“掌舵人”，让各类社会组织共同参与社会治理；后者是指对农村集体和农民土地上的还权赋能，让农民主体可以自由地参与市场竞争。这些都有利于产生新的监督机制，即地方政府必须改变以往只应对上级检查的习惯，现在更需要切切实实为人民负责，以人民为中心的行政原则促成了中央对地方监督的一种新的闭环。

可以预期在上述三类机制下，伴随着社会主义市场经济体制的不断完善，现阶段和未来一定时期土地审批权的下放一定是一个大趋势。

五、土地督察制度

如果说土地用途管制和审批制度属于事前制度，即针对土地利用行为发生之前进行的约束性制度设计，那么土地督察制度则属于事后制度，它是对土地利用行为发生之后进行的监督性制度设计，目的是确保土地利用符合土地法律和土地规划等要求。

（一）土地督察的制度内容

“土地督察”非常容易与“土地监督检查”混淆。

“土地监督检查”是各级政府及其自然资源等主管部门作为监管者对违反土地管理法律、法规的行为进行监督检查，监管对象包括所有违法违规的行为，是写入法律的政府职责。《土地管理法》明确：“县级以上人民政府自然资源主管部门对违反土地管理法律、法规的行为进行监督检查。”具体履责时有权采取如专栏 4-3 中的措施。可以看出，土地监督检查的对象是所有类型的违法主体，包括个人、企业、社会团体甚至政府等，而且土地监督检查从 1986 年颁布的《土地管理法》中就有相关条款明确是土地管理部门的职责。

专栏 4-3 土地管理法中明确的土地监督检查权力

县级以上人民政府自然资源主管部门履行监督检查职责时，有权采取下列措施：

（一）要求被检查的单位或者个人提供有关土地权利的文件和资料，进行查阅或者予以复制；

（二）要求被检查的单位或者个人就有关土地权利的问题作出说明；

（三）进入被检查单位或者个人非法占用的土地现场进行勘测；

（四）责令非法占用土地的单位或者个人停止违反土地管理法律、法规的行为。

“土地督察”提出的时间相对较晚。土地督察制度最早是在 2004 年 10 月 21 日的《国务院关于深化改革严格土地管理的决定》中提出，该决定提出要“完善土地执法监察体制，建立国家土地督察制度，设立国家土地总督察，向地方派驻土地督察专员，监督土地执法行为”。2006 年 7 月 13 日《国务院办公厅关于建立国家土地督察制度有关问题的通知》正式确立土地督察制度。该通知中明确“国务院授权国土资源部代表国务院对各省、自治区、直辖市，以及计划单列市人民政府土地利用和管理情况进行监督检查”。在 2019 年修正的《土地管理法》中明确了“国务院授权的机构对省、自治区、直辖市人民政府以及国务院确定的城市人民政府土地利用和土地管理情况进行督察”，将土地督察制度正式上升为法律。

可以看出，土地督察是国务院对地方各级政府在土地利用和管理上的监督检查。土地督察的对象主要是省、自治区、直辖市，以及计划单列市人民政府的土地利用和管理行为，具体督察职责如专栏 4-4 所示。这是土地督察与土地监督检查在行政内容上的区别。而且，“督察工作不改变、不取代地方政府及其自然资源等主管部门的行政许可、行政处罚等管理职权，不直接查处案件”，这句话也表明了土地督察与土地监督检查之间的关系。

专栏 4-4 土地督察*的主要职责

（一）督察地方政府落实党中央、国务院关于自然资源重大方针政策、决策部署及法律法规执行等情况；

（二）督察地方政府落实最严格的耕地保护制度和最严格的节约用地制度等土地开发利用与管理情况；

（三）督察地方政府落实自然资源开发利用中的生态保护修复、矿产资源保护及开发利用监管等职责情况；

（四）督察地方政府实施国土空间规划情况，重点是落实生态保护红线、永久基本农田、城镇开发边界等重要控制线情况；

（五）对涉及自然资源开发利用、生态保护重大问题开展督察；

（六）按照有关规定对地方政府负责人开展约谈，移交移送问题线索；

（七）督察地方政府组织实施整改情况，按照有关规定提出责令限期整改建议；

（八）承办国家自然资源总督察交办的其他任务。

*：2018 年后土地督察改为自然资源督察

如果从法律关系看，土地监督检查所形成的法律关系属于行政机关与行政相对人之间的关系，具体是行政机关对行政相对人是否履行土地管理相关法律法规的监督、检查和执法的行为。而土地督察所形成的法律关系属于行政机关内部上下级之间的关系，是国务院授权自然资源部代表国务院对各省、自治区、直辖市，以及计划单列市人民政府土地利用和管理情况进行监督检查的行为。可见，土地监督检查本质上是政府与市场（及社会）主体关系，是政府行政执法行为；而土地督察本质上是央地关系，是体制内部的监督行为。

（二）从土地督察到自然资源督察

土地督察制度仍然处于不断的完善过程中。从法律法规的角度看，土地督察制度还未以单章的形式进入《土地管理法》，只是在总则部分明确了督察制度。《国家土地督察条例》也还迟迟未能发布。这些说明督察制度建立至今虽然已经超过 15 年的时间，但督察制度体系和相关制度的内容还未能完全定型。

如果分析其原因，主要有两个方面。一是督察制度是对中央和地方在土地治理关系上的制度设计，不仅受到央地关系动态变化的影响，也受到影响土地治理相关因素的影响。二是自然资源部的组建，影响了传统土地督察制度的内容，即需要考虑从传统土地督察向自然资源督察的转变。这两方面都影响了相关制度的定型。

从 2006 年以来，中央和地方在土地治理上的关系发生了显著的变化，这从土地审批制度在相同时期“先紧后松”也能看出来。2004 年前后我们国家的土地管理经历了最严格的一个阶段，甚至在 2004 年暂停审批了新增建设用地计划指标一年。在这个背景下出台土地督察制度自然是与严格监督地方政府土地管理行为密不可分。但随着央地秩序逐渐稳定和党的十八大的召开，土地配置从以政府为主导向以市场为主导的转变愈发明显，尤其是新型城镇化战略提出后国家对农村农民“还权赋能”，开展了一系列的土地制度改革，也形成了土地管理向土地治理的转变。土地管理仅仅是政府行为，而土地治理则是政府、市场和社会多元主体共同参与土地利用管理过程。多元治理增加了来自社会监督的机制，这对最初以“从上向下”为特征的土地督察制度的调整完善提出了新的要求。

目前土地资源治理体系仍然在转型调整中，这会影响到土地督察制度内容的定型。

2018年自然资源部成立。原土地督察被赋予新使命，演变为自然资源督察。自然资源督察机构职能调整为根据中央授权，对地方政府落实党中央、国务院关于自然资源和国土空间规划的重大方针政策、决策部署及法律法规执行情况进行督察[①]。这段表述将自然资源督察的职责范围扩大了，远远超出土地督察阶段的对省级人民政府的“土地利用和管理情况进行监督检查”。实际上，通过对比两个阶段的具体职责可以发现，原国土资源部的土地督察、国家海洋局的海洋督察、住房和城乡建设部的规划督察等职责，一并整合成为自然资源部的自然资源督察职责。自然资源督察除了做好做精传统的土地督察业务，还要探索对自然保护地及生态保护、矿产资源、海域海岛资源监管及保护等情况的督察。这种职能上的调整，也影响土地督察制度内容的定型。

这些变化都对土地督察乃至自然资源督察的制度设计产生影响，可以预期督察制度未来还会继续经历一段时间的调适，才能作为中国特色土地制度体系中的重要内容而最终成形。

（三）督察制度的难题与展望

为什么国家要建立土地督察制度？在2006年《国务院办公厅关于建立国家土地督察制度有关问题的通知》中有这么一段话“建立国家土地督察制度有利于加强土地监管，落实最严格的土地管理制度”。很明显这是针对2004年前后中央政府对地方政府在执行土地相关法律法规上不满意才作出的一项重大制度创新，其背后体现的是中央设立对地方的事后监督权，来进一步约束地方政府的机会主义行为。因此，督察制度的难题在于如何适应特定时期的中央和地方的关系，而不在于督察制度的具体督察内容、机构设置、编制和职级配备等。这是来自督察制度的本质要求。

督察制度在当前还面临一些实践中的难题。第一，就监督的职能看，国土行政体系中已经有了土地监督检查职能部门，额外再建立一个针对地方政府土地利用行为的督察体系，或多或少会引起对其必要性的质疑[②]；第二，就督察职能的行政隶属看，现在的督察仍旧隶属于自然资源部，其总督察和副总督察都是自然资源部的正副部长，这实际上表明并没有赋予督察本身一个完全独立于督察对象的身份，进而无法完全避免督察工作不受“自己人”的干扰[③]；第三，就督察权力设置看，督察是一种对省级的土地审批和用

---

① 魏莉华等. 2019. 新《土地管理法》学习读本. 北京：中国大地出版社.

② 土地督察可能面临必要性的质疑。《土地管理法》中已经明确了土地监督检查的对象应包括所有类型的违法主体，比如个人、企业、社会团体甚至政府等，这说明即使是政府违法违规，土地监督检查也有权力执法。这个与土地督察的行政对象有一定的重叠，因为《土地管理法》中明确了土地督察对象是对省、自治区、直辖市人民政府以及国务院确定的城市人民政府。可以发现，土地监督检查和土地督察在行政对象上存在一定的重叠，即都存在对政府行为的监督。从理论上说，如果上级“土地监督检查”部门针对下级政府的违法违规能够做到“执法必严、违法必究”的话，我们国家的土地法规的实施就能够得到保障，完全不需要额外建立督察制度。但实践中土地监督检查行政部门面临的难题是我国特有的“条、块”关系，即土地监督检查既隶属于“条”（上级土地部门），也隶属于“块”（本级政府），当面临本级政府违规行为时，土地监督检查往往无法有效执行。这也是土地督察制度建立的初衷之一，即为了避免土地督察被“块”影响和干预。所以，从行政的逻辑看，土地督察有其存在的必要性和合理性，是土地监督检查所不能够替代的。

③ 土地督察体系本可独立与原国土资源管理体系建立和运营，来体现中央对省级政府的督察约束。然而，非常可惜的是，现实中土地督察从建立之初就与同时隶属于“条”和“块”的土地行政体系有着“千丝万缕”的联系，这也可能造成督察制度的实际效果打了折扣。

地决策的事后检查，是一种事后监督权；而前面介绍的土地审批权可以看作一种事前监督权。再加上十八大以来推动社会治理、对农民的还权赋能所产生的额外的监督作用，督察制度在事前、事中和事后与其他各类制度在成本与收益上的权衡仍是一个难以回答的问题。

所以，督察制度在自然资源部成立后如何落地成形，受到自然资源治理的体制（即纵向和横向政府间关系）和机制（即政府与市场、政府与社会的关系）的影响，其解决路径还是要围绕央地关系的变化来进行优化。如果观察到十九大以来在自然资源治理上基础性制度优化的趋势，比如2019年上半年中央先后密集地下发了四项重要文件，包括《关于统筹推进自然资源资产产权制度改革的指导意见》《关于建立健全城乡融合发展体制机制和政策体系的意见》《中共中央 国务院关于建立国土空间规划体系并监督实施的若干意见》《关于建立以国家公园为主体的自然保护地体系的指导意见》等，可以发现中央正在建立健全自然资源产权制度体系、自然资源利用过程中的城乡关系和政府与市场关系、国土空间规划管控的政府公权力、央地在不同自然资源治理体系上的分工协作制度等。这些创新正在促成并奠定新时期央地关系的新秩序。尤其是，2020年3月中央政府先后下发了《国务院关于授权和委托用地审批权的决定》和《中共中央 国务院关于构建更加完善的要素市场化配置体制机制的意见》，这两个文件可以视为中央进一步将土地管理部分权力放权给地方，也进一步明确了土地要素需要通过市场配置来提升治理效率和效能。

为此，可以预判的是，随着央地之间新秩序的稳定向好，审批权等有利于激活市场的权力将进一步下放。而土地督察作为中央政府的纠错纠偏手段，将成为一项有效且有力的事后制度，为审批权力下放、市场营商环境提升、空间秩序优化、自然生态修复等“保驾护航”。所以，督察制度虽然目前还未能出台法律法规上的细则，只是因为督察所需要适应的自然资源治理体制机制还处在调整过程中。

六、国土空间规划（2020～2035年）：规划体系的重塑

前面本章一直聚焦在土地利用总体规划制度体系上。实际上，土地利用规划并不是中国唯一的涉及土地的规划，国民经济发展规划、主体功能区规划、城乡规划、国土规划等也对土地利用产生直接影响，而且这些规划也在不断演化。更关键的是，这些规划分属于不同的职能部门，在实践中一直存在明显的相互掣肘，因此，如何解决不同规划在功能上的配合和融合，成为十九大以来规划体系重塑的首要目标，也催生了中国国土空间规划制度体系的形成。

（一）从“多规合一”到国土空间规划：规划体系的重塑

即使是改革开放后，计划经济体制的痕迹仍然存在于政府各项治理中。大多数职能部门依然通过计划和规划的方式进行公共事务的管理，这种情况在土地相关规划上更明显。新中国成立以来，逐步形成了以经济和社会发展为代表的发展规划体系和以土地利用规划、城乡规划为代表的空间性规划体系。发展规划对土地利用和承载提出需求，空间性规划对土地利用进行限制以保护土地和自然资源。发展规划是由发改委负责编制，土地利用规划是由原国土部门（现自然资源部门）负责编制，城乡规划是由住建部门负责编制。经过几十年的发展，不同规划在目标和内容等方面都出现了冲突，揭示了这些

规划面临权力平衡上的冲突。

为了观察实践中的这些冲突，可以先来看一看规划分立的历史。有一项研究详细梳理了国家规划体系的演进历程，尤其是发展规划与空间性规划之间的关系①。该研究将演进历程分为四个阶段。

第一个阶段是新中国成立初期到改革开放前，是发展规划和空间性规划在低层次上融合发展的阶段。这个时期在计划经济的大背景下，发展计划和城市规划的关系很明确，发展规划重点谋划“干什么”，城市规划主要落实“在哪干”。而且城市规划是从属于发展规划，两者都关注工业项目或工业区的布局。可见，该时期发展规划与空间性规划之间是融合的，但它们只是为了产业而融合。

第二个阶段是改革开放后至21世纪前，也是不同规划目标出现分异的阶段。在这段时间，一是经济计划变成经济和社会发展计划，关注的重点从经济转向经济与社会并重；二是全国各城市的城市总体规划全部完成,《中华人民共和国城市规划法》正式颁布实施，初步建立了以城市为中心的空间性规划体系；三是土地利用总体规划也顺利完成第一轮的尝试探索。然而三类规划的目标出现分异，发展计划引领增长、城市规划协调生产生活空间、土地利用规划注重耕地保护。不同部门的规划目标差异导致发展计划与空间性规划的演进路径开始向不同方向发展，这为后续的冲突埋下了隐患。

第三个阶段是21世纪以来至党的十七大，是不同规划冲突日益激烈的阶段。首先是2001年国土资源部印发《关于国土规划试点工作有关问题的通知》，尝试引入国土规划的概念，重新诠释土地规划的功能和作用；其次是2007年国务院印发《关于编制全国主体功能区规划的意见》，并于2010年正式印发《全国主体功能区规划》，其内容从经济社会发展规划向空间规划延伸；最后是2008年《中华人民共和国城乡规划法》实施，住建部门的城市规划向乡村延伸。该时期三类规划出现了各自为政的现象，发展规划向空间规划延伸、城乡规划向区域规划延伸、土地规划向国土规划延伸，出现了功能上的交叉重叠，而且协调成本也越来越高。

第四个阶段是党的十七大以来，因党中央提出要进行规划体系重塑而带来不同规划再次融合发展的趋势。党的十七大报告提出要完善国家规划体系，从2008年起地方政府自发探索开展“多规合一”，重点推进发展规划和城乡规划、土地规划深度融合。特别是党的十八届三中全会之后，“多规合一”试点在28个市县和9个省区推进。“多规合一”主要的目的就是解决前面第三阶段出现的不同规划各自为政的问题。

2018年3月自然资源部组建成立，明确要求自然资源部整合原国土资源部的国土规划和土地利用规划、国家发展和改革委员会的主体功能区规划以及住房和城乡建设部的城乡规划管理职责，推进主体功能区战略和制度，组织编制并监督实施国土空间规划和相关专项规划。至此，空间性规划的冲突局面才基本结束。

2018年《中共中央 国务院关于统一规划体系更好发挥国家发展规划战略导向作用的意见》（以下简称《意见》）和2019年《中共中央 国务院关于建立国土空间规划体系并监督实施的若干意见》（以下简称《若干意见》）正式厘清了发展规划与空间类规划的关

① 本节对发展规划与空间性规划之间的关系的历史进程，主要参考了：黄征学. 2020. 国家规划体系的演进历程与融合对策. 改革，（4）：65-73.

系。《意见》要求“建立以国家发展规划为统领，以空间规划为基础，以专项规划、区域规划为支撑，由国家、省、市县各级规划共同组成，定位准确、边界清晰、功能互补、统一衔接的国家规划体系”。这里面清晰地界定了发展规划与空间规划的关系：前者是后者的统领，后者是前者的保障。发展规划要“明确空间战略格局、空间结构优化方向以及重大生产力布局安排，为国家级空间规划留出接口”，空间规划要为发展规划提供空间保障。《若干意见》则进一步阐明国土空间规划的编制审批体系、实施监督体系、政策法规体系、技术标准体系等四大制度体系，同时也明确了空间规划由国家、省、市、县、乡镇五级以及总体规划、详细规划和专项规划三类的“五级三类”构成。《意见》和《若干意见》是新时代中国规划体系重塑的基础性文件，对不同规划的关系、规划结构体系的界定，进行了全方位、多层次、全领域的论述。

（二）国土空间规划更是制度设计上的创新

国土空间规划的目标是实现全域全要素用途管制，考虑各类自然资源要素的整体性和系统性，将管制内容从原来的土地（重点是农转用和耕地保护）扩展到林地、草原、河湖、湿地、海洋等自然生态空间，将分散于原国土、规划、林业、水务、海洋等部门的自然资源管理和国土空间开发等职责进行整合。这是一种对规划内容和规划体系的重塑。理论和实践都对国土空间规划制度究竟有哪些创新感兴趣。

第一，国土空间规划的价值目标出现了全新的变化。国土空间规划不是以前各类涉及空间规划的机械地汇总，而是将自己定位于国家空间发展的指南、可持续发展的空间蓝图。虽然以前各类涉及空间的规划在支撑城镇化快速发展、促进国土空间合理利用和有效保护方面发挥了积极作用，但也存在规划类型过多、内容重叠冲突等问题。国土空间规划跳出了传统的以行政目标为主，将加快形成以绿色生产方式和生活方式、推进生态文明建设、建设美丽中国等作为规划编制的价值目标，并以人民为中心，保障国家战略有效实施等作为规划优劣的评价标准。在《若干意见》中强调，到2035年，全面提升国土空间治理体系和治理能力现代化水平，基本形成生产空间集约高效、生活空间宜居适度、生态空间山清水秀，安全和谐、富有竞争力和可持续发展的国土空间格局。

第二，空间规划制度是一次“全国一盘棋”“从上向下”推进的改革。2019年5月中共中央、国务院正式印发《若干意见》。自然资源部迅速响应，同年5月印发《关于全面开展国土空间规划工作的通知》。2020年1月以来，自然资源部陆续印发了《省级国土空间规划编制指南（试行）》《资源环境承载能力和国土空间开发适宜性评价指南（试行）》《关于加强国土空间规划监督管理的通知》《市级国土空间总体规划编制指南（试行）》，正着力推进《国土空间规划管理法》的立法工作等。这是一种通过强有力领导的方式来推动改革。

第三，空间规划制度体系的创新是以治理现代化为导向，以解决实际问题和历史难题为目标。制度创新覆盖编制审批、实施监督、政策法规、技术标准等规划制度全过程。虽然目前各级空间规划仍然在编制过程中，但都体现出以新体系建立为契机创新国土空间规划逻辑，比如以“多规合一”规划体系保障“一张蓝图干到底”，以空间用途管制制度和审批制度双改革再造规划许可管理模式，以及以全生命周期管理的创新理念进行制度设计，涵盖从“规划管控”到“项目建设”再到“过程和结果管理”的三大环节的制度设计。

其中，“一张蓝图干到底”是指将原本分属城乡规划、土地利用规划等不同领域的用途管制和许可审批事项梳理整合和流程再造，更好确保规划的“一张蓝图”。空间用途管制制度改革是指以全域国土空间与全要素自然资源为管制对象，以审批、核准、备案、监测监管等为管制手段，形成全域、全要素、全过程用途管制实施细则。审批制度改革是指在城市开发边界内外，统一实行“详细规划+规划土地许可+地类变更”的管制方式。在城市开发边界外，也可以参照传统土地规划用途管制的方式实行“约束指标+分区准入+地类管理”的管制方式。这些制度创新将能够保障规划的有效执行。而且，在双改革下，传统的审批业务将可以进行业务上的流程再造，提高审批效率。“全生命周期管理”创新主要是指实行规划全周期管理，强调规划管理行为全过程可回溯。

第四，规划和用途管制的内核得到了全新升级。如果对应第三轮土地利用总体规划中的“分区管制+指标控制”内容，国土空间规划进行了两方面的创新。

一是在国家和省级层面，主要的创新是明确以“双评价”为基础对国家和省级空间规划中的“三线三区”进行统筹。这里的“双评价”是指资源环境承载能力①和国土空间开发适宜性②的评价。“三线”是指生态保护红线③、永久基本农田④、城镇开发边界⑤等三条空间管控边界线。“三区”是指城镇、农业、生态三类空间。作为规划编制中的重要手段，在《意见》中明确要求“国家级空间规划要聚焦空间开发强度管控和主要控制线落地，全面摸清并分析国土空间本底条件，划定城镇、农业、生态空间以及生态保护红线、永久基本农田、城镇开发边界”。可见，通过三线划定让三区在空间上尽量保障边界清晰，将有利于后续规划的顺利实施和有效监管。既有利于保障永久基本农田、生态功能重要区域和生态环境敏感脆弱区域，也能为城镇开发留有空间，还有利于避免后续经济社会发展过程中可能出现的空间冲突。

但也需要注意的是，《意见》进一步强调不论是国家级发展规划纲要，还是国家级的国土空间规划，都不对总体布局、重大工程作出具体的安排。根据《关于在国土空间规划中统筹划定落实三条控制线的指导意见》，“三线三区”由市县级空间规划具体划定。这体现了国家和省级空间规划是统筹协调和原则性的规划，赋予市县等地方政府更实的空间规划权力。

二是在市级及以下层面，如果说前三轮土地利用总体规划形成了以“允许建设区、有条件建设区、限制建设区、禁止建设区”为分区，以“新增建设用地计划指标、土地

---

① 资源环境承载力是指区域内固有自然资源支撑人类社会可持续发展的规模、限度与潜力，以及区域内自然生态环境对人类社会发展产生的负面影响的容纳能力。

② 国土空间开发适宜性指国土空间对城镇扩张、农业开发、生态保护等不同开发方式、功能和空间的适宜程度。

③ 生态保护红线是指在生态空间范围内具有特殊重要生态功能、必须强制性严格保护的区域的边界线。生态保护红线是保障和维护国家生态安全的底线和生命线，通常包括生态功能重要区域和生态环境敏感脆弱区域。

④ 永久基本农田是在基本农田的概念基础上进一步“升级”的概念。为了切实保护耕地，国家把按照一定时期人口和社会经济发展对农产品的需求，以及对建设用地的预测而确定的长期或一定时期内不得占用的耕地称为基本农田。在土地利用总体规划中需要划定基本农田保护区域。永久基本农田是在 2008 年党的十七届三中全会通过的《中共中央关于推进农村改革发展若干重大问题的决定》中提出的概念，“划定永久基本农田，建立保护补偿机制，确保基本农田总量不减少、用途不改变、质量有提高”。这说明，永久基本农田就是基本农田。“永久”二字体现了党中央、国务院对耕地特别是基本农田的高度重视，体现的是严格保护的态度。永久基本农田一经划定，不得随意调整或占用。除法律规定的国家能源、交通、水利、军事设施等国家重点建设项目选址无法避开外，其他任何建设项目都不得占用。

⑤ 城镇开发边界，是在综合考虑地形地貌、自然生态、环境质量和永久基本农田等因素的前提下，为了优化城镇布局形态和功能结构、提升城镇人居环境品质而划定的一定时期内可以进行城镇集中建设的空间边界。

整治补充耕地计划指标”等指标为控制手段的“分区管制+指标控制”模式，空间规划则针对该模式进行了更新和创新，尤其对分区和地类进行了更为细致的设计，从而形成更为全面的用途管制制度。

根据自然资源部编制的《市县国土空间规划分区与用途分类指南（试行，送审稿）》①，国土空间规划将规划分区更新为：市域规划分区包括生态保护区等 8 类分区；县域/市区规划分区包括核心生态保护区等 15 类分区；同时，将用途分类创新为 28 种一级类、102 种二级类以及 24 种三级类。

上述更新和创新，一方面说明国土空间规划延续了分区和管制的逻辑，为国土空间开发利用和管理奠定了制度秩序，另一方面也说明国土空间规划具有远超原土地利用总体规划的复杂性。当然，复杂的分权和指标主要属于技术层面的内容，本书不展开论述。但是，这种复杂的规划规则体现了空间规划制度因管制对象的巨大调整也作出了大幅度的调整。

（三）从国土空间规划依然面临的难题看其制度本质

国土空间规划是一项复杂的系统工程，如果我们抛开复杂的规划技术标准，从空间规划的制度属性来看，可以发现复杂的设计和繁多的制度体系就是为了回应现实中对规划在效率、公正、权力分配和共同未来等方面的要求。

中国规划体系的调整和演化伴随着经济社会发展的过程。从最初的为工业发展和布局服务，到后面为整个国民经济发展和城乡协调服务，再到现在为全域全要素和空间优化服务，规划从无到有，从有到优。这个过程背后体现出规划就是以资源和空间利用效率为目标，自身在不断调整优化。

中国规划体系进展到国土空间规划，也体现着公平公正的原则。对生态保护红线、永久基本农田红线和城镇开发边界线的划定，目标就是让各类冲突的、互补的空间利用能够在整体效率的基础上得到公平公正的对待，不让短期利益、局部利益影响到长期利益和整体利益。

中国规划体系的调整也体现着对权力分配上的优化。既涉及相同级别不同职能部门之间的优化重构，还涉及不同层级政府之间的事权分工。将发展规划与空间规划的关系梳理清晰，同时将三类主要的与空间相关的规划进行“多规合一”并优化重组，是对发改委、自然资源部、住建部等不同职能部门在空间开发与资源利用上的权力的界定；在国家、省级和市县及以下等不同级别空间规划中明确各自的职能分工，包括国家和省级人民政府对“三线三区”空间布局的总体形态的刻画和统筹，而市及以下级别政府对各类空间实体边界进行具体划定，是对不同级别政府在规划制定上权责的合理配置。

中国规划体系的调整还关注不同自然要素的整体性和系统性，将管制内容从原来的土地扩展到林地、草原、河湖、湿地、海洋等自然生态空间。同时强调在科学、系统开展“双评价”基础上，要对全域空间布局和全要素禀赋进行科学认知与系统把握。充分遵循、适应、利用“自然-社会系统”的运行规律，将生态优先、底线思维、生命共同体等生态文明价值观转译成时间的和空间的秩序，明确不同区域国土空间开发、保护与利用的管控策略。这些都说明新的国土空间规划更加关注人类共同未来的利益诉求。

---

① 截至 2021 年 6 月，该指南还未出台更新或正式版本。

然而，规划制度也是制度，同样会因为信息成本、制度成本等而天然存在制度设计上的缺陷，同时，规划制度的实施也同样会面临国家在体制机制上的制约。有一些根本性的制约因素依旧没有变化。

第一，国土空间规划面临的推动发展与约束管制的基本矛盾没有变。发展规划依然需要关注如何发展、如何高质量发展，而空间规划依然需要关注管制，关注合理限制和优化。这种超出规划制度本身的矛盾，同样对空间规划提出了挑战。虽然国家对建立国土空间规划体系的指导思想中明确了国土空间规划要“体现战略性、提高科学性、强化权威性、加强协调性、注重操作性，实现国土空间开发保护更高质量、更有效率、更加公平、更可持续”，但问题是当推动发展与约束管制本身就是“天然”的矛盾时[①]，空间规划总是面临不断变化的发展矛盾而造成政府的规划管制只能不断优化调整或变革来适应矛盾。所以，空间规划没有绝对答案或标准答案，规划的制度创新只能“一直在路上”。

第二，国土空间规划面临中央和地方事权分工的挑战没有变。目前来看，虽然为了规划设计上的合理性和科学性，国家和省级规划只是在原则上、从统筹的视角去指导下级规划的编制，充分放权给市县及以下政府根据实际情况来确定“三区三线”的边界和具体管制规则，但问题是在现有的体制下，下级政府是否真能够通过空间规划来约束上级的发展规划，或者上级是否真能够通过发展规划去引导空间规划？比如，国家在发展规划中对重大工程、重大项目和空间战略格局等的布局，如果在编制空间规划时下级没有一定的发言权，这要么导致下级盲目遵守而无法实现发展规划与空间规划的有效衔接，要么导致下级不克己奉公做好空间保障，引致国家重大工程、项目等战略布局无法落地的风险。

第三，国土空间规划面临规划目标分异、协同机制缺失的掣肘没有变。空间规划与发展规划的规划期限是不同的，空间规划是 15 年，而发展规划是 5 年。后者作为前者的统领，但仅提出 5 年的需求，那么后者如何安排后 10 年的空间布局？但对于发展规划来说，5 年又是一个比较合适的规划期限，对经济社会发展制定更长时间的规划又不切实际。另外，虽然《意见》和《若干意见》都对两类规划的全链条、全方位、全过程的管理进行了要求，但两类规划之间的协同机制并没有明确。

实际上这些矛盾、挑战或掣肘都属于国家治理中的体制机制引致的问题。这些体制机制具体是指政府间的纵向关系（比如央地关系）、政府间的横向关系（比如地方政府间的竞争），政府与市场的关系（比如政府是否影响土地市场供应），以及政府与社会的关系（比如政府是否推动社会参与治理）等方面。国土空间规划制度的绩效将一直面临这些体制机制的影响。所以，从这个角度看，中国的土地规划制度演化到目前的空间规划体系，它只是一个阶段性的成果，但绝不是终点，规划制度会不断演化下去。

土地规划制度体现着政府在治理土地上的公权力，同其他土地基础制度一起为中国的土地利用提供了基本秩序。理解规划提供土地资源利用秩序的目标，同时理解它是在中国的资源国情、经济社会发展国情和治理体系改革国情的背景下不断完善的，就能够理解规划制度在实践中可能面临的各种促进或制约因素，也才能够让我们更加全面地理解土地规划的制度本质。

---

① “天然”是指在经济和社会发展过程中，肯定会出现不同的利益诉求。即不同利益的矛盾是“天然”的。这超出了规划的作用范围，不是有了规划就能减少这种天然性。

➢【本章总结】

土地是一种特殊的商品，其利用过程需要规划制度的约束与协调。中国土地规划制度从无到有先后经历了四轮的变化。在规划制度演变过程中形成了中国特色的“分区管制+指标控制”的用途管制制度，以及集中在中央和省级人民政府的各类审批制度。作为对属于事前权力设定的审批权的补充，土地督察制度是一种事后权力的设定。这些内容都体现了中国土地规划对计划经济时代制度存在路径依赖。空间规划是党的十九大以来国家对规划体系重塑的重大制度创新，体现了国家对空间类型规划从制度体系到制度内容上的现代化追求。

➢【本章复习题】

1. 为什么说土地规划是关于共同未来的制度？
2. 第二轮土地利用总体规划相比第一轮有哪些创新？
3. 中国特色的“分区管制+指标控制”模式的内容是什么？
4. 发展规划与空间性规划的相互关系变迁过程是什么？
5. 国土空间规划在制度上有哪些创新？

第五章

刚性土地规划的弹性创新

经过前一章对土地规划制度体系介绍后，大家一定觉得中国土地规划就代表着政府对土地开发利用的严格的管控，没有规划许可就无法开展建设。尤其是，土地规划对以前的计划体制存在明显的路径依赖，“从上向下”的各种指标分配和审批制度可能会引起疑虑：如果土地规划指标设置的不科学、不准确，土地规划很可能就成为经济发展的桎梏。这个问题会发生吗，如果发生了该如何解决呢？

本章的主要目的就是到实践中看看土地规划实施的过程，尤其是观察当上级规划指标不足或低效时，地方该如何应对，是只能铤而走险地违法违规还是另辟蹊径找到合法又合理的解决办法？本章将用现实中三类地方制度创新案例来阐释。一是地方通过自己创造指标来缓解上级分配指标不足的案例。这个发生在浙江的案例也被誉为是对土地发展权最早的探索；二是国家在禁止地方早期自发开展的指标制度创新后，出台了一项折中方案，即城乡建设用地增减挂钩政策，接着一些地方（比如重庆和成都）又在国家政策的基础上做出地票制度的创新；三是在实施城乡存量建设用地空间优化的各类项目过程中，不同地方的实际绩效产生了明显差异。比如，为什么都是农村居民点集聚，浙江义乌的“城乡新社区集聚”推进顺利，而山东一些地方的“合村并居”却面临舆论争议？这些案例为讨论规划管制的刚性与弹性、政府强制与市场配置之间的关系提供了条件，也体现了规划作为制度的本质。

一、破解规划指标的刚性：浙江的创新

指标（或称配额）对于政府来说，是一种调控经济的手段。相对于自由的市场，指标可以调整商品交换收益在消费者、生产者和政府之间的重新分配，比如汽油的供应、汽车限制上牌照等。指标还可以用于提高资源利用或环境保护的经济和社会的总体效益，比如对鱼类的捕捞、森林的砍伐和污染的排放等进行指标的限制。指标已经在世界范围内成为政府调控市场的一种重要工具。

（一）刚性指标的潜在缺陷

因为转型期对经济体制的路径依赖，中国土地利用规划受计划经济体制机制的影响明显，核心特征也是通过从上往下逐级分配用地指标来实现土地用途管制。其中，包括

三个主要的用地指标，即建设用地总量指标、耕地保有量指标、新增建设用地占用农地的年度计划指标。建设用地总量指标是一个上限控制指标，即地方各级人民政府编制的土地利用总体规划中的建设用地总量不得超过上一级土地利用总体规划确定的控制指标。耕地保有量指标是一个底线控制指标，即地方各级人民政府要保证耕地保有量不得低于上一级土地利用总体规划确定的控制指标。新增建设用地占用农地的年度计划指标也是一个上限控制指标，即地方政府不能突破上级在年初分配的当年的指标计划进行土地“农转用”——即使当地在规划上还有足够的建设用地总量指标。中央政府每年会根据国民经济和社会发展计划、国家产业政策、土地利用总体规划以及建设用地和土地利用的实际状况，编制不同地区年度建设用地占用农地的计划指标数量。因此，我们可以将年度计划指标看作上级政府对下级政府在规划总量指标使用速度或节奏上的约束和引导。

从理论视角看，从上向下确定土地指标并分配的制度体系存在着潜在的缺陷。比如，上级政府因为信息不对称和交易成本等原因在指标总量上可能面临计算上的科学难题。实践中，决策者往往因无法给出“最优”的总量计算，会尽量缩减指标总量，这是“有限理性”决策者的必然选择①。而在指标分配上，上级决策者也往往遵循公正公平的原则，不会过度差异化指标的分配，尤其是不会因为经济发展快就赋予这些地区更多的指标，相反会对欠发达地区在增量上给予照顾，以保持区域间的公平公正。但是，由于各地的资源禀赋和用地需求存在巨大差异，这种分配方案往往导致指标并不能满足一些地区实际发展的需求。比如，欠发达地区因为没有足够的用地需求而出现指标富余，而发达地区往往因为需求旺盛而指标不足。

那么问题是，地方政府是否能突破上级的指标约束？从法律和规划制度来看，这是不允许的。但是否存在既合法合规又能够缓解上级指标刚性约束的途径？在一些经济先行地区，比如浙江省于20世纪90年代末期就开始了自己的探索。

（二）寻找额外指标来源的“浙江模式”

浙江是中国经济发展水平较高，城市化和工业化发展速度较快的省份之一。在第二轮土地利用总体规划初期，中央下达给浙江省的建设用地规划指标和年度计划指标实际上很难满足浙江省发达县市实际的建设用地需求，比如规划最初给浙江100万亩的新增建设用地指标，而据浙江省国土资源厅自己保守估计至少需要140万亩。在2002年浙江省国土资源厅向国土资源部提交的《关于要求追加规划建设占用耕地指标的请示》中显示，截至2001年年底，浙江省实际使用建设占用耕地量已经达到99.2万亩，这意味着1997～2010规划期的100万亩指标已经基本用完。为此，浙江省申请在“十五”期间（2001～2005年）追加农转用指标71.8万亩。

在面临上级指标约束的情况下，浙江必须寻找新的建设用地指标来源。那个时期国家在土地管理上非常重视耕地保护，担心城镇化和工业化造成耕地被过度占用。为此，浙江省瞄准这一点，先行探索是否可以在保证耕地面积不减少甚至有增加的情况下，再

---

① 这里对“有限理性”术语的使用，并没有遵循严格的概念。只是为了体现由于客观信息不对称的制约以及主观计算能力的限制，理论上完全理性的状态无法达到。

额外增加建设用地来满足地方发展的实际需要。从空间上看，能够在政策上“做文章”的地方就是针对农用地进行整理以获得更多耕地，或者针对农村的建设用地进行复垦以获得更多耕地。基于这些耕地的增加，再来寻找新增建设用地的可能性。

这里需要先明确几个基本概念。耕地的增加有三个来源。一是土地开发，即通过对未利用地开发，转化为耕地资源，比如将湿地、滩涂开发为耕地；二是土地整理，即通过对农用地进行整合归并，对道路、灌排等农田基础设施进行归整，对土地进行改良等，实现耕地的增加；三是土地复垦，即将农村存量建设用地复垦为耕地资源。

浙江省自20世纪90年代末期就开始实行了一系列改革实践，这种自发的实践既有新增建设用地占用耕地指标不足的原因，也有完成上级政府分配的土地开发、整理和复垦任务的原因。而两者都与通过增加耕地来满足额外增加建设用地指标的思路有关。

1. 土地整理中的折抵指标

在第二轮土地利用总体规划时期[①]，中央就已经开始鼓励地方通过土地开发、整理或复垦等方式来增加耕地，但因为土地整理和复垦的亩均成本远远高于开发的成本，因此地方政府多偏好对未利用地的开发来新增耕地，而不愿意开展土地整理和复垦。比如，浙江省曾经在1997年通过试点的方式进行了各类工程项目的成本测算。在当时土地整理新增耕地成本大约在1.5万元/亩，而土地开发新增耕地成本大约在0.3～0.4万元/亩。很明显，地方在新增耕地上会更偏好开发的方式而不会选择成本更高的整理或复垦。实际的结果也可以佐证这个判断。1986～1996年通过土地整理新增耕地只有12.93万亩，占同期新增耕地面积总量的17.3%。而到了第二轮土地利用总体规划时期（1997～2010年），中央下达给浙江的土地整理任务是74万亩，若按照以前的执行速度，肯定无法完成任务。因此，如何激励地方政府开展土地整理成为当时另一个令浙江省政府头疼的问题。

恰巧的是，新增建设用地指标不足和地方对土地整理复垦积极性不高这两个问题出现了相互协同的解决路径。浙江省政府在1998年6月下发了一个旨在鼓励农村土地整理工作的文件(《关于鼓励开展农村土地整理有关问题的通知》)，其中隐含了一项被称为“折抵指标”的政策创新，其目标就是一方面增加地方政府开展土地整理的激励，另一方面为地方额外新增建设用地占用耕地指标提供可能。该政策的核心内容是，地方政府如果开展土地整理项目，可以将新增耕地面积的72%用于城市化和工业化发展。比如，通过整理100亩农用地，新增耕地10亩，那么其中7.2亩，可在上级下达的“农转用”计划指标之外继续用于“农转用”。

而且，为了消除地方政府财政上的压力，该政策进一步明确项目启动后，可以根据测算的新增耕地比例，将其中30%首先认定为折抵建设用地指标，并按每亩2万元核拨启动资金（政府从当期的土地出让收入中支付）。等项目验收后，剩余70%新增耕地的60%再折抵为“农转用”指标，这样前后总计72%的新增耕地面积可以认定为上级“农转用”计划指标之外的新增“农转用”指标。这种做法让地方政府资金上不再有压力。因为，假定一个土地整理项目区的面积是100亩，根据亩均1500元的土地整理成本，需要投入的资金为15万元。根据土地整理项目平均新增耕地率10%进行核算，该项目可以新增耕

① 关于我国若干轮土地利用总体规划的情况，详见第四章内容。

地 10 亩。根据每亩新增耕地核拨 2 万元的启动资金，就可以获得土地出让金转移支付的 14.4 万元，这基本解决了项目资金来源的问题。更何况，完成整理项目后可以获得额外的建设用地指标，而新增建设用地的土地出让收入将远远高于 2 万元/亩的启动成本。可见，这个政策创新同时解决了土地整理因资金不足导致激励不足和上级分配的新增建设用地占用耕地指标总量不足两个问题。

2. 土地复垦中的复垦指标

同时，浙江省也积极倡导针对农村存量建设用地复垦的政策创新。早在 1999 年《浙江省城市化发展纲要》中就提出“对按规划集中迁建的农村居民点和工业企业，已经退宅还田、退建还耕的面积，可在新址等量置换农用地，作为新的建设用地”。在 2000 年浙江省政府在《浙江省人民政府办公厅转发省国土资源厅关于进一步加强土地开发整理工作意见的通知》中进一步明确提出“实行土地置换政策，积极推进土地整理”。在实践中，浙江省先于国家明确了被称为“复垦指标”的政策，即通过开展农村建设用地复垦，所获得的新增耕地面积，可以等面积转化为新增建设用地占用耕地指标，用于城市化和工业化发展。比如，通过复垦 100 亩建设用地，新增耕地 100 亩，那么这 100 亩指标，可在上级下达的计划指标之外，用于农转用。

为了保障上述折抵指标和复垦指标的合法性，浙江省将相关政策上升为地方性法规。在 2000 年，浙江省第九届人民代表大会常务委员会第二十一次会议通过《浙江省实施＜中华人民共和国土地管理法＞办法》，其中第十五条专门明确了折抵指标和复垦指标的法律效力。

折抵和复垦两类指标，实际上就是浙江省通过政策创新，在不违反法律和上级政府土地利用总体规划的条件下，额外获得的新增建设用地占用耕地的指标。统计显示，截至 2004 年年底，浙江省通过土地整理新增耕地达 182.07 万亩，核拨土地整理折抵指标 131.08 万亩。其中，通过使用折抵指标批准占用的耕地为 104.26 万亩，占全部批准建设占用耕地 179.27 万亩的 58%，大大缓解了建设用地计划指标严重不足的矛盾[①]。

（三）刚性中的弹性？中央的后续反应

“浙江模式”中的折抵指标和复垦指标，本质是以增加耕地为前提，在增加的耕地中留一部分用于城镇化和工业化建设的后续占用。从保护耕地和保障经济增长两个目标看，这个政策创新确实同时满足了两个目标的要求。但是，这个政策面临两个隐藏的问题。

一是虽然地方耕地数量增加，但建设用地的空间也进一步增加了。这些新增的建设用地空间要么落脚到农村建设用地或农用地“腾退”出的空间，要么落脚到未利用地上（即不属于用途分类中建设用地或农用地的其他土地用途）。这个政策实际上是在挤压未利用地的空间——因为如果政策实施到极端情况，就会出现土地利用在空间上全部被建设用地或耕地覆盖。很显然这是不合适的，因为它会影响到诸如生态保护、生物栖息地等其他目标。所以，“浙江模式”的政策创新是有局限的。

二是中央政府会如何看待“浙江模式”？很显然，中央政府不愿意看到地方政府可以找到在上级分配指标之外的新的指标来源。这会导致地方政府不再依赖上级政府，不

① 王松林. 2005. 加大土地整理开发力度为我省经济社会可持续发展作出新贡献. 浙江国土资源，（10）：6-8.

仅影响行政过程中对上级的克己奉公，更会影响到整个土地利用规划和用途管制体系的效力。

因此，国土资源部在2007年对“浙江模式”做出了叫停的处理，不认可浙江通过土地整理的方式增加新增建设用地占用耕地的指标。但是，中央也发现了通过土地复垦产生的新增耕地不会出现上述的第一个隐藏的问题。因为复垦土地的原用途就是存量建设用地，不涉及占据其他用地空间的问题。因此，这就出现了下面中央主动设计的一项政策创新，即城乡建设用地增减挂钩政策。

二、城乡建设用地增减挂钩：中央的创新

虽然国家从20世纪90年代末期就开始实施耕地占补平衡政策,但是由于生态退耕、灾毁和农业结构调整等，全国的耕地资源数量一直处于下降的趋势。以2008年为例，虽然当年土地整理复垦开发补充耕地22.96万公顷，但同期建设用地占用耕地数量为19.16万公顷、灾毁耕地2.48万公顷、生态退耕0.76万公顷、农业结构调整减少耕地2.49万公顷，以上四项共减少耕地24.89万公顷，造成耕地总量仍净减少1.93万公顷①。

面对着耕地总量和部分地区耕地质量不断下降的现实情况，以及近年来世界市场粮价的巨大波动，国家粮食安全与经济安全面临巨大的挑战。为了保障中国有限的耕地资源能够同时解决“吃饭问题”与“能源问题”，在努力寻求农业科技创新与突破的情况下，中央进一步在《全国土地利用总体规划纲要（2006—2020年）》中要求全国耕地保有量到2010年和2020年分别保持在18.18亿亩和18.05亿亩，也就是实践中常说的“18亿亩耕地红线”。在这个红线的压力下，中央政府也在寻找平衡耕地保护和经济发展的办法。城乡建设用地增减挂钩政策就是在这个背景之下的创新。

（一）城乡建设用地增减挂钩的前因后果

随着经济快速增长，城市扩张对空间的需求与保护耕地18亿亩红线之间的矛盾日益显现出来。尤其在东部沿海发达城市，新增建设用地指标和空间都非常有限，而经济增长又需要投入更多的土地。如何既满足经济增长的需要，又不减少耕地数量和质量，同时又不引起公共利益和生态安全空间的损失，国家开始探索一种新的被称为“城乡建设用地增减挂钩”的政策及其指标体系。该政策自2006年起在全国开展试点，2009年起开始全面推行。

城乡建设用地增减挂钩是指依据土地利用总体规划（制度的前提），在城市近郊区将若干拟整理复垦为耕地的农村建设用地地块（即拆旧地块）和拟用于城镇建设的地块（即建新地块）等面积共同组成建新拆旧项目区（以下简称项目区），通过建新拆旧和土地整理复垦等措施，既增加了一定面积的土地用于城镇建设用地，又保证了项目区内耕地有效面积的增加和耕地质量的提高，实现了节约集约利用建设用地，城乡用地布局更合理的目标。如图5-1所示，在满足规划空间管制的前提下，拆旧地块与建新地块一起，实现了两个平衡，也就是农用地总量平衡和建设用地总量平衡。

① 《2008年中国国土资源公报》，http://www.mnr.gov.cn/sj/tjgb/201807/t20180704_1997938.html.

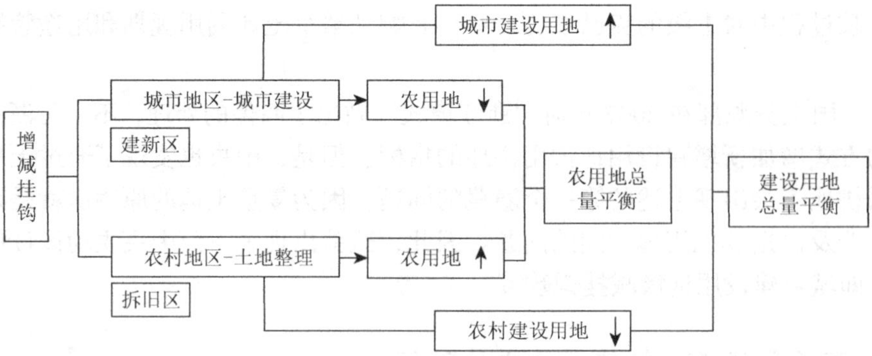

图 5-1 城乡建设用地增减挂钩政策示意图[①]

↑代表数量上述，↓代表数量下降

在实践中，城乡建设用地增减挂钩项目的执行是通过城乡建设用地增减挂钩周转指标（以下简称挂钩指标）进行。挂钩指标专项用于控制项目区内建新地块的规模，同时作为拆旧地块整理复垦耕地面积的标准，但不得作为年度新增建设用地计划指标使用。挂钩指标应在规定时间内用拆旧地块整理复垦的耕地面积归还，面积不得少于下达的挂钩指标。项目区内拆旧地块整理复垦的新增耕地面积，大于建新区占用耕地面积的，可用于该地区的耕地占补平衡任务。从这点上看，挂钩指标独立于传统的计划指标，尤其强调不能作为新增建设用地计划指标使用。

2006 年起，国土资源部先后在 21 个省（区、市）实施 600 多个试点项目，涉及面积将近 40 万亩。截至 2008 年 9 月底，实际完成 158 个项目，农村居民点人均用地下降 100 平方米左右。一些地方还带动耕地整理，建成了集中连片的高标准农田。通过对农村散乱、废弃、闲置的建设用地（包括宅基地）进行整理复垦，集中建设居民点，配套建设公共服务设施，净增耕地 13%左右，促进了这些项目地区农村的土地节约集约利用，改善了农民生产生活条件，改变了村容村貌。

城乡建设用地增减挂钩项目的本质，实际上就是对当时耕地资源保护和经济发展需要占用耕地两者矛盾日益激烈的情况下提出的一种缓解之策，即通过复垦部分建设用地为耕地来满足在其他地方新增建设用地的目的。这个政策能够保证特定阶段特定区域内建设用地总量不变化，甚至降低。

在实践中，由于土地利用规划和年度各种土地利用指标的限制，城市新增建设用地占用耕地的指标供给短缺的压力已经越来越明显。同时，由于农村传统宅基地和公共设施的粗放建设，农村集体建设用地的利用效率不高，土地的集约度还有很大的提升潜力。在这种背景下，城乡建设用地增减挂钩作为一种制度创新，应运而生。也就是在大多数情况下城乡建设用地增减挂钩政策中的拆旧区都是从农村来挖掘[②]。

城乡建设用地增减挂钩政策具有三方面的直观绩效。首先，它解决了资源稀缺的矛盾，既满足了城市建设的需要，也没有减少和降低耕地数量和质量，还提高了农村农民的生活、生产环境，实现了“三赢”的局面。其次，它没有违反土地法律和规划，既满

① 唐健，王庆日，谭荣. 2014. 新型城镇化背景下的农村土地政策改革试验. 北京：中国社会科学出版社：112.

② 这个现象也为后续的城乡统筹和等值发展留下了隐患，本章后面再回到这个话题。

足了耕地占补平衡的要求，也满足了土地集约节约利用的要求，还遵循了农用地转用、征地等相关程序。城乡建设用地增减挂钩的政策创新实现了建设用地流量的增加，使农村一部分富余的建设用地指标调剂到城镇区域使用，获得的土地增值收益可以进一步反哺农村，改善农村生产生活条件。最后，更重要的是，挂钩指标还是由中央下达，与“浙江模式”中的折抵指标和复垦指标不同，城乡建设用地增减挂钩政策并没有让地方能够随意增加用地指标，也就是该政策还在国家的土地利用总体规划和用途管制框架内运转。

（二）城乡建设用地增减挂钩政策的进一步创新：引入市场机制的“重庆地票”

城乡建设用地增减挂钩政策虽好，但也有一个直接的制约，就是城乡建设用地增减挂钩需要严格履行在拆旧和建新两个项目之间形成闭环。也就是政策在初期阶段强调了拆旧所形成的节余建设用地指标只能用于对应建新区的新增建设用地。如果没有用完，不再允许调节给其他地方使用。这是国家担心地方走偏而进行的限制性的制度设计。但是，这种设计也有明显的弊端，这种挂钩指标在两个项目之间的转移完全依赖于政府主导，这就不可避免会引起指标配置效率的低下。那么是否可以引入市场机制来提升这类挂钩指标的配置效率？我们可以把目光再次投向地方政府的能动性创新。

从2007年重庆被国家批准为全国统筹城乡综合配套改革试验区后，如何基于土地政策（尤其是如何通过土地指标交易）来推动城乡统筹发展，受到了当地政府的高度关注。重庆的“地票”交易就是在这个背景下做出的探索。地票主要是指“农村宅基地及其附属设施用地、乡镇企业用地、农村公共设施和公益事业建设用地等农村集体建设用地复垦为耕地后，可用于建设的用地指标”①。

实践中地票购买者包括土地储备机构、园区建设单位、民营企业、国有企业、自然人等。地票交易后可以在全市范围内落地，实现跨区县行政区域的建设用地增减平衡——这意味着重庆地票这种指标可以超出县级行政区域范围，允许地方政府在全重庆市（省级）范围内进行地票交易。这也是重庆地票模式和城乡建设用地增减挂钩政策的一个重要差异，交易范围从县域范围扩大到省域范围。

重庆地票模式实施的具体步骤是：第一，复垦。将闲置的农村宅基地及其附属设施用地、乡镇企业用地、农村公共设施和农村公益事业用地等农村集体建设用地进行复垦，腾退出的建设用地指标，由市土地行政主管部门发给实施复垦的权利主体相应面积的地票。

第二，交易。在农村土地交易所内，所有法人和具有独立民事能力的自然人，均可以通过公开竞价购买地票。地票交易总量实行计划调控，原则上不超过当年国家下达给重庆新增建设用地计划的10%。具体的交易过程可以参考专栏5-1的内容。

专栏5-1　重庆地票的交易过程

地票的购买方一般包括农村集体经济组织、法人或其他组织以及具有独立民事能力的自然人。地票的出售方指被复垦土地的权利人，一般包括农村集体经济组织、农民家庭及拥有土地权属的其他组织。

---

① 详见《重庆农村土地交易所管理暂行办法》，http://www.gov.cn/gzdt/2008-12/10/content_1173675.htm.

从出售方来看，农户在与乡镇政府签订复垦协议时即意味着放弃了对计划退出的宅基地的后续处置权利，地票的供给方实际上演变成农户委托乡镇政府实施复垦并处置，而乡镇政府进一步委托区县国土部门进行市场交易。区县国土部门则定期将地票原始材料交由重庆市土地交易所审核，审核通过后进入土地交易所的信息库。农村土地交易所则根据当年土地市场情况适时开展地票交易。

地票在交易中并非按其原有的复垦面积所得指标数量出售，农村土地交易所将重新对区县国土部门申请交易的所有地票进行打包。比如，在 2008 年 12 月 4 日举行的首场地票交易会中，是分别由城口县东安乡等乡镇集体建设用地复垦项目所得指标和铜梁县侣俸镇石河村文曲砖厂废弃地复垦项目所得指标整合在一起成为第一宗交易的地票。在第三场地票交易中，交易所则整合了 100 亩、200 亩、500 亩等多宗地票进行整体拍卖。而在第四场交易会中，交易所则将 1100 亩地票拆成 11 等份分别进行拍卖①。

从购买方来看，地票竞得人中既有土地储备机构和国有企业，也有民营企业和个人。截至 2013 年年底，从竞得的地票面积看，土地储备机构等国有企业主体取得的面积最大，占 59.4%；其次是民营企业，占 32.5%。

地票交易和落地使用主要包括两个过程：一是地票的招拍挂；二是土地的招拍挂。开发商购得地票后，可以在全市范围寻找合法合规的地块申请用地。这意味着成功竞得地票后企业不一定可以竞得自己的目标地块。地票持有人需在符合城乡规划和土地利用总体规划的范围选择目标地块，向政府提出征地和出让申请。若开发商以持票人的身份参与目标地块的“招拍挂”但竞争失败时，将不能获得目标地块。当然，此时持票人可以原价将地票转让给竞标成功者。这说明竞得地票不一定能保证后续竞得目标土地的使用权。比如，2012 年重庆宝民置业有限公司通过招拍挂成功获得建设“黎香湖一期”项目的土地，但实际上其中一块面积为 46 763 平方米与一块面积 24 130 平方米的土地的地票指标来自重庆中海投资有限公司所购得的地票。

另外，地票可以作为抵押物向银行进行抵押贷款。重庆市农村土地交易所与中信银行和招商银行签订了地票抵押融资协议，可接受地票作为融资抵押品。截止到 2011 年底，重庆市共有 16 宗 3100 亩地票成功获得了抵押贷款，全额总计 4.1 亿元。

第三，使用。地票在城镇使用时，可以纳入新增建设用地计划，增加等量城镇建设用地，并在落地时冲抵新增建设用地土地有偿使用费和耕地开垦费，但要符合土地利用总体规划和城乡总体规划，同时办理征收转用手续，完成对农民的补偿安置。上述第二步中地票的收益，主要归于农民集体和农户所有，主要包括农民房屋补偿和购房补贴，另外是农民集体经济组织补偿、复垦成本、耕地保护和农村基础设施建设专项资金，以及弥补指标落地政府新增建设用地土地有偿使用费的资金。

可见，重庆地票模式与城乡建设用地增减挂钩政策模式的主要区别在于：重庆地票模式是在省级范围内交易，相较于城乡建设用地增减挂钩政策，交易范围的扩大有利于在更大范围内实现城乡土地资源的优化配置。城乡建设用地增减挂钩政策模式在初期只能在由政府确定的建新和拆旧两个地块上转移使用，没有市场定价；

① 根据重庆市农村土地交易所公开数据整理得到，数据查询网址 http://www.ccle.cn/。

虽然后续挂钩指标可以在县级范围内交易，不再局限于具体的建新和拆旧地块上，但其交易范围仍然比重庆地票的省级交易范围小了很多。这种交易范围的不同对市场供需影响明显，不利于指标的市场价格的提高和配置效率的提升。

比如，自2008年12月成立至2013年年底，重庆农村土地交易所共举行地票交易会33场，交易地票326宗共131 400亩，成交金额达到267.26亿元，平均价格为20.34万元/亩[①]。而同时期东部沿海地区的城乡建设用地增减挂钩项目中对农民集体的补偿（即指标价格）一般都只能维持在10万元/亩上下。

（三）透视制度演化：以市场缓解规划刚性并提升效率

前面从“浙江模式”中的折抵指标、复垦指标到国家出台的城乡建设用地增减挂钩政策，体现的是中央对地方创新的一种限制，因为地方创新引起了原有秩序失衡。因此，可以将城乡建设用地增减挂钩政策视为国家对地方创新和原有秩序之间的一种调和。而从城乡建设用地增减挂钩政策到重庆地票模式，体现的又是地方创新对中央刚性约束产生低效率的一种破解之路。

这里的低效率指的是，如果单纯地依靠政府进行城乡建设用地增减挂钩政策中的建新和拆旧那种严苛的指标转移以及价值补偿，不仅价值不属于市场定价，而且指标使用的效果和效率都会打折扣。即使后续城乡建设用地增减挂钩政策允许挂钩指标在县域范围进行交易，不需要对应到具体的建新和拆旧项目，但县域范围的市场仍然面临薄市场的可能，也就是交易需求可能过少的困境。

而破解之路是指，重庆地票借力全国统筹城乡综合配套改革示验区建设的东风，在地方土地制度创新上获得了一定的自由空间，借此对传统的挂钩指标进行了改革创新，即通过扩大地票的交易范围，将挂钩指标在全重庆市（即省域）范围内进行交易，有效地解决了薄市场的问题，同时引入招拍挂的方式对地票进行定价，这符合市场机制配置地票的原则，既解决了规划指标刚性约束又实现了市场配置效率。从这个角度来看，可以把重庆地票模式解读为对城乡建设用地挂钩政策的一种升级。

总的来看，“浙江模式”和重庆地票都是针对中央在不同阶段的规划刚性约束而做出的地方政策创新。“浙江模式”是通过土地整理和复垦指标在县域范围实现了城乡建设用地的空间优化，突破了传统年度新增建设用地计划指标的刚性约束。但中央并不愿意看到地方找到了破解完全依赖上级指标的办法，因此通过出台城乡建设用地增减挂钩政策，既赋予了地方一定的建设用地空间优化的方法，又重新将这种空间优化纳入到由上到下的指标分配管理框架中。但是这种增减挂钩的模式，限制了市场的作用，不仅指标交易范围受限，价格也是由政府定价。这造成城乡建设用地在空间再配置上的低效。因此，重庆地票模式在一定的条件下应运而生，通过扩大指标交易范围和通过招拍挂的方式由市场定价，让挂钩指标在实现空间再配置的目的下满足更为高效的产生、流通和使用的需求。

三、“城乡新社区集聚”与“合村并居”：相同制度的迥异结果

城乡建设用地增减挂钩政策在实践中，俨然成为地方政府各类土地政策创新的原型

① 数据来源：重庆市国土资源和房屋管理局2013年公报。

政策。党的十八大以来，国家进入了存量盘活为主的建设用地供应阶段，严控增量、盘活存量、扩大流量，成为土地供应的主规律。“拆旧建新”“腾笼换鸟”“空间优化”等土地管理实践中的术语的出现，都揭示了城乡建设用地增减挂钩政策从最初的制度设计演化为各具特色的地方做法。

（一）城乡建设用地增减挂钩政策以来各地的普遍做法

在城乡建设用地增减挂钩政策的地方创新实践中，出现了一些较为普遍性的做法。比如，地方政府先将农民宅基地拆迁后复垦成耕地，然后把节省的建设用地指标从复垦地段转移到城市郊区具有商业开发价值的地段，这种模式已成为近年来很多发达地区地方政府的主要做法。由于农民原有宅基地往往占地面积较大，也比较分散，通过宅基地拆迁让农民集中居住，就可以在上级分配的建设用地指标额度之外获得新的建设用地指标，然后将这些指标用于城市发展，从而可以获得城市扩张的空间。因此，一些地方政府通过模式创新推动农村宅基地的拆迁和农民的集中居住。比如，成都的“拆院并院”、天津的“宅基地换房”、嘉兴的“两分两换”以及其他很多地方以“新农村建设”“美丽乡村”“城乡统筹”为名进行的农民集中居住等，从本质上都属于这种政府主导的、在特定区域内建设用地指标转移的模式。

（二）浙江义乌的“城乡新社区集聚”

浙江义乌属于社会经济快速发展地区的典型代表。大量建设用地资源被优先安排用于城镇化与工业化建设，在建设用地总量控制的前提下，能够安排用于农村地区新增宅基地分配的指标已日趋缩紧，但新增农业人口或分户人口并没有减少，满足“一户一宅”的宅基地需求面临着较大的压力。

根据不同区位范围内农村的社会经济发展条件和集体成员的生产生活需求实施差异化的改造模式，义乌市探索形成了三种主要的宅基地改革模式：面向近郊区的城乡新社区集聚模式、面向中远郊区的农村更新改造模式、面向偏远山区的“异地奔小康”模式。其中，面向近郊区的城乡新社区集聚模式就属于与前述的城乡建设用地增减挂钩政策类似的做法。

城乡新社区集聚模式，是指位于城镇规划建设用地红线范围内的村庄或农村集体经济组织，在自主、自愿的基础上，统一退出成片的宅基地，按照价值相当原则，农民以合法宅基地或人均宅基地分配面积置换在国有土地上集中统建的高层公寓、产业用房（商业铺面、商务办公、仓储物流、标准厂房等）或者货币补偿。高层公寓用于保障集聚建设对象基本住房需求，产业用房用于保障农民长远生计。原宅基地腾退后，本村集体经济组织将收回宅基地使用权，然后政府组织统一复垦，并承担复垦成本，复垦后的耕地产权仍然归农民集体，节余的建设用地指标则归政府持有。专栏 5-2 详细解释了农户宅基地财产权的实现过程。

专栏 5-2　义乌市下沿塘村的城乡新社区集聚项目

下沿塘村位于义乌城市规划圈层内，是稠江街道下辖的一个城中村，2013 年该村有农户 316 户，共 800 多人，村庄建设用地面积 130 亩。2013 年，该村参与城乡新社区集聚建设工程项目，即香溪印象项目，统一退出宅基地并置换集中统建的高层公寓、标准厂房、仓储物流等楼宇物业。在“户有所居”的基础上，进一步实现了宅基地的财产权，并完成从城中村向新社区的整体转变。

实施过程中，为了保障农民权益，下沿塘村的宅基地权益置换香溪印象小区各类物业面积按 1 : 5 的比例进行，即 1 平方米宅基地可以换 5 平方米集聚小区的物业面积。

权益基数的计算分两种类型，农户可根据自身情况任选一种。一般来说，权益基数按人均 35 平方米计算，前提是相应人口必须是本村农业户籍。如一户四口之家，那么权益基数为 4×35 平方米，即 140 平方米，对此可置换 700 平方米的权益面积。

还有一种是按原宅基地面积核算，但原则上上限不能超过 140 平方米（也就是浙江省政府规定农村宅基地户均占地上限面积）。实际上，参加集聚的农户大多数选择的是按人口置换的方式，选择原宅基地面积置换的只有那些宅基地面积较大，但是户籍人口数少的农户。

宅基地权益置换物业的面积中，3/5 必须是高层公寓（土地性质为国有出让），用于保障农户户有所居；另外 2/5 可以为产业用房（土地性质为国有出让），用于保障农户长久生计，获得财产性收入。

产业用房由政府统一规划和建设，在香溪印象的项目中，下沿塘村可获得 2 幢 7 层的产业用房。对于产业用房的开发管理，村里最终决定交给政府组建的国有企业统一运作。农户通过产业用房的置换面积入股分红，并不参与产业用房经营管理。

而对于公寓用房，下沿塘村的农户获得香溪印象小区 9 幢共计 820 套的高层公寓，几乎是人均分配 1 套公寓房。高层公寓的抽签分配规则分两步，一是选户型，共有 70 平方米、105 平方米、140 平方米、175 平方米 4 种户型，二是抽签定幢定层。2016 年 6 月完成了第一批农户的抽签入住，第二批农户抽签入住在同年 12 月完成。

农户购买小区公寓房，政府指导价是 2730 元/米^2，但实际上小区的建安成本已经是 3400 元/米^2，这是对农民的一种补贴行为。当然，即使价格很低，也有部分农户难以承担全价购房。因此，农户可以将所获得的宅基地置换权益放到义乌市产权交易中心交易，获得资金可以用于支付购房款或其他用途。

在调查过程中发现，最初第一批农户的权益面积交易并不活跃，因为市场本身没有马上成熟，供需双方都处于观望状态。根据户型大小，当时置换权益的交易价格在 6000～6500 元/米^2。随着政府加快不动产证的办理，以及后续市场双方开始认可了这种权益，第二批农户的权益面积交易就开始较为活跃，交易价格提升到 6500～8500 元/米^2（而区位相近的商品房价格大约在 14 000 元/米^2）。如果做一个简单的计算，普通市民本来没有资格购置香溪印象安置小区的公寓，但如果他购买到农户的置换权益，则也可以获得相应资格，并以政府的补贴价购房。根据市场商品房和政府指导价，两者差价大约在 8000 元/米^2，因此农户的置换权益价格最后上升到 8500 元/米^2，实际上体现了差价在农户和普通市民之间进行分配的结果。这种分配是由当地房地产市场中价格弹性决定的，是一种市场定价。

对于大多数农户来说，都会出售一套高层公寓面积来缓解购买安置房的资金压力。另外，农户以政府补贴价购得的公寓房，除了自住以外的，都已经开始对外出租，70 平方米户型的年租金在 2 万元左右。

另外，香溪印象小区还拥有若干商铺，参与新社区集聚的本村农户可以通过竞价拍卖的方式获得商铺，也可以通过高层公寓或产业用房面积来置换商铺。公寓置换为商业用房的比例系数是 1∶0.6，而产业用房面积置换为商业用房的比例是 1∶0.3。截至 2016 年年底，已有 30 多户农户报名参加商铺拍卖会。据村支书介绍，整个新社区集聚项目的开展在政府的优惠红利政策下，并没有出现较大的问题，农民参与意愿强烈。

城乡新社区集聚模式实际上显化了农户的选择权和市场机制的作用。这种模式通过市场机制显著地提升了农民宅基地的市场价值，还为农民后续提供了多样化的财产权实现方式供选择，包括高层公寓、产业用房、临街店面等。尤其是，宅基地置换权益本身也可以入市交易。这种置换权益与城乡建设用地增减挂钩指标本质上相同，都属于复垦指标，但置换权益已经将无形的指标转落地为有形的各类楼宇物业。后续对指标的需求方从以前的开发商实际上就扩大为对楼宇物业的直接需求方，对居住、产业用房、商业用房有需求的个体，都可以直接参与置换权益的市场交易，从而获得在项目安置小区中的相应物业。

城乡新社区集聚模式主要面向近郊村，原因在于近郊村的宅基地具有较高的潜在开发价值，而且近郊村农民在就地市民化、资本积累以及就业安置上具有一定优势，适合通过城乡新社区集聚完成宅基地权利的流转交易以及土地资源的优化配置。这种模式的本质就是在实施整村（或绝大部分）宅基地退出后，通过复垦整治、空间置换以及提高土地利用效率等一系列流程，来完成农民安置、权益保障、改善居民生活环境、节余建设指标以统筹全域建设发展等多样性目标。

城乡新社区集聚具体成效主要体现在以下三个方面：一是节约集约利用土地。第一期实施的七个城乡新社区集聚建设项目，人均用地面积仅为 70 平方米，相较于原来的人均用地面积 110 平方米，节约宅基地占地面积约 36%。二是改善近郊区农民生产生活环境。集聚建设让农业转移人口能享受与城市居民同等质量的基础设施配套服务，改变以往生活、生产混杂的现象，消除了安全生产隐患。三是增加农民财产收入。农民将宅基地置换为国有产权的高层公寓，既能够进入市场交易，还能够抵押贷款，变现投资用于创业发展，而且因为地理位置优越，高层公寓和产业用房的租金收益较为可观，切实保障了农民的长远生计。可见，义乌模式将市场机制的作用进一步释放出来，并提供多元化的选择，保障并更有效地实现了农民宅基地的财产权。

（三）山东一些地方的“合村并居”

山东省也通过开展城乡建设用地增减挂钩政策来推动农村居民点的合并。在制度设计逻辑上与义乌的逻辑类似，就是通过将分散的、粗放的农村居民点合并。一方面提升农民居住环境和条件，另一方面还可以节省一部分建设用地指标用于经济发展。然而，类似的模式在山东一些地方却面临不同的境况，因此也受到了一些质疑。质疑的焦点主要在于一些地方在推进合村并居时，采取一刀切的强拆、先拆后建等做法，没有尊重农民意愿，没有以农民利益为中心。这些地方的实际做法甚至引发了网络舆情事件，民众因为局部的问题引发对整个山东合村并居做法的质疑。

专栏 5-3 中官方的态度实际上揭示了“合村并居”模式实践中出现的问题其实无关城乡建设用地增减挂钩政策和推动农民居民点合并的工作本身，主要是在执行政策过程中地方政府没有充分尊重农村和农民的实际诉求。“合村并居”本是一件从资源、经济和社会效益等角度多赢的局面，却因为在执行过程中过于追求短期效果，最终出现了负面的影响。

专栏 5-3　山东省官方对“合村并居”舆情的处理

2020 年 6 月 17 日，山东省政府新闻办召开新闻发布会，山东省自然资源厅承诺农村社区建设要坚持尊重群众意愿，注重把维护农民权益放在首位。“村民同意率必须达到 95%以上才能实施，不搞强迫命令‘一刀切’，不能增加农民负担。”6 月 26 日，山东省委副书记、代省长再度回应：“条件成熟的积极推进，条件不成熟的不能急于求成。要充分尊重农民意愿，搬不搬、建不建，群众说了算，不能强迫命令，不能增加群众负担。”6 月 27 日，山东省委书记进一步要求，对正在实施但群众意见较大的、正在研究准备实施的以及已经研究尚未实施的先一律叫停，进行重新甄别。要求山东各地把好事办好，决不能把民心工程搞成“民怨工程”。

2020 年 7 月 2 日山东滨州市纪委发布一则《关于惠民县麻店镇在推进美丽宜居乡村建设工作中形式主义官僚主义问题的通报》，是官方给出的第一份正式处理意见。该通报中认为惠民县麻店镇在推进美丽宜居乡村建设工作中，对省委、市委工作要求落实不到位，工作方法简单，没有及时解决群众困难，损害了群众利益，存在形式主义官僚主义突出问题。对镇党委书记做出免职处理，对县住房和城乡建设局局长做出党内警告处分，对分管副县长诫勉谈话并责令作出深刻检查，对县人大常委会主任、副县长等分别进行批评教育并责令作出深刻检查。这实际上也代表了山东省委省政府对此事舆情事件的观点。

（四）制度成败还需遵循制度初衷

如果比较浙江义乌和山东的做法，最大的区别就在于地方政府的目标，以及具体实施过程中是否给予农民更多的选择。虽然都是城乡建设用地存量盘活并实现增值的过程，义乌市政府的制度设计以农民自愿参与城乡新社区集聚项目为原则，同时也为农民的宅基地补偿和多元安置提供了充足的、多样化的选择；而山东一些地方的组织过程，更多的是单纯地由政府主导增值收益分配为逻辑，并没有以农民为中心去讨论置换补偿，有的甚至忽视了农民的基本权益。这些已经超出了土地制度作为一种政策工具本身而上升为价值判断层面的问题了，从而造成相同的制度出现了迥异的结局。

如果回到上一章土地规划制度的开端，土地规划制度的初衷是关乎效率、公正、权力分配、共同未来的制度。城乡建设用地增减挂钩也不例外。但是现实中出现了基层决策者因过度关注增值收益以及建设用地效率的提升，忽略了原宅基地权利人对公平公正的要求，从而导致地方政府在相同政策设计上出现不同的实施结果，这实际上是城乡建设用地挂钩政策所面临的公权力和个人权利之间如何和谐共生的问题。

另外，如果不关注挂钩指标交易的外部性，很可能会逐渐造成开发建设集聚、生态破坏集聚等现象，这属于市场作为配置机制可能面临的负面效应。只关注单要素配置和单目标任务，忽视空间布局的相互依存，不是城乡建设用地增减挂钩制度的初衷。总之，在刚性规划下追求弹性空间，提高土地利用效率，不能忽视所有制度都有两面性，在发挥制度优势的同时要避免其劣势。

四、刚性土地规划的弹性创新：追求管制下的效率

本章到目前为止主要以案例的形式，揭示了因为规划制度的刚性在实践中面临的一些困境，比如规划指标的设置和分配与快速变化的经济社会条件会产生矛盾。在这种情况下，中央和地方都在主动寻找应对策略。

“浙江模式”的出现，体现的是地方政府在土地指标上“开源”的核心目标。上级分配的计划指标在不能满足需求的情况下，地方政府在满足耕地不减少这一要求的基础上通过对农用地整理和农村建设用地复垦来增加耕地面积，同时在增加耕地的基础上留出部分空间用于新增建设用地。而且，前面没有提到的是，后续浙江也允许整理指标在全省范围内跨市县交易。在被中央叫停前，经批准跨市县调剂土地整理折抵建设用地指标达到30万亩。折抵指标的市场价格则随着各地建设用地边际收益的提高不断上涨，从2000年的大约1万元/亩上升到2004年的3万～4万元/亩，甚至到2007年一些折抵指标交易价格已经达到7万～9万元/亩。折抵指标有偿调剂收入成为一些县市推动土地整理的主要资金来源；而另一些地区则通过折抵指标交易市场获得了急需的建设用地指标。允许折抵指标交易，是对“开源”效率提升的保障。不同地区土地整理本身的成本会因为自然条件的不同而不同，而折抵指标后续用于经济发展的收益也会因为社会条件的不同而不同，允许跨市县交易，能进一步提升经济效率，有利于实现指标的成本最小化、收益最大化。

当然，中央政府不愿意看到地方政府的“开源”行为。所以中央叫停了浙江的折抵指标交易。但是中央也得到了启发，从而也催生了城乡建设用地增减挂钩政策的出台，这是以建设用地复垦为对象，以存量建设用地空间腾挪为内容的制度设计。这种挂钩政策不仅不存在耕地和建设用地“挤压”未利用地空间的现象（即土地复垦是在存量建设用地的空间上增加耕地，而土地整理是通过占据新空间来增加耕地），还进一步让指标的“开源”和交易变得可控。最初只允许“建新”和“拆旧”以地块的方式相互匹配，不允许跨项目使用挂钩指标，后续扩大了交易范围但还是限制在以县为单位。这些保障了地方政府不会以城乡建设用地增减挂钩为手段来过度创造新增建设用地占用耕地的指标。当然，在一些情况下，这种以县为单位的交易还是限制了指标配置的效率，体现在现实中城乡建设用地增减挂钩多以政府主导来推动实施，并且由政府定价。因此，在重庆出现了地票的制度创新，这是地方为了推动城乡统筹发展，在更广的空间上将挂钩指标进行交易的制度设计，而实际的效果确实有效提升了地票的交易量和交易价格，在一定程度上显化了市场配置资源的效率。

当然，地票制度本身也出现了一些问题，最大的问题是当农村集体经济主体大规模进行土地复垦而使得地票供应短期内增加时，地票的价格出现了较大的波动。这是没有重视市场规律造成的决策失误。这些问题本章不展开讨论，这里只强调这类指标交易的行为主体必须遵守市场规律，不能偏颇地认为地票就是钱，这是对“管制下的权利交换”模式[①]产生的经济价值的误解。只有稀缺的权利才能保证经济价值，如果忽略了管制赋予的权利，或者忽略了权利只有稀缺，地票或类似的指标的价值才具有实际价值基础。

① 详见第十一章的第六节中对“管制+交易”（cap and trade）模式的解释。

而在浙江义乌和山东一些地方对农民宅基地进行集中并节余指标的案例中，体现的是是否充分尊重农民权利也会影响到相同政策的实际绩效。这其实也体现了市场的本质原则，市场交易是基于平等、自愿和互惠的交换原则。不强制推行农村居民点集中，这是公权力与私权利平等的体现；在开展项目的过程中充分尊重农民，让农民自愿参与，这是符合自愿的原则；而由于农民牺牲了自己的建设用地空间来换取地方政府发展经济的空间，只有给予农民足额的、满意的补偿，才是互惠原则的体现。这三个方面在义乌的城乡新社区集聚的制度设计中都体现了，相反在山东一些地方的合村并居中却被忽略了，这也是为什么山东合村并居引起社会舆情的原因。因此，借助市场（即发展权交易）来提升效率是有意义的，但还要能尊重市场规律才是真的借助市场。

将这些案例放到一起，实际上体现了土地规划制度中政府与市场的关系。在规划制度的设计和实施过程中，政府对指标的设置和用途管制等，决定了耕地保护和土地统筹利用的力度和效果，而市场的角色只是在政府管制的机制下来尽可能提升效率。也就是在理论上的一个制度原型，即“管制+交易”的模式。管制（cap）指的是管制的总量额度，决定了土地保护或统筹利用的效果，而交易（trade）作为市场机制，只是提升了实现这个目标的过程效率，也就是弥补了组织实施过程中的效率，但不会影响到管制总量确定下的保护或统筹利用的结果。

相反，如果管制不能保证数量上的稳定，比如管制总量是变化的，就会影响到交易的效果，因为当参与交易的主体认识到管制有可能放松，就会不愿意参与交易，也不会给出真实的购买意愿，这将极大降低市场的效果。从这一点来看，也是为什么中央在进行挂钩指标制度设计时，一般都以年度计划的方式对挂钩指标进行总量的控制。在初期的地票制度中，地方政府也设计了地票总量不超过年度计划的10%，以及在“浙江模式”中，中央叫停了折抵指标的交易。这些都是因为如果不对这些指标进行总额的限制，后续的指标“开源”将必然导致指标市场供应过量从而带来交易价格下跌的结果，而这反过来将破坏整个指标制度和用途管制体系。

因此，政府刚性管控可以通过市场来进行弹性补充，但是这个弹性也是有限度的。在不影响刚性目标的前提下，通过弹性的制度设计，有利于解决刚性带来的效率降低问题；但忽略刚性的前提而过度追求弹性，最终会导致整个制度的崩溃。这对于以指标为基础的中国土地规划和用途管制制度来说，尤其重要。制度创新不能忽视这个前置逻辑。

➢【本章总结】

“从上向下”设置和分配的土地规划指标，对计划经济体制存在路径依赖，但同时面临潜在的低效和不公问题。为了解决这种低效和不公，地方政府在体制机制框架下积极寻找了各种创新。本章详细介绍了早期的、经典的以整理和复垦指标为手段来换取新增建设用地占用耕地指标的“浙江模式”，从而引出了两轮中央和地方之间在刚性管制和弹性创新的互动。城乡建设用地增减挂钩、重庆地票等都属于这个过程中的重要模式。除了对弹性效率的讨论，本章还通过对比浙江义乌的城乡新社区集聚和山东一些地方的合村并居，进一步揭示了为了实现弹性效率而可能出现的公平公正问题。基于这些内容，本章总结了刚性规划的弹性创新需要关注的正面和负面影响。

➢ 【本章复习题】

1. “浙江模式”中地方政府是如何进行土地利用指标“开源”的?
2. 城乡建设用地增减挂钩相比“浙江模式”,为什么得到中央的青睐?
3. 为什么说刚性规划的弹性空间就是规划制度中政府与市场的关系?

土地市场制度（上）：快速发展时期的市场

让市场在资源配置中起决定性作用是中国土地制度改革创新的基本方向。本章的主要目的是介绍快速发展时期中国土地市场制度的基本内容，重点观察从建立有偿使用制度到开始探索健全城乡统一的土地市场的这段时期土地市场制度的演化进程。其中，本章将重点刻画在这个时期形成的以“六个子市场”为特征的土地市场制度结构。这也是快速发展时期中国土地市场制度的核心内容。

一、理解土地市场

与土地规划的管制规则不同，土地市场制度是为产权人在交易上的自由决策、合作与竞争等而设计出的基础规则，它不是一种直接命令权利交换的规则，而是为自由自愿的权利交换提供服务、协调或限制的规则。土地市场制度为土地交易提供了秩序和安全保障，但以不影响权利主体自由自愿为前提。

（一）市场的制度本质

从制度的视角看，市场并不仅仅是有形的交易场所，而同样属于人为设定的“游戏规则”，是人类为了规范在经济领域对有形的物品或无形的权利的交换而设计出的行为限制[1]。市场决定谁可以在何种场合进行交换，何种交换的行为是允许的或者限制的，何种交换的集体规则要遵守，何种交换的程序需要遵循，何种交换的信息必须或者禁止提供，交换行为能够获得何种收益等[2]。

因此，市场属于一种制度，它的作用是在物品或产权交换过程中用来形成秩序和减少不确定性。它可以引导人们的交换（交易）行为，定义人们在交换（交易）上的激励机制，减少人们在交换过程中的机会主义行为。

为了进一步理解市场制度如何作用于交换的过程，我们可以还原一个简化的场景，即两人相互交换自己的物品剩余，比如“一壶酒换一斗[3]米”，这属于一种交换行为。双

① 与土地规划制度的定义类似，这里对土地市场制度的定义也改编自 North 对制度的定义。详见：North D C. 1990. Institutions，Institutional Change and Economic Performance. Cambridge：Cambridge University Press.

② 与土地规划制度的定义类似，这里的定义也改编自奥斯特罗姆对制度的定义。详见：Ostrom E. 1990. Governing the Commons-The Evolution of Institutions for Collective Action. Cambridge：Cambridge University Press.

③ 1 斗=10 升。

方分别有酒的剩余和米的剩余，但都没有对方的物品。如果双方都觉得对方的物品比自己的“好”，那么此时就有了交换的意愿。也就是通过交换可以实现双方效用（亦即获得感、满足感等）的提升。简单说，就是双方基于自愿的前提交换剩余物品来实现互惠。这里的自愿、剩余和互惠，代表了市场制度的基本要素。

一是自愿。它意味着需要产权制度来保障。米或者酒都是个人产权，未经允许不得擅自侵害他人权利。只有自愿进行交换，才会有交换的可能。

二是剩余。它意味着市场供需情况或准入规则。没有剩余，意味着物品短缺或供不应求，短缺就会降低交易频率和增加交易的代价。这种短缺可能是因为自然供应不足，物品本身就稀缺；也可能是因为人为设置市场准入规则，导致供应不足，比如因管制、垄断等原因导致的人为稀缺。

三是互惠。它的背后意味着价格机制。双方以互惠为目的，但还会面临如何实现互惠最大化的问题，比如双方之间如何讨价还价，如何知道对方物品的质量等。如果出现了第三方或者更多的人，多方之间如何找到出价最高者等。也就是，如果交易双方或多方的信息对称程度越高、信任程度越高，实现互惠最大化的可能性就越高。这实际上就是价格机制的作用，交易一般会发生在要么买方出价最高或者卖方要价最低的交易双方之间。而这也是市场机制最“迷人”的地方——个体只需要考虑自己利益最大化，市场就可以实现所有人的利益最大化[①]。

上述简化的两人互换的例子揭示了产权制度、市场准入制度、市场价格机制等三类制度，是市场制度体系中最为核心的制度内容。产权制度是交换的前提，市场准入制度和价格机制是交换过程的规则。基于此，若需理解现实中的土地市场制度，可对应审视土地市场制度的相应内容。因为土地产权制度已经在第二章介绍了，本章主要讨论土地市场的准入制度和价格机制两类制度。

（二）土地作为特殊商品对市场的准入与价格机制提出要求

土地不是普通的商品。第四章中的土地规划制度就是为了应对土地的整体性、过程性、专用性、区位性、不确定性和社会性等与普通商品不同的特征而设计的规则。而土地市场制度也正是因为类似的原因，需要在土地交易的市场准入和市场价格机制等方面设计出特殊的规则。

土地的整体性意味着需要限制土地的无序交易。在特定自然环境下，只允许互补而不是冲突的土地用途进入市场。比如，现实中一般都针对建设用地市场和农业用地市场设计相对独立的市场，因为建设用地或农业用地是有明显冲突的。如果对某土地的开发投资影响到周边临近土地的价值，则投资者一般将不被政府允许进入市场购买该土地。比如，政府对高耗能、高排放投资项目进入土地市场上的各类限制。

土地的过程性意味着土地价值源于不断被利用的过程，因此土地市场需要为土地提供不断交易的机会。增加市场交易机会不仅有利于实现土地资源在主体间、在用途上的

---

① 完美的市场机制是有前提的，比如交易成本低、交易者的价值观相似等。这些内容属于制度经济学对市场制度的辨析，在本书中就不展开来阐述了。具体可以参考 Vatn A. 2005. Institutions and the Environment. Cheltenham：Edward Elgar Publishing.

流动，从而保障土地资产的保值增值，比如房地产市场制度的成熟有效保障了房地产资产的价值；而且，增加市场交易机会还有利于倒逼用地者时刻关注土地利用效率，比如建立健全国有土地二级市场将倒逼企业放弃“圈地”“囤地”行为，积极开展存量再开发才是市场制度下的理性行为。

土地的专用性、区位性、不确定性等意味着土地利用的机会成本很大。这要求土地市场提供更充分的交易机会，让更多的土地利用者在相同的条件下进行竞争，比如竞价信息更透明，竞价过程更自由、更公平等。这是因为土地的上述特性造成不同土地用途之间转换的可再利用程度低、土地价值对区位的依赖程度高，土地收益的不确定程度高等问题。若要解决这些问题，需要在交易事前就进行充分竞争，这样有利于降低事前的机会成本、避免事后的调整成本。比如，长期以来土地市场机制的缺失已经造成农村土地资源的过度非农化①，因此国家为了避免进一步过度占用农用地，强调要提升国有土地一级市场的竞争程度和缩小政府征地范围。

土地的社会性意味着土地市场要建立更加公正平等的规则。这是因为土地交易将影响到土地收益的分配，从而进一步影响到土地利用中的社会关系。比如，城乡二元土地市场结构造成中国快速工业化和城镇化过程中农民和农村实际上付出了巨大的代价。为了实现对农民和农村的反哺，党的十八大以来国家在建立城乡统一的建设用地市场上不断发力。

可以发现，市场在解决土地商品六个特性引起的问题上，基本上都是通过市场准入制度来影响竞争程度，通过调节竞争程度来影响价格，通过引导价格来影响交易决策，通过改变交易决策来影响土地配置的效率和公平。因此，土地市场制度最核心的就是两类制度，一类是准入制度，另一类是价格机制。

土地市场的准入制度，规定谁可以发起或参与土地交易。土地市场的准入，影响着供求情况、交换价格的形成，同时也影响着土地交易后的收益分配等。能够进入市场，是发起或参与交易的前提。如果禁止一部分人进入，不仅影响潜在的价格的形成，而且影响到了不能进入市场的人的权益，甚至也影响了进入市场的人的权益。不能进入市场的人将无法参与土地利用收益分配，进入市场的人互惠最大化的目的将受到限制。

土地价格机制，影响着价格的形成。定价规则只允许部分人出价，则潜在的高价会被排除出市场；只允许出价一次而不允许更新出价，会影响出价者的决策行为和最终价格；只允许在很短的时间内出价，也会影响出价人的决策，比如时间越短越不利于信息的充分沟通，会导致价格偏离最佳互惠目标的价格；出价过程相应供需信息、价格信息的透明程度，也将影响出价决策，比如会影响到最终价格的高低和买卖双方利益分配的变化。

另外，不能忽略土地产权制度对土地市场交易的秩序、市场准入、价格机制等的保障作用。虽然本章不再重复土地产权制度的内容，但这里需要强调一下产权、市场准入和价格机制三类制度是相互依存、不可分割的制度。

二、中国土地市场制度的建设过程

中国土地市场制度是一个逐步建设的过程。本章从两个角度来刻画中国土地市场制

① 谭荣，曲福田. 2006. 中国农地非农化与农地资源保护：从两难到双赢. 管理世界，(12)：50-59，66.

度的建设过程。第一个维度是过程的维度，就是从改革开放以来中国土地市场制度建设的过程，这为回答土地市场“是什么”以及“为什么”提供基础；第二个维度是政府的角色，指的是纵向政府间关系和横向政府间关系对土地市场的影响。这是把握中国土地市场制度特征的“钥匙”。

土地市场制度建设伴随着国家经济体制的市场化。经济体制转型并不是一开始就直接和全面地建立市场经济制度，而是先从中央向地方“放权”开始的。这种放权的结果就是，原来以整个国家为单位的一个“计划经济体”转变为以县级政府为基本单元的两千多个“计划经济体”，然后这两千多个“计划经济体”成为推动经济市场化改革的主体。而在这两千多个“计划经济体”的手中，土地是为数不多的可兹利用的资源、资产和资本。

从放权开始的经济体制转型，既影响着政府纵向间关系，形成了相应的地方政府的激励结构，比如“地方财政收入最大化”激励和“晋升”激励等；也形成了政府横向间关系，比如文献中常见的“县域竞争”等。土地的市场制度体系就是在纵向和横向间的政府关系的不断调整下建立健全的。

为了刻画中国土地市场制度建设过程，本章分三个时间段来阐述，分别是改革开放初期至20世纪末、21世纪初期至党的十八大，以及党的十八大以来。

（一）改革开放至20世纪末：央地融洽下的土地市场起步阶段

这个阶段是土地市场制度建设改革的起步阶段。虽然过程超过20年，但总体说土地市场制度体系建设还处于起步阶段。因为这个时期城镇化和工业化的进程不快，土地用途变化的频率还不高。但是在这个阶段，有三项对于土地市场制度建设可谓基础性的制度建立起来了，即“使用权与所有权分离”“城镇国有土地有偿使用制度”“农用地家庭联产承包责任制”。这三项与土地市场化有关的制度创新可以说是有力地推动了社会主义市场经济体系的建立，几乎是凡谈中国改革开放的过程都会提及的三项土地制度改革。

使用权与所有权分离，是土地市场在中国建立的基本条件。在1988年《宪法》修正之前，中国只有土地所有权，没有细分使用权。而土地所有权在《宪法》上是不允许买卖的，“任何组织或者个人不得侵占、买卖、出租或者以其他形式非法转让土地”。为了适应市场经济转型需要，在1988年《宪法》中增加了“土地的使用权可以依照法律的规定转让”的表述。这奠定了土地使用权交易的法律基础。

城镇国有土地有偿使用制度，也是在1988年的宪法修正案中明确“土地使用权可以依照法律的规定转让”之后而正式确立的。它的出现主要有三个原因：第一，经济机制转轨需要市场化的土地资源的配置方式，有偿使用制度为土地市场的建立提供了基础。第二，随着经济的快速增长，政府需要从土地使用者手中实现国有土地所有权的权益。第三，为了吸引（尤其是国外）投资，有偿使用制度不仅带来了资本竞争的环境，更是在制度上给予了投资的有效保护。这些都反映了有偿使用制度有利于降低不确定性。

农用地家庭联产承包责任制，本质上是农用地的使用权从所有权中分离并赋予农户经营的制度创新。农民在依法获得土地承包经营权后，可以在所在村集体内部进行农地承包权的出租、转租、转让等，但前提是不能改变土地用途和改变土地所有权。这个市场是为提高农地利用效益而设置的，与城镇国有土地有偿使用制度是独立的。虽然该制度推动了农业生产效率的提升，但也为后续的城乡二元土地市场结构埋下了隐患。

在上述土地市场起步阶段，地方政府严格在中央政府放权的框架内开展土地市场制度建设。两者的关系基本上是融洽的，而且基层的创新实践是改革完善土地管理制度的动力源泉，比如农地承包、国有土地有偿使用等。这个阶段央地在土地市场制度建设上的目标是相同的，就是把市场先建立起来。

（二）21世纪初至党的十八大：央地目标一定分歧下的土地市场快速发展阶段

这个阶段是土地市场制度建设快速推进阶段。土地要素市场化快速发展与该阶段中国快速城镇化和工业化引致的土地用途变化频率加快是分不开的。地方政府在纵向和横向政府间关系的激励与约束下，开始“大显身手”。有两个词非常引人注意，一是“经营城市”①，二是“以地谋发展”②。这两个词都与土地有关。在此期间，土地市场化逐渐形成了一个阶段性特征：其一，以土地征收为主要手段的建设用地取得制度，为中国工业化、城镇化的快速发展提供了空间保障；其二，以土地市场化配置为基础的有偿使用制度，显化、提升了土地资产和资本价值，为中国工业化、城镇化发展注入了强大动力。

正如前面在第三章关于“中国土地产权之谜”的内容中所介绍的，在这个阶段，即使中央与地方在目标上存在一定的分歧（比如中央强调耕地保护而地方却尽可能卸责），但因为中央和地方有着共同的经济利益诉求，所以中央对地方在土地经营和管理上的“灰色空间”采取了默许的态度。只有当中央发现一些影响明显的问题时，才对地方进行必要的约束。在此阶段，央地的两次明显的互动都以中央的“失策”而告终，这也揭示了中央对地方的依赖和默许。两次互动一是早期中央要求地方采取“招拍挂”的方式出让土地来避免地方造成的用地低效，二是中央后续出台了一系列收权措施，具体包括中央和地方在这个阶段的若干轮互动，包括早期中央强调所有类型用地都需要通过招拍挂的方式出让，以及“省以下垂直管理”、“土地督察制度”和“出让金收支两条线”等制度，这些都是中央在面临地方“越界”行为后不断加大对地方的约束。

然而，在土地要素市场化的快速发展阶段，地方偏向单纯追求经济收益，忽视土地的社会和生态等价值。因为央地间的信息成本和制度成本过高，中央对地方约束的效果并不是很理想。中央更多的是被动应对地方的“越界”行为。在这种局面下，土地要素市场化的阶段性结果有两个：一是形成了依靠政府投资拉动经济增长、依靠低成本的土地发展产业和项目的模式，加上土地成为地方政府重要融资工具，加大了当期的建设用地需求，土地利用粗放的现象相当普遍；二是形成了割裂的城乡二元土地市场体系，这背后实际上隐含了“用30年走完发达国家近百年的路”造成的农村发展和农民利益的牺牲③。

上述的央地互动过程也揭示了第二阶段土地市场制度的特征。土地是一种特殊的资产，其经济价值受到区位、用途、规制等多因素的影响，而最关键的是它是不可移动的，因此中央政府不得不将所有者权益委托给地方政府，让地方政府去经营和管理。而地方

① 仇保兴. 2004. 城市经营、管治和城市规划的变革. 城市规划，28（2）：8-22.

② 刘守英，邵挺. 2013. 告别“以地谋发展”. 中国改革，（6）：24-29.

③ 刘守英. 2014. 中国城乡二元土地制度的特征、问题与改革. 国际经济评论，（3）：4，9-25.

也能够积极响应，出现了“以地谋发展”“土地财政”等现象。虽然中央的目标不仅仅是经济增长，还希望地方政府能尽可能提高国有建设用地的使用效率、关注耕地保护和城乡统筹发展等，但因为实现土地的经济收益是这个阶段国家在土地管理上的主要目标之一，所以即使地方在土地经营管理上出现低效现象，中央也没有“大动干戈”，只是局部地对相关制度进行完善。而且，在这个阶段形成了最具中国特色的城乡割裂的土地市场结构，包括城市国有土地一级市场、二级市场，农村土地承包权市场、集体经营性建设用地市场、宅基地市场等。割裂的土地市场体系将是后续深化改革阶段土地市场制度改革的起点。

（三）党的十八大以来：中央三项举措下的土地市场的深化改革

党的十八大以来，中央在处理土地管理的央地关系上推出了三项重要举措，分别是将土地管理战略手段调整为土地节约集约利用、进一步对农村赋权，以及组建自然资源部。

中央的第一项举措是将战略手段调整为“土地节约集约利用”。既然地方政府在长期目标及非经济目标上与中央存在分歧，而中央又不能简单粗暴地把权力从地方再收上来（效果肯定不好），于是中央开始大力推进土地节约集约利用评价和考核，以及推进存量用地再开发。相较于之前中央重点关注如何监督并强制地方采用市场手段来出让土地，推动土地节约集约利用实际上取得了事半功倍的效果。通过更加重视土地开发利用的结果考核，以及在经营过程给地方留足充裕的创新的空间等，前期遇到的中央与地方之间的委托代理难题以及制度执行成本和监督成本过高问题得到了很大缓解。简单说，中央调整了央地之间的治理结构，从以前关注过程管控转变为关注结果考核，同时将过程管理留给地方政府自行把握。

此时，地方政府也给出了很好的反馈。地方基本都认识到，以前被粗放利用的土地正是这个阶段节约集约用地的潜力空间，进而在地方政策创新上频频出现好的举措。比如，在国有土地一级市场供应政策上各地出现了诸如“弹性年期”“先租后让”“亩产论英雄”等地方创新；在国有土地二级市场政策上出现了“城市更新”“减量化”“存量用地及闲置用地优化盘活”等地方创新。而在宏观上，中央也在探索土地税费改革，目的是帮助地方找到与土地财政模式“脱钩”的办法。

中央的第二项举措是进一步对农村赋权。如果之前是通过放权给地方政府来推动国有建设用地市场化进程的话，赋权给农村则是推动城乡建设用地统一市场化进程。从2015年的农村土地三项制度改革到新修正的《土地管理法》的实施，这个放权或赋权给农村的改革本书将在下一章关注深化改革时期的土地市场制度建设的内容中再详细论述，其中三项制度分别指集体经营性建设用地入市改革、宅基地制度改革和农村土地征收改革。这些反映出中央开始调整过去“用30年走完发达国家近百年的路”背后的经济增长模式，因为这种依赖土地乃至其他自然资源投入来换取经济增长的模式是不可持续的，同时也是牺牲了农民的利益和后代人的利益。赋权给农村，不仅有利于转变经济增长模式，也给地方政府行为增加了一个来自农村的监督者。

中央的第三项举措是组建自然资源部。党的十九大以后，国家有了一个更大的动作就是组建了自然资源部，其背后还是中央对央地关系的进一步调整。组建了自然资源部以后，不仅将国有自然资源资产所有权统一到一个行政主体身上，这为统一代理所有权奠定了更加有利的制度基础，还为土地经济价值和非经济价值之间的权衡提供了新的目标。自然资源部需要完成新的国土空间用途管制制度体系的建立，同时需要履行生态保护修复职责，这两项工作任务都是进一步对地方政府以往的“增量发展”模式的纠正之举。

自然资源治理体系重塑，将迫使地方政府转变发展模式，从“以地谋发展”转变为“绿水青山就是金山银山”的发展。为了夯实这种变化，2019 年上半年中央先后密集地下发了四项重要文件，包括《关于统筹推进自然资源资产产权制度改革的指导意见》《关于建立健全城乡融合发展体制机制和政策体系的意见》《中共中央 国务院关于建立国土空间规划体系并监督实施的若干意见》《关于建立以国家公园为主体的自然保护地体系的指导意见》等。这四项文件可以视为新时代自然资源治理“四梁八柱”式的制度设计，分别对应新时代自然资源产权制度体系建设，城乡统一建设用地市场上政府与市场、城市与乡村的关系建设，国土空间规划管控的公权力的体系建设，以及央地在自然资源治理体系上的分工协作的制度建设等。这四项意见奠定了央地关系的新秩序。

而在这种央地关系新秩序的基础上，2020 年 3 月中央政府先后下发了《国务院关于授权和委托用地审批权的决定》《中共中央 国务院关于构建更加完善的要素市场化配置体制机制的意见》。这两个文件可以视为在新秩序的前提下，中央进一步下放了土地管理的部分权利给地方，进一步明确了土地要素需要通过市场配置来提升治理效率和效能。

在上述三项举措下，也就是中央对资源治理秩序重塑的基础上，一些地方政府开始积极响应新的变化，出现了工业用地出让从“竞次”向“竞优”转变的现象，即地方政府不再一味地压低工业用地价格来吸引投资，转而通过用地全过程服务和更好的营商环境等来吸引投资。比如，浙江等地出台的“标准地”制度，采取事前设定用地标准，包括亩均税收、投资强度、单位能耗等来约束、引导用地者重视并推动高质量发展。在这种制度创新下，用地者将一改之前“找市长不找市场”的怪现象，真正进入了由市场主导配置土地资源的阶段。另外，在所有者权益分级代理制度建立的过程中，地方政府也开始重视生态产品价值实现机制等制度的创新，这表明后代人的权益进入了中央政府对地方政府的约束机制中。

可以预期，在不远的将来，与市场经济和微观主体经营活动有关的权利，基本上都将放权给地方政府，以充分发挥和保障地方政府代理所有权的能动性；与宏观层面公共安全和福利等有关的权利，则继续保留在中央。这实际上符合中央与地方政府分工协作的原则。土地市场制度建设改革与转变政府职能统筹推进，在突出简政放权和注重提高效率中实现土地治理体系和治理能力的现代化。

如果总结第三阶段央地关系和土地市场制度建设特征的话，央地关系的重塑主要是因为经济利益不再是这个阶段国家在土地资源治理上的主导目标，农民利益、生态修复和空间优化是新的目标，这将倒逼地方政府在激励结构未变的情况下也要重视土地节约集约利用、农民利益、生态修复和空间优化。土地市场制度建设进入了一个新的阶段，地方需要充分考虑如何运用市场来转变自身行为，比如从招商到选商，从“竞次”到“竞优”，从增量到存量等。在这个过程中，市场的作用越来越明显。

至此，本章这个部分对中国土地市场制度建设过程的描述，实际上刻画了隐藏在中国土地市场制度建设背后的体制机制，即土地市场制度建设离不开两种关系，一是中央和地方的关系，二是政府与市场的关系。实际上，中央和地方的关系决定政府与市场的关系。正如第三章中详细解释的中国土地产权制度的治理结构，即“分权的土地经济管理和集权的土地行政约束”的治理结构，中央政府通过这个治理结构塑造了地方政府的激励结构，而地方政府的治理结构又进一步塑造了土地市场的规则。

正如十八大前后理论和实践中常说的土地的高效配置和节约集约利用是一项长期而艰巨的任务，会贯穿于城镇化转型发展的全过程，面对未来的土地市场制度建设，也将是一项长期而艰巨的任务，将贯穿于去适应当下和未来中国的资源国情、经济社会发展国情和治理体系改革国情的全过程。

三、快速发展时期的土地市场结构

当前中国土地市场制度成形于“央地目标一定分歧下的土地市场快速发展阶段”，也就是 21 世纪初至党的十八大这个时期（以下简称快速发展时期）。在快速发展时期，中国土地市场制度初步形成了由“六个市场”组成的市场体系（图 6-1），即四个正式的市场、一个默许的市场（灰色市场）和一个被禁止的市场（黑色市场）。

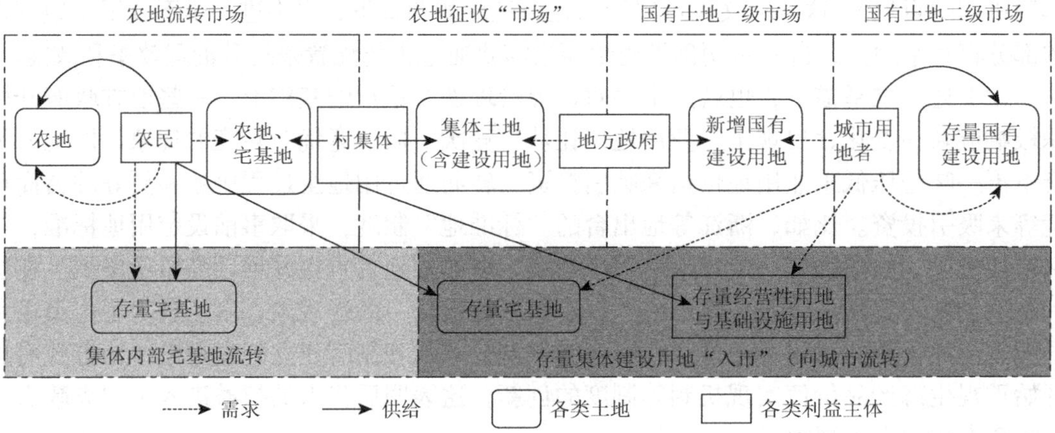

图 6-1　中国“六个市场”组成的土地市场体系

四个正式的市场分别是农地流转市场、农地征收“市场”、国有土地一级市场、国有土地二级市场，默许的市场是宅基地在农村内部的流转（不涉及流转给城镇居民），明令禁止的市场则是存量集体建设用地直接向城市流转。这也构成了后面讨论城乡统一建设用地市场制度改革的起点。

（一）农地流转市场

农地流转市场是指农用地“三权分置”下的经营权市场。农地的“三权分置”是指在农村家庭承包基础上，土地的承包经营权进一步分解为土地承包权和经营权，从而形成农村土地所有权、承包权和经营权三权分置状态。在保持土地集体所有权不变的基础上，土地承包权归农户，并受法律保护长久不变。农户自愿流转土地经营权，经营权流转后归土地实际经营者拥有，受经营权流转合同保护。农地的经营权可以依法出让、出租、转租、转让、抵押、作价入股、联营等，但前提是不能改变土地用途和改变土地所有权。这个市场是为提高农地利用效益而设置的。

（二）农地征收“市场”

农地征收“市场”是指政府作为唯一的需求者对农地进行征收，将集体土地转变为国有建设用地，同时给予农民一定补偿。该过程土地由集体所有转变为国家所有，实质上也可以视为一种市场交易行为，但这种交易是在非常特殊的“市场”条件下进行的，即政府对交易的数量（征收规模）和价格（征收补偿标准）都起决定性作用。

在2019年最新修正的《土地管理法》中，要求“征收土地应当给予公平、合理的补偿，保障被征地农民原有生活水平不降低、长远生计有保障。征收土地应当依法及时足额支付土地补偿费、安置补助费以及农村村民住宅、其他地上附着物和青苗等的补偿费用，并安排被征地农民的社会保障费用。征收农用地的土地补偿费、安置补助费标准由省、自治区、直辖市通过制定公布区片综合地价确定”。这实际上是对土地征收过程中的土地增值收益分配的调整（参见专栏6-1）。区片综合地价，是征地补偿制度的重要变化，一改之前按照农用地产值倍数确定补偿标准的做法。即在2004年修正的《土地管理法》中明确了征收补偿其总和不得超过被征收土地前3年平均产值的30倍，具体补偿数额一般由地方政府和被征地的农民村集体委员会领导和农民代表协商确定。农用地产值倍数法确定的征地补偿价格一般远低于城市土地市场的出让价格①。值得一提的是，在土地市场的快速发展时期，农地征收“市场”是城市新增建设用地供给的唯一合法途径。

专栏6-1　土地征收过程中的土地增值收益

农村集体土地经征收进入国有土地市场可以分为征收和出让两个环节。在土地征收环节，地方政府向农村集体征收农用地，将其转为国有，同时向被征地农民集体支付征地补偿。在土地出让环节，地方政府通过一定的前期开发，将征收后的农用地转为建设用地，出让给用地方获得土地出让收益。因此，土地增值收益可以分为两部分（图6-2）。其中，土地征收环节的土地增值收益由征地补偿与土地原用途收益之差构成，其由农民集体获得；而土地出让环节的土地增值收益则由出让收益在扣除前期开发费用后的差额构成，其由地方政府获得。

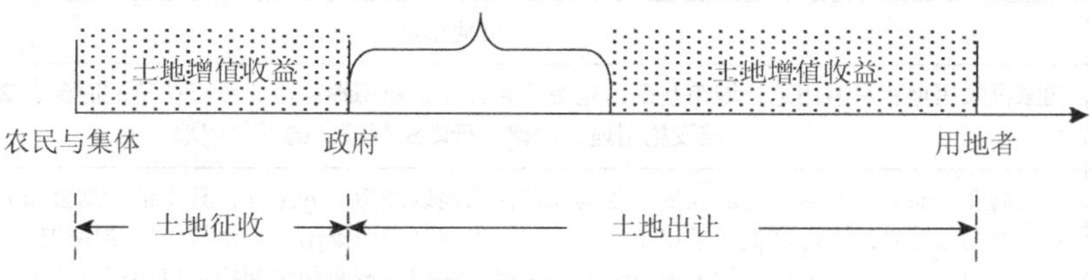

图6-2　征地制度下的土地增值收益示意图

在土地征收环节中，土地收益的表现形式是地方政府给予被征地农民集体的征地补

① 曲福田，冯淑怡，诸培新，等. 2004. 制度安排、价格机制与农地非农化研究. 经济学（季刊），（4）：229-248.

偿，包括征地费用、社保补偿、留用地安置补偿和住房保障；而需扣除的成本则主要是原农用地价格。因此，征收环节的土地增值收益其计算公式为

征收环节的土地增值收益=征地费用+社保补偿+留用地安置补偿+住房保障–农用地价格

其中，征地费用是指土地征收中，政府综合考虑土地价值、青苗、地上附着物等因素，直接给予农民的一次性货币补偿，包括土地补偿、安置补偿、青苗费、地上附着物补偿四项内容。社保补偿是指政府通过财政补贴的形式，间接承担部分的农民社会保险费用。留用地安置补偿是指一些地方政府自行制定政策，根据被征地农村的人口规模或被征地面积将部分被征收土地留给村集体经营，以获取长期收益。住房保障是指政府对土地征收涉及征收农村宅基地时，为保障农民户有所居，为农民提供住房安置的补贴部分。农用地价格是指原土地作为农用地时的市场价格。

在土地出让环节中，土地收益主要来源于土地出让收益，另需扣除的成本则包括各种征地补偿，包括征地费用、社保补偿、住房保障、留用地安置补偿等，以及前期土地开发费用。因此，出让环节的土地增值收益其计算公式为

出让环节的土地增值收益=土地出让收益–征地费用–社保补偿–留用地安置补偿–住房保障–前期土地开发费用

其中，土地出让收益是指政府将征收或收储的土地公开出让后获得的土地出让金收益。前期土地开发费用是指政府在土地出让前，进行的与出让地块相关的道路、供水、供电、供气、排水、通信、土地平整等基础设施建设费用。用地指标费用是指土地征收项目中地方政府承担的补充耕地的成本、缴纳耕地开垦费以及向上级政府缴纳的新增建设用地有偿使用费。

（三）国有土地一级市场

国有土地一级市场是指政府在城市内部将征收来的土地的使用权无偿划拨或有偿出让给城市土地使用者。由于城市土地使用者不仅包括以营利为目的的私营企业和事业单位，还有不以营利为目的的政府机构、公共福利设施建设机构等，所以政府在一级市场制定土地的交易价格也随着用地目的的不同而不同。主要的交易方式和对应的土地用途见表 6-1。政府对不同用途的土地采取不同定价策略，具体见专栏 6-2。

表 6-1　国有土地一级市场土地使用权出让方式及对应用途

交易方式	土地用途
划拨	国家机关用地和军事用地；城市基础设施用地和公益事业用地；国家重点扶持的能源、交通、水利等基础设施用地；法律、行政法规规定的其他用地
协议	供应商业、旅游、娱乐和商品住宅等各类经营性用地以外用途的土地，其供地计划公布后同一宗地只有一个意向用地者的；原划拨、承租土地使用权人申请办理协议出让；划拨土地使用权转让申请办理协议出让；出让土地使用权人申请续期；法律、法规、行政规定明确可以协议出让的其他情形
招标 拍卖 挂牌	供应商业、旅游、娱乐和商品住宅等各类经营性用地以及有竞争要求的工业用地；其他土地供地计划公布后同一宗地有两个或者两个以上意向用地者的划拨土地使用权改变用途；划拨土地使用权转让；出让土地使用权改变用途；法律、法规、行政规定明确应当招标拍卖挂牌出让的其他情形

资料来源：曲福田，谭荣. 2010. 中国土地非农化的可持续治理. 北京：科学出版社.

专栏 6-2　国有土地一级市场中的“趋底竞争”现象

在国有土地一级市场中出现了一种“趋底竞争”[①]的现象。这是指地方政府作为国有土地一级市场上的唯一供给者，并没有完全按照垄断者行为逻辑抬高土地价格以获取利润最大化。相反，在工业用地出让上，地方政府往往采取低地价的让利行为。这种现象一反市场竞价常态——供给者理应选择出价高的用地者——但现实中地方政府往往选择出价低的用地者，这被称为是竞争“底”价而非“高”价，形象地称为趋底竞争。出现这种现象的原因在于，地方政府在工业用地上，其面临的是以地换财的竞争，而非以地生财的竞争。以地换财，就是指用土地换外来的资本；以地生财，就是指用土地卖钱获得收益。在外来工业投资普遍稀缺的时候，地方政府为了招商引资不得不采取以地换财的策略，从而出现了趋底竞争的现象。因为工业资本不依赖于特定的城市，所以在市场中作为需求方不会出现激烈竞争，相反地方政府作为供给方为了吸引投资而出现了政府间的激烈竞争。

当然，当外来工业资本不稀缺时，地方政府就不用在以地换财上出现竞争，这种状态在当前和未来一段时间都还不会到来。只有等中国真正从土地资源增量投入时代转型为存量挖潜时代，工业用地才有可能出现稀缺，从而地方政府才有可能走出趋底竞争的怪圈。

另外，在商业和住宅两类用地上，一般不会出现地方政府趋底竞争的现象。这是因为在商业和住宅用地市场供需中，用地者（即需求侧）的竞争比较明显，只有在该城市买地投资商业和住宅，才能将相应的房地产或物业销售给当地民众。地方政府（供给者）不担心用地者会“溜走”。这是商业和住宅两类用地特征造成的与工业用地的区别。

划拨是指政府直接将土地使用权分配给特定的单位使用，不需要缴纳土地出让金。协议、招标、拍卖、挂牌是政府运用市场竞争机制进行城市土地配置的尝试，其市场交易的平均价格一般依次升高，这是由其交易方式所产生竞争效果的不同造成的[②]。协议是指自然资源管理部门以供需双方互相协商的方式确定地价，将国有土地使用权在一定年限内出让给土地使用者，由土地使用者支付土地使用权出让金的行为。招标是指自然资源管理部门发布招标公告或者发出投标邀请书，邀请特定或者不特定的法人、自然人和其他组织参加国有土地使用权投标，根据投标结果确定土地使用者的行为。拍卖是指自然资源管理部门发布拍卖公告，由竞买人在指定时间、地点进行公开竞价，根据出价结果确定土地使用者的行为。挂牌出让国有土地使用权，是指自然资源管理部门发布挂牌公告，按公告规定的期限将拟出让宗地的交易条件在指定的土地交易场所挂牌公布，接受竞买人的报价申请并更新挂牌价格，根据挂牌期限截止时的出价结果或现场竞价结果确定土地使用者的行为。

（四）国有土地二级市场

国有土地二级市场是指城市土地使用者在一级市场取得使用权后可以根据需要，在

① “趋底竞争”这个名词是由英文词语“race to the bottom”翻译而来。在中文文献中，也有“竞次”的类似表达。

② 曲福田，冯淑怡，俞红. 2001. 土地价格及分配关系与农地非农化经济机制研究——以经济发达地区为例. 中国农村经济，(12)：54-60.

法律允许和一级出让合同的范围内在不同土地使用者之间转租、转让、抵押土地使用权。二级市场的存在使得城市土地使用者获得土地使用权更加灵活。当一级市场的土地在位置或价格等因素上不具有优势时，城市土地使用者可以通过二级市场来进行城市土地资源的再配置，其交易价格和数量由土地使用者自行决定，交易后到政府主管部门登记备案。当然，二级市场的交易行为必须符合规划和用途管制并履行一级市场出让合同，或征得政府同意后调整相应合同条款。

目前二级市场中住宅和商铺等经营性用地的二次转让、出租、抵押等比较活跃，但产业用地（尤其是废弃、闲置用地）的交易因为面临国有资产处置、产权复杂、规划管制等而相对迟滞（参见专栏 6-3）。另外，现有存量土地中以划拨方式获得土地使用权的土地不得直接进入二级市场，除非使用权人依法补办相应的土地有偿出让手续或补交土地出让金等手续。

专栏 6-3　国有土地二级市场中存量土地再开发的困境

困境之一是存量建设用地再开发成本高于新增建设用地成本。地方政府在国有土地市场供应建设用地时有两种选择。一是从农村征收土地作为新增建设用地投入市场，二是在城市内部盘活闲置土地后投入市场。前者属于一级市场，后者属于二级市场。相比较而言，因前者的经济成本较低，地方政府对后者的激励不足。

困境之二是存量土地再开发增值收益分配面临矛盾。存量土地再开发具有增值空间，但如何在国家、社会资本、原使用人和新使用人等主体之间分配往往面临矛盾。比如，一些地方政府不愿意社会资本进入，偏好由政府收购后重新进入储备、出让等流程从而独占增值收益。但是，地方政府往往受制于财政预算，使得再开发覆盖范围有限或开发周期较长；有一些地方的社会资本虽愿意参与再开发，但现有法律明确规定存量土地改变用途后进入市场都应该履行招拍挂的程序，这造成社会资本参与再开发并不能保证后续获得相应土地或部分土地的使用权。这降低了社会资本参与再开发的积极性。

困境之三是再开发实施过程往往涉及较高的交易成本。如果是诸如棚户区、旧城区改造等存量土地再开发项目，需要诸多原产权人的集体行动才能实现。如果部分原产权人拒绝合作则会产生较高的交易成本。此时市场中的社会主体如果判断交易成本高于潜在的增值收益，自愿协商的市场交易机制此时就无法发挥作用，阻碍了再开发项目的立项实施。

（五）农村内部宅基地流转市场

集体土地市场长期以来是被限制的市场，尤其是集体土地不允许直接进入城市土地市场。在土地市场快速发展时期，形成了默许的存量宅基地市场和严格禁止的存量集体经营性建设用地市场。

存量宅基地市场是指本村集体内部农民之间宅基地的交易（现实中也会出现跨村交易）。现行法律只允许宅基地在本集体经济组织内部进行交易，同时强调原宅基地使用权人不得再申请新宅基地。然而，实践中因地籍、登记等资料不全的原因，政府无法有效监管，目前只能通过拒绝产权登记的方式禁止城市居民购买农村宅基地，以及严格监管农民新建房屋合法合规性。尤其是，如果外来投资者或城市居民购买集体土地建住宅，将被视为“小产权房”而被政府坚决禁止[①]。除此之外，政府对本村或跨村的宅基地流转持默认态度（参见专栏 6-4）。

专栏 6-4　嘉善县魏南社区的宅基地“灰色市场”

浙江省嘉善县魏南社区位于该县的罗星街道，毗邻县政府所在地，区位条件优越。该社区是一个典型的城中村社区，其前身是 2009 年 7 月撤村建居的魏南村。社区区域面积 2.6 平方公里，共有居民小组 21 个，居民户 670 户，户籍人口 2335 人，常住人口 5500 人（2014 年）。

在撤村建居的过程中，为鼓励社区居民主动参与宅基地有偿退出，魏南社区提供了新址宅基地置换、住房安置或货币安置三种办法供村民自愿选择。村民选择新址宅基地置换的，可以获得每宗面积 90 米^2 左右的新址宅基地自建新宅。选择公寓房安置的，新居的购买费用为规定面积内 400 元/米^2，超出规定面积的部分 800 元/米^2。选择货币安置的价格为在规定面积内补偿 4700 元/米^2，但低于当地住宅的市场价格 6000～7000 元/米^2。

在住房安置过程中，魏南社区常常会出现货币安置的农户想要重新买宅基地建房或买安置公寓房，而选择新址宅基地安置或公寓房安置的农户因宅基地闲置或公寓房套数较多等原因也想出售宅基地或部分公寓房。实践中因此出现了很多宅基地重新流转或公寓房买卖的现象。魏南社区 600 多户中，已有 80 多户的宅基地出现了流转。其中，在本社区成员之间流转的只有 9 户，其他都是跨村流转，而且新址宅基地的流转价格最高已达到每宗 80 万元以上。

（六）存量集体经营性建设用地入市的“黑色市场”

存量集体经营性建设用地向城市流转的市场主要是指村集体将经营性建设用地使用权出租、出让给外来投资者，用于一二三产业的发展。此类交易在土地市场快速发展时期因违反《土地管理法》而被明令禁止。在 2019 年《土地管理法》修正前，各类用地者需要使用土地的，只能使用国有建设用地。集体建设用地只用于集体经济组织自营的乡镇企业等。比如，在 2004 年修正后的《土地管理法》第四十三条明确规定：“任何单位和个人进行建设，需要使用土地的，必须依法申请使用国有土地；但是，兴办乡镇企业和村民建设住宅经依法批准使用本集体经济组织农民集体所有的土地的，或者乡（镇）村公共设施和公益事业建设经依法批准使用农民集体所有的土地的除外。”这说明农村的经营性建设用地只能用于本村兴办乡镇企业。但实际上，大量乡镇企业在 20 世纪末期经历了破产的结局，而相应土地却很少闲置，都已经由村集体私下流转给外来的小微企业。而这种违法流转的现象，虽有其合理性，但也扰乱了经济快速发展时期城乡土地市场的秩序，催生了下一章中要详细介绍的深化改革。

---

① 2015 年来，随着农村土地三项制度改革试点的推进，通过引入社会资本盘活农村闲置农房、闲置宅基地等做法在实践中出现并受到重视。这些现象将在下一章深化改革时期的土地市场制度中详细说明。

四、快速发展时期的土地市场制度的特点

上述包含六个独立子市场的土地市场体系（尤其是农地征收“市场”、国有土地一级市场和国有土地二级市场等三个子市场），是改革开放以来国有土地市场化改革的重要成果，业已构成土地市场快速发展时期土地管理的基础性制度之一。它既是政府实现国有建设用地资产价值的重要手段，又为地方政府分享大部分的土地非农转用的增值收益提供了正式渠道。只是这个过程中，集体土地资产悄悄地“被”再分配，用于支持城镇化和工业化的发展。

然而，随着新型城镇化和乡村振兴战略的提出，为了让城乡能够等值发展，让要素能够自由流动，这种割裂的市场体系在五个环节都面临巨大的改革压力。一是征收环节，政府“低价征收、高价出让”让城市享有大部分增值收益，面临着来自农村和农民利益诉求的压力；二是国有土地一级市场环节，因为地方政府长期以来以工业用地低地价来竞争外来资本投入，造成国有土地资产资本化效率降低，也不利于土地节约集约利用；三是国有土地二级市场环节，存量土地用途面临市场需求低、规划管控严等限制，导致存量用地盘活面临制度上的约束；四是宅基地的市场化配置环节，作为农民拥有的资产性收入潜在来源，如何实现其资产价值，“灰色市场”需要制度化；五是集体经营性建设用地市场化环节，如何建立合法合规的市场机制来提高经营性建设用地的经济效率，并且实现集体土地与国有土地的同权同价。这五个方面体现了快速发展阶段土地市场体系逐渐无法满足外部条件变化的需要，也是党的十八大后深化改革时期土地市场制度改革的动因和起点。

➢ 【本章总结】

本章详细介绍了中国土地市场制度的发展历程，重点介绍了快速发展时期土地市场制度建设的阶段性成果——六个子市场的割裂体系内容。六个子市场在实现土地资源配置效率提升的同时，也面临着逐渐与经济社会发展的外部条件不匹配的新问题。这些都为理解中国土地市场制度的内容和分析市场制度的影响奠定了基础，更为讨论后续深化改革时期土地市场制度创新埋下了伏笔。

➢ 【本章复习题】

1. 征地制度在哪些方面体现了政府的干预？
2. 请描述在快速发展时期的“六个市场”的土地市场体系。
3. 快速发展时期的土地市场制度形成的后果有哪些？

土地市场制度（下）：深化改革时期的市场

自党的十八大以来的深化改革阶段，土地管理上的央地关系重塑主要是因为经济利益不再是主导的目标，资源节约集约利用、农民利益和生态保护修复等是新的内容，这将倒逼地方政府在激励结构上的调整。在中央政府塑造新秩序的基础上，土地政策和土地管理由此进入了一个新的阶段，农民的权益越来越得到保护和尊重，市场对土地配置的作用也越来越明显。本章重点关注这个时期土地市场制度的改革内容。

一、深化改革时期土地管理的目标

2012 年党的十八大要求坚持走中国特色新型工业化、信息化、城镇化、农业现代化道路，促进四化的同步发展。2012 年中央经济工作会议进一步明确积极稳妥推进城镇化，着力提高城镇化质量。2013 年 6 月 26 日《国务院关于城镇化建设工作情况的报告》部署了包括有序推进农业转移人口市民化、优化城市化布局和形态、提高城市可持续发展能力和推动城乡发展一体化等促进城镇化健康发展的四大战略。可以看出，十八大后提出的“新型城镇化”的内涵非常丰富，既包含促进农村的后发发展，还要求其不能以城镇发展停滞或倒退为代价。这既是发展的机遇，也反映出背后的问题和挑战。

为了实现上述新发展目标，土地制度改革是一种“支点”、一种调控手段，让城乡分配趋于平衡。比如，从调节土地增值收益分配着手，让农村可以分享到更多的增值收益，为农村产业化和规模化等提供了前提条件。社会资本也可能被吸引到农村，而更多的投资将吸引更多的劳动力、技术和产品等进入农村，带动农村的经济社会发展。同时，在新型城镇化进程中，不能再依赖通过征收农村的土地来实现城镇化对空间的需求。如何提高城乡内部存量土地的利用效率，通过土地交易来优化土地利用的空间效率，是新型城镇化和乡村振兴的着力点。

二、征地制度改革：范围、程序与补偿

土地征收，是指国家因公共利益的需要，或实施国家经济政策，或为国家国防安全，按照法定的程序，对被征地人给予一定的补偿，并以强制的手段获得土地所有权的行为。

长期以来，土地征收是农村土地进入城市建设用地市场的唯一合法途径。《土地管理

法》2004 年修正案第四十三条规定，“任何单位和个人进行建设，需要使用土地的，必须依法申请使用国有土地”；第六十三条规定“农民集体所有的土地的使用权不得出让、转让或者出租用于非农业建设”。为此，农村土地参与城市化、工业化，必须由政府征收转变为国有城市建设用地，再由政府通过划拨或出让的方式提供给用地者。在这一过程中，政府可以获得巨大的增值收益空间。因为国有土地是按照市场实际价格成交，而对农民的征地补偿却一直由政府定价。

1998 年修订的《土地管理法》规定：“征收土地的，按照被征用土地的原有用途给予补偿……土地补偿费和安置补助费的总和不得超过土地被征用前三年平均年产值的三十倍”，这成为政府进行农地征收中衡量、制定征地补偿标准的主要依据。这种补偿的标准，为地方政府低成本供应城镇土地提供了条件。

但是，也正是这种以农民利益为代价的征地制度，导致了一系列的现实问题。比如，一方面，征地引致的社会矛盾频频发生，征地风险日益增加。征地补偿过低、征地程序不透明等制度问题，导致农民对征地项目缺乏认同感。中国社会科学院公布的《2011 年中国社会形势分析与预测》蓝皮书中指出，73%的农民上访和纠纷都和土地有关，其中 40%的上访涉及征地纠纷问题，而征地纠纷问题中的 87%则涉及征地补偿和安置。征地中农民拒绝甚至暴力抗争时有发生，不仅拖延了项目开发建设周期，也影响社会稳定[①]。

另一方面，随着城乡差距不断扩大，农村发展压力也日益增加。2019 年城镇居民人均可支配收入为 42 359 元，而农村居民人均可支配收入仅有 16 021 元。农村经济发展的相对滞后进一步影响了农村集体的公共基础社会和公共服务供给能力，造成许多农村地区的农民社会福利匮乏、“自我造血”能力薄弱，过于依赖于政府的财政转移补助。同时，一些农民集体因经营能力和经验原因，缺乏足够的对征地补偿进行投资或再生产的能力，基本生计的可持续性受到威胁。因此，如何保障农民集体在土地征收后的长久生计与持续发展，是土地征收制度设计中需要关注的问题。

2015 年经党中央、国务院批准，全国人大常委会授权，国土资源部在全国范围内选择了 33 个试点开展农村土地三项制度改革，其中河北定州、山东禹城、内蒙古和林格尔 3 个地区率先开展征地制度改革试点。2016 年 9 月，中央进一步决定在全部 33 个试点开展征地制度改革探索，并于 2018 年和 2019 年由国务院两次授权延长一年，直至 2020 年《土地管理法》修正后正式实施。在改革试点期间内，各地区主要围绕缩小征地范围、规范征地程序以及提高征地补偿标准、完善和规范多元化社会保障机制等三个方面的制度改革创新进行探索。

在 2015～2019 年这 5 年间的农村征地制度改革的基础上，2019 年十三届全国人大常委会第十二次会议审议通过了《土地管理法》修正案，在改革征地制度方面做出多项重大突破，具体包括：一是完善征地程序，将原来征地批准以后公告，改为征地批准前公告，保障农民集体的知情权与参与权；二是界定征地范围，明确土地征收项目必须在诸如军事外交用地等六类隶属于公共利益范围的情形才可以动用征地权；三是明确征地补偿机制，明确了征地综合区片价的补偿办法，并要求保障征地农民的生活水平不下降、长远生计有保障。

---

① 汝信，陆学艺，李培林. 2011. 2011 年中国社会形势分析与预测. 北京：社会科学文献出版社.

可见，深化改革时期征地制度改革打破了政府对城市土地一级市场的垄断格局，通过缩小征地范围、明确政府职能边界，将政府"看得见的手"从市场领域中逐步撤出。在满足土地征收对公益用地供给的基本需求的前提下，转而由市场机制这一"看不见的手"在城乡土地资源配置中起到决定性作用。同时，征地制度改革也致力于"让利于民"，通过完善城乡建设用地市场，通过市场机制合理衡量土地价格与补偿标准，从而建立起政府、集体与个人均衡的土地增值收益分配机制，将土地非农化过程中产生的土地收益分享给农民集体，为失地农民和农村集体建立长期可持续的社会保障机制。

三、国有土地一级市场改革：供给与需求侧联动改革

国有土地一级市场是地方政府作为唯一供给主体的市场。在地方财政收益最大化的激励机制下，地方政府一级市场中的土地出让行为本质上受到土地、资本两类要素之间替代权衡的影响。在相对意义上，当土地稀缺、资本富余时，用资本来换取土地；当资本稀缺、土地富余时，用土地来换取资本。这种要素间的替代，引致了长期以来国有土地一级市场中的一种特殊的现象，即地方政府在工业用地（亦称为产业用地）出让中常常采取低价供应的策略，而对于商住类用地（亦称为经营性用地）出让中多采取尽可能高价供应的策略。

地方政府采取两种策略的原因就在于不同用途土地的区位专用性不同。地方政府一般是以最大化土地收益为目标，这使得地方政府会尽可能抬高土地价格，比如通过拍卖或挂牌的方式出让商住类用地以提高市场价格。但是地方政府的这个策略在工业用地上遇到了限制。与商住类用地的区位专用性高不同，工业用地的区位专用性相对非常低。商业地产或者房地产选址对地产市场价格影响很大，这是因为地产的位置选择会显著影响到地产的价格，从而影响商住类用地的价格；然而，假设在基础设施、交通、劳动力成本等其他条件大体相同的情形下，区位对工业用地的价格几乎没有影响，因为工业产品的市场竞争力和工厂的区位几乎没有关系。所以，在出让商住类用地时，地方政府不会面临其他地方政府的竞争，区位本身就是一种排他性的竞争条件；而在出让工业用地时，地方政府会面临其他地方的竞争，在资本普遍稀缺而土地不稀缺的背景下，土地价格会被刻意降低来换取资本。

可见，工业用地成为一级市场中特殊的一类用地，其出让制度的设计影响到工业用地的利用效率。正如在第三章中介绍的中央政府面临"招拍挂的尴尬"，如何避免地方政府低地价出让工业用地一直都是中央政府政策关注的焦点。在2004年要求商住类用地必须采取招拍挂的方式出让后，2006年国务院才要求工业用地也必须采取招拍挂出让。这说明工业用地与商住用地在采取招拍挂竞争性方式出让上面临不同的局面。从后续实践来看，工业用地即使采取招拍挂，其价格也一直没有明显上升，地方政府仍然能够找到办法对工业投资者让利，从而与其他地方政府竞争外来投资。

然而，低价出让策略实际上是一把双刃剑。当地方政府能够影响工业用地价格时，也就意味着用地者需要跟地方政府"打交道"，不能只依靠市场取得工业用地。这种不透明的政商关系对当地的营收环境是有负面影响的。外来投资会对投资的安全性、经营过程中的人为不确定性等产生怀疑，从而影响投资意愿。

因此，深化改革时期国有土地一级市场改革的重点就是工业用地出让制度的改革创新。在实践中，一些地方政府主动开展的改革创新，主要包含三个方面的内容：一是对供地者（即地方政府）的限制，二是对用地者（比如厂商）的限制，三是对工业用地使用权出让周期上的调整。这三类变化都是为了提升工业用地市场化程度，提高土地节约集约利用程度。

（一）对供地者的限制："标准地"政策创新

"标准地"是指政府在出让前就明确了用地的标准。即在政府完成相关区域评估的基础上，地方政府事前设定工业用地的"固定资产投资强度"、"容积率"、"单位能耗标准"、"单位排放标准"和"亩产税收"等至少 5 项基本指标，然后才将相应的地块投放到一级市场中。表面上，这是对用地者提出的要求，实际上是省级政府对地方政府提出的要求。

"标准地"政策起源于浙江省的"最多跑一次"改革[①]。为了实现"改善营商环境"目标，撬动"最多跑一次"改革升级，浙江省于 2017 年 8 月由德清县试点了"标准地"改革探索，并逐步推广至全省。2018 年 7 月，浙江省人民政府出台了《浙江省人民政府办公厅关于加快推进"标准地"改革的实施意见》，同年 7 月国务院办公厅下发《国务院办公厅关于部分地方优化营商环境典型做法的通报》，将浙江"标准地"改革作为典型做法推广到全国。这说明浙江地方实践已经得到了中央的正面反馈。

"标准地"出让的具体过程包括四个环节。第一，地方政府需要提前完成区域能评、环评等相关区域评估工作，确保工业用地出让前就能够做到"标准透明"。第二，地方政府应当提前做好基础设施建设工作，保证施工现场在建设项目施工前达到水通、电通、道路通和场地平整等基本条件，确保"服务到位"。比如，有些地方政府做到了"九通一平"[②]。第三，地方政府需要积极探索创新跨部门联合审批等整体性政府治理方式，以减材料、简环节为核心优化企业办事程序，实现"审批加速"。尤其是地方政府可以采取企业承诺制来加快审批，即对于那些可以通过事中事后监管纠正不符合审批条件的企业行为，不会产生严重后果的审批事项，地方政府可以采用"政府告知标准、企业承诺达标"的做法来简化审批流程。第四，地方政府需要设计有效的监管制度来督促企业用地达到前期承诺的标准。

浙江省的"标准地"的政策创新在四个方面产生了明显的效果。一是"标准地"改革通过定标准、简环节、减材料来缩短企业办事时间，实现了投资项目审批"最多一百天"[③]。在全省范围内，自 2018 年 8 月后，备案项目审批平均用时减少为 74 天，"最多 100 天"实现率达到 100%。二是审批效率的提高大大降低了企业办事成本、财务成本，有助于企业更好地抓住市场机遇，实现了以政府有为促企业有利。三是积极引导区域高质量发展，地方政府主动求变。省级出台的出让标准建议，推动了各县市区出台支持绿

---

① "最多跑一次"改革是通过"一窗受理、集成服务、一次办结"的服务模式创新，让企业和群众到政府办事实现"最多跑一次"的行政目标。2016 年底，"最多跑一次"改革在浙江首次被提出。

② "一平"为土地自然地貌平整，"九通"为通市政道路、雨水、污水、自来水、天然气、电力、电信、热力及有线电视管线。

③ 是指一般企业投资项目开工前审批不超过 100 天的周期。具体是指，从项目赋码备案到领取施工许可证不超过 100 天。这 100 天不是指工作日而是自然日。

色可持续发展的地方标准。从亩均税收来看，有 62%的县市区全部 34 个行业均达到了省发改委指导性标准；从亩均投资强度来看，有 92%的县市区全部 34 个行业均达到了省发改委指导性标准。四是市场主体积极响应“标准地”改革，用地者从“找市长不找市场”转变为“找市场不找市长”，“标准地”政策提高了企业家对于政府公平公正办事、恪守契约精神的预期。这有助于降低市场上的交易成本，从根本上优化营商环境。

之所以能够实现上述效果，与“标准地”政策所体现的治理体系创新是分不开的。浙江省建立了以省发改委牵头的“标准地”改革整体性治理工作协调机制。在横向协同方面，省发改委与经信委、自然资源厅和住建厅等共同推动了企业投资项目审批的流程优化、材料精简，为各地提供了与“标准地”改革相配套的“最多 100 天”工作指引。在纵向推进方面，省发改委出台了亩均税收、单位能耗等指导性指标体系，积极敦促各地扎实推进改革工作，及时总结、推广了各地先进经验。省级的标准具有弹性空间，允许地方根据当地情况进行上浮或下降，同时探索了与“标准地”改革相配套的事后监管与联合惩戒，实施了面向各级地方政府及其部门的考核激励机制，推动各地各部门落实“标准地”改革。

“标准地”改革的本质是省级政府化解了地方政府对市场的干预权，是一种向市场放权的过程，是以省级政府的“有为”促地方政府集体行动的“有效”的做法，即省级政府统一要求地方政府都必须按照事前定标准的方式出让土地，这使得地方政府放弃“低价竞争”的集体行动成为可能。虽然有的地方政府早已有跳出“低价竞争”的意愿，但苦于没有形成集体行动，单个地方政府是不可能主动走出“低价竞争”的策略。在“标准地”政策下，地方政府要么主动要么被动地去转变职能和创新职能履行方式，构建清亲政商关系，优化营商环境，推动土地市场制度建设的进一步深化。

（二）对用地者的限制：“亩均论英雄”政策创新

“亩均论英雄”是指政府为了实现用地企业“创新能力更强、生产效率更高、产品品质更好、资源消耗更小、环境影响更少、市场响应更快、体制机制更优”而建立的一套综合评价机制，并基于每年度的评价结果对相应企业进行相应的奖惩来激励或倒逼企业经营向“亩均论英雄”目标转变。

“亩均论英雄”综合评价指标主要包括亩均增加值、亩均税收、单位能耗增加值、单位排放增加值、全员劳动生产率、研发经费支出占主营业务收入之比等 6 项指标。各指标基准值按近 3 年平均值的 1.5 倍确定，每 3 年调整一次。鼓励各区、县（市）政府、管委会结合本地实际，创新、增设有关评价指标。

“亩均论英雄”综合评价是对用地企业经营行为的过程监督。在年度评价结果的基础上，将工业企业分为 A、B、C、D 四档，原则上 A 档企业不超过 20%，D 档企业不超过 5%。进一步，根据工业企业所处的档次，政府建立健全资源要素优化配置机制，主要包括：分类分档的差别化城镇土地使用税减免政策（即对不同类别企业采取不同土地使用税减免标准等）、差别化用能机制（即针对不同类别企业在用电配额、电价、参与电力直接交易试点、停限电等方面的差别化政策）、差别化用水机制（即针对不同类别企业年度用水配额、水价等的差别化政策）、差别化排污机制（即针对不同类别企业年度污染物减排计划任务、排污权指标分配、排污权抵押贷款、污水处理收费标准等的差别化政策）、差别化信贷机制（即针对不同类别企业信用评级、贷款准入、授信、担保方式、还款方式和利率优惠等的差别化政策）、差别化财政政策机制（即针对不同类别企业财政扶持、财政性奖励等的差别化政策）等。

“亩均论英雄”改革，是政府有为、市场有效、企业有利、百姓受益的最佳结合点，是深化资源要素配置市场化改革、倒逼企业转型升级务实有效的抓手，也是高质量发展组合拳最重要的政策工具。“亩均论英雄”是“标准地”出让环节对地方政府行为限制的政策创新之后政府对用地企业进行动态监管的政策创新，是对用地企业提高节约集约程度的要求和倒逼企业转型发展的约束。

（三）对用地时限上的改变：弹性出让政策创新

工业用地使用权出让年限50年相对于企业生命周期来说过长，造成在实践中各地出现了弹性出让的政策创新。弹性出让是指相较于工业用地出让年期为50年的硬性规定，地方政府为了减轻企业成本，防范企业失信行为，提高土地利用效率，采用缩短出让年期、先租后让、租让结合等方式灵活地出让工业用地。

比如，浙江杭州对鼓励类工业用地项目可以一次性出让50年，也可以一次性出让30年（按50年出让起价的0.6系数进行修正），还可以选择“6+24”年先租后让，不同的年限匹配不同的地价。这种方式一方面切实降低了实体经济企业用地成本，另一方面也有利于政府根据企业实际经营效果来确定用地年限，避免工业投资和土地开发专用性的影响，降低工业用地的机会成本。

《江西省产业用地弹性年期出让指南》鼓励产业用地弹性出让年期以10年为初始期限，每10年一个梯度，合理设定10年、20年、30年、40年、50年不等的弹性出让年限。一般新增工业用地出让期限可不超过20年；一般新增仓储用地出让期限可不超过30年；一般新增物流用地出让期限可不超过40年；对江西省产业发展具有重大影响的国家、省级以及市级重大产业项目，认定的出让年限最高不超过法定出让最高年限。土地使用权届满前3个月内，土地受让人需继续使用土地的，可提出续期使用申请。达到相关履约要求的，可采取协议方式续期，重新签订土地使用权出让合同。经评估后认定不适合续期的，终止合同并依法收回土地使用权。江西省还可以采取长期租赁的方式出租国有建设用地使用权。国有建设用地长期租赁最高年限为20年，期满可续期，不可转出让，可采用招标、拍卖、挂牌或者双方协议的方式供地。

石家庄高新区出台了《工业用地弹性年限出让和先租赁后出让实施办法》，以先租赁后出让方式供应国有建设用地使用权。该实施办法规定先租后让方式租赁期限一般不超过5年，土地使用年期合计不超过30年。采取先租赁后出让方式供应国有建设用地使用权的，租赁应当采取挂牌方式公开确定租赁人，由租赁转为出让方式时，不需另行报批。

可见，实践中各种缩短土地出让年限、灵活出让出租方式等，都是为了应对出让时限过长而造成土地专用性带来的机会成本过高，低效或闲置用地盘活成本过高等影响，是对一级市场出让制度的优化。

四、国有土地二级市场改革：典型做法和政府角色

国有土地二级市场作为使用权再次交易的市场，初衷是通过市场机制提升已经出让

的国有土地利用效率，尤其是盘活低效、闲置的土地。现实的情况是，对于商住类用地，二级市场的建立健全有利于保障商住类用地的利用效率。因为拿地时的成本高，同时各类房地产市场也日益成熟，所以使用者会对商住类用地“物尽其用”，一般不存在低效的问题。

相比较而言，工业用地因面临工业企业生命周期较短而土地使用权出让年限较长，往往出现低效或闲置的现象（参见专栏 7-1）。此时，二级市场机制很难发挥作用。主要有三方面的原因：一是因为规划和出让合同的限制，不允许改变土地用途进入土地市场，造成闲置或低效的工业用地很难在市场上转手交易；二是工业用地使用权人有时会“坐等”低效、闲置土地的增值而不愿意转手交易；三是工业用地上的厂房或固定设备建设很难移动，造成土地交易成本过高。

专栏 7-1　什么是低效用地和闲置用地

原国土资源部在 2013 年的《关于开展城镇低效用地再开发试点的指导意见》中对城镇低效用地进行了界定，即城镇低效用地是指城镇中布局散乱、利用粗放、用途不合理的存量建设用地，具体包括：①国家产业政策规定的禁止类、淘汰类产业用地；②不符合安全生产和环保要求的用地；③需要“退二进三”的产业用地；④布局散乱、设施落后，规划确定改造的城镇、厂矿和城中村等。

原国土资源部在 2012 年修订的《闲置土地处置办法》中对闲置土地进行了界定。闲置土地是指国有建设用地使用权人超过国有建设用地使用权有偿使用合同或者划拨决定书约定、规定的动工开发日期满 1 年未动工开发的国有建设用地。已动工开发但开发建设用地面积占应动工开发建设用地总面积不足 1/3 或者已投资额占总投资额不足 25%，中止开发建设满 1 年的国有建设用地，也可以认定为闲置土地。

因此，国有土地二级市场改革，矛盾主要聚焦在如何让工业用地也能够在市场制度下得以有效配置和再开发利用。在 2014 年发布的《国家新型城镇化规划（2014—2020 年）》中突出强调了要建立健全城镇低效用地再开发激励约束机制，一是发挥政府土地储备的作用，二是完善土地租赁、转让、抵押二级市场。实际上这两种方式，一种代表的是政府主导的机制，另一种代表的是市场主导的机制。下面先讨论一下市场机制的一些创新做法，然后再讨论一下政府主导的机制与市场机制之间的互补关系（而非替代关系），后者是二级市场制度建设中不可忽视的内容。

（一）二级市场改革的典型做法

因为工业用地用途的特殊性（比如增值不明显、交易受限多、新增取得成本低等），为了提升其在二级市场上的再利用效率，很多地方政府通过放松对工业用地的限制来促进二级市场的交易效率提升。下面列举五种常见的情形。

一是允许存量工业用地兼容发展现代服务业（即临时改变用途，但在规划上仍然保留工业用地地类属性）。具体是指，在不改变用地主体、规划条件的前提下，存量工业用地用于兴办信息服务、研发设计、创意产业等现代服务业以及从事养老、医疗等鼓励类型产业的，可以保留其工业用途不变，经规划、自然资源部门批准后使用。这种方式有利于缓解工业用地收益不高，再开发利用没有市场吸引力的问题。当然，政府需要对临时改变用途后的产业收益收取一定的税费来调节增值收益分配。比如，有的地方参照国有划拨土地因地上房屋出租或从事商业等经营性活动以及国有土地上房屋临时改变用途，向用地者收取土地年收益。

二是允许存量工业用地增加容积率进行产业技术改造或转型升级。具体是指鼓励土地使用者在符合规划的前提下，通过厂房加层、厂区改造、内部用地整理等途径提高土地利用率，实施“零地技改”（即不增加占地面积但增加建筑面积的方式鼓励产业技术升级和改造）。在这种情形下，存量工业用地提高土地利用率和增加容积率的，不再增收土地价款，不再重新办理用地手续。

三是允许存量工业用地升级为创新型产业用地（俗称“退 2 进 2.5”）。鼓励存量工业用地升级为文化创意、信息软件、物联网等符合当地政府产业导向的创新型产业项目。经地方政府（或园区管委会）审查，产业主管部门审核同意并报有权一级人民政府批准后，存量工业用地即可按规定启动控规调整，并按基本建设程序办理相关用地手续。

四是允许通过补办协议出让的方式将存量工业用地改变为商业用地（俗称“退二进三”）。一般地方政府会对这种方式进行限制，并不是所有的工业用地都可以转变为商业用途。比如，地方政府会根据当地情况将可采取该形式的工业用地先行纳入低效用地企业自主开发范围后，原土地使用权人才可以协议出让方式办理供地手续并补交相应的土地出让金。实际上，很多地方政府对于“退二进三”持犹豫态度。一般多偏好由政府收储后重新安排供地（转为一级市场供地的方式），在对原产权人依法补偿的基础上还可以按照规定再给予一定奖励。政府偏好收储的原因一方面是避免二级市场因为制度不完善出现市场不可控的现象，另一方面也是因为政府多希望独占或主导增值收益分配。

五是允许存量工业用地进行分割盘活。存量低效工业用地经规划部门论证同意，具备独立分宗条件的，报经有权一级人民政府批准同意后可以分割盘活。此时，可以由政府收回并给予适当奖励，也可以在保持用地性质不变的前提下直接转让，受让单位应该按照属地产业用地管理要求进行投资建设，确保土地利用绩效。土地分割后将形成更多独立的、规模小、专用性弱的地块，有利于缓解工业用地项目因规模大、专用性强等制约而导致市场主体不愿意参与再开发的困境。

（二）二级市场中政府的角色

虽然我们讨论的是市场制度，一般会觉得政府此时应该避免对市场的干预，让市场机制独立、全面地发挥作用。但是，在实践中我们往往发现政府与市场的关系是无法分开的。在二级市场改革中，这个现象同样存在。为了说明二级市场中政府的角色，这里先解释二级市场中存量再开发现象，然后再给出政府与市场关系的论点。

从中国存量再开发的实践可以观察出政府与市场的关系实际上存在一个三阶段的规律。第一阶段是政府鼓励市场主体自发介入二级市场中的存量再开发，而市场主体会选择性介入。比如，在“三旧改造”“城市更新”等地方实践中，政府多因为财政预算等原因而鼓励工商资本介入再开发。政府往往通过提高容积率的方式鼓励原产权人与工商资本合作，在保障各方利益不受损的情况下分享容积率提升带来的土地增值收益和后续产业收益。这种情形往往集中在商住类用地上，因为增值空间明显且有保障，市场主体往往“争先恐后”。经典的模式就是中国香港地区的“垂直重划”（参见专栏 7-2）和深圳的“城市更新”模式。

专栏 7-2　丽星楼项目的垂直重划模式

丽星楼改造前

丽星楼改造后

香港的楼宇正迅速老化，2010 年全港约有 4000 幢楼龄达 50 年或以上的楼宇。在未来十年，这些楼宇的数目会按年递增 500 幢，对公众安全构成威胁。为了解决市区楼宇老化问题，并改善旧区居民的居住环境，早在 1999 年香港地区就颁布实施了《土地（为重新发展而强制售卖）条例》。该条例规定，任何人士如拥有某地段的不分割份数中不少于一定比例的不分割份数，可向土地审裁处申请售卖令，强制售卖该地段所有不分割份数，以便重新发展。

丽星楼位于香港大坑道，是霍英东于 1966 年兴建，1969 年落成，共有 176 个业主。到 20 世纪初，丽星楼年久失修，再加上最初修建时停车位、消防设施严重落后，与大坑道周边的豪宅格格不入。

香港置地公司从 1999 年开始收购其中一部分单元，至 2004 年取得了 171 户业主的同意，超过了当时申请强制售卖的比例 90%，即 159 户。2005 年 1 月土地审裁处根据《土地（为重新发展而强制售卖）条例》同意强制售卖申请，房屋及规划地政局在拍卖前对该地块重新设计了开发后的规划条件，特别是提高了容积率——也就是垂直重划模式，即不增加占地面积而通过容积率提高来获得更多可供开发的面积，也才让二次开发有利可图。最后，香港置地公司以 17.1 亿元取得丽星楼产权，厘清和统一了业权。

香港置地公司以“一层换一层”（a flat-for-flat）与小业主达成重建协议，小业主除了可获得一套重建后的同面积、同楼层、基本同方位的房屋外，还可获得平均每户 40 万元的过渡补贴，用于搬家费用以及重建期间的临时居住费用。最终，两幢 50 层的住宅大厦顺利完工，新的豪宅命名为“上林”，中低层单位交还原产权人或购买原业主“换楼权益”的产权人后，可供香港置地公司销售的房屋为97户。“上林”项目销售额为36亿元，净利润超过20亿元。

第二阶段是政府开始参与存量再开发，旨在解决市场主体在第一阶段中的“挑肥拣瘦”问题。工商资本往往只偏好参与商住类用地的再开发，而工业用地、公益用地和公共基础设施用地等常常无人问津，不利于城市整体功能和空间布局的优化。政府参与，一般会要求工商资本在投资具有显著增值收益的商住类用地再开发时也要同时承担一定面积的公益或公共基础设施用地再开发任务。当然此时对原产权人的补偿标准也会有所降低，不再完全按照市场定价的方式去补偿。总体上看，无论对于原产权人还是工商资本，抑或是地方政府及其代表的公众利益，各主体的利益至少是不减少，然后共同分享潜在的增值收益。此时，政府的作用就是强制将商住类和非商住类用地进行“打包”，避免工商资本的“挑肥拣瘦”。经典的模式包括德国著名的土地整理置换模式（land readjustment）和深圳的“土地整备”模式（参见专栏7-3）。

专栏7-3　深圳市南布社区土地整备项目

深圳在经历了改革开放的飞速发展之后，经济和社会发展遇到了很大瓶颈，深圳市亟须连片土地来支撑战略区域的发展和重点产业的布局。鉴于之前开展城市更新过程中社会资本只愿意参与商住类项目再开发，对公益性项目、未完善征地补偿手续、权属存在争议等类型土地的再开发意愿不强，同时深圳面临城市发展空间受限亟须拓展新发展空间等情况，深圳市政府在2011年正式颁布了《关于推进土地整备工作的若干意见》。土地整备作为对存量建设用地进行二次开发的一种手段，肩负着为重要区域发展和产业布局提供连片土地的重任。

南布社区土地整备范围面积为29.49万平方米，包括23.38万平方米的核心建成区、1.69万平方米的未建设用地和4.42万平方米水域滩涂（含水利设施）用地。在南布社区23.38万平方米整备范围中，居住用地约10.26万平方米，商服用地约0.13万平方米，工业用地约9.45万平方米，配套设施用地约3.54万平方米。南布社区整备范围内共有建筑物453栋，建筑总面积约26.05万平方米。其中工业123栋，建筑面积约8.09万平方米；居住324栋，建筑面积约17.69万平方米（详见表7-1）。

表7-1　南布社区土地整备的初始面积及结构

类别	测绘栋数/栋	建筑面积/万平方米
工业	123	8.09
居住	324	17.69
商服	2	0.08
配套	4	0.19
合计	453	26.05

土地整备项目实施后，除了社区（股份公司）留用地以外的土地面积共10.75万平方

米在土地整备后将移交政府，具体面积和用途结构如表 7-2 所示。可见，土地整备，为深圳市政府提供了额外的工业、商业、基础设施及景观用地。与单纯由社会资本参与再开发工商业用地与相比，土地整备增加了政府对区域发展和产业布局的调控能力。

表 7-2　南布社区土地整备后可移交政府的土地面积及用途结构

用地名称	面积/万平方米	备注
工业研发用地	0.37	经营性用地面积 合计 1.43 万平方米
商业用地	1.06	
道路用地	3.15	公共配套设施用地面积合计 4.90 万平方米
其他公共设施用地	1.75	
水域滩涂	4.42	
合计	10.75	

另外，南布社区集体土地整备前总资产价值约 6000 余万元。通过“整村统筹”土地整备项目，南布社区在社区开发过程中可获得不少于 5 万平方米的商业、办公物业用于经营，经初步测算，每年约可获得 2880 万元的经营性收入，是 2013 年未实施“整村统筹”整备项目之前年经营性收入 600 万元的 4.8 倍。在长期的持续经营管理理念下，可提供项目的物业管理增值服务，社区总资产价值将达到近 7 亿元。这意味着，通过土地整备项目原村集体也能够实现利益共享。

第三阶段是当再开发面临供应过度或者城市区位不佳而不存在升值空间时，政府也将参与存量再开发，旨在破解“无市场”的问题，由政府来创造市场（本质上是提供公共物品），由政府投入一定资金来撬动更多的市场空间和工商资本的投入。比如，在一些地方出现了由政府投入进行旧厂房或工业园区的再开发后，土地并不再用于常见的商铺、酒吧等用途，而是用于党建培训、图书馆等公益用途，并基于这些公益用途探索产业融合复合的可能。

比如，烟台城市党建学院就是由一所闲置厂房改建而来，其融合党建培训（含对内和对外）、开发区的政企沟通平台、民众阅读休闲等职能为一体，尤其是以校区为平台拓展对北部省份的党政培训业务，成功拓展了公益性质和经营性质的产业融合发展，破解了再开发面临的“无市场”或“薄市场”的问题[①]。

通过上述三个阶段的观察，国有土地二级市场制度建设中出现的政府与市场在关系上的新变化，引出了市场化改革过程中理解政府作用的新视角[②]。在市场制度建设过程中的政府介入，并不一定是干预市场，而是对市场作用的一种补充。这需要理解政府与市场两个层次上的联系。第一层次是在经济制度上的政府与市场关系，主要是指经济转型过程中计划经济的退出和市场经济的壮大，政府需要不断放权，由市场对资源配置起决定性作用；第二层次是在管理工具上的政府与市场关系，主要是为了实现有效治理，是

① 具体参见中共山东省委党校网站新闻：“全省首家城市党建学院在烟台开发区工委党校揭牌成立”，2020-5-25，http://www.sddx.gov.cn/info/1078/32623.htm.

② 实际上不仅仅是二级市场，也包括其他各类土地市场改革情形。

选择市场类工具还是政府类工具，此时政府与市场只是政策工具类型，并不是诸如经济制度等基本制度。对于工具，没有绝对优劣，只有是否适合具体的治理情景。一般原则是以“政府有为”促“市场有效”，比如降低市场交易成本、解决薄市场问题、“有组织地”进行集体行动避免市场中个人的“搭便车”或机会主义行为。

五、集体经营性建设用地入市改革：实现同权与同价

2019 年新修正的《土地管理法》正式实施之前，我国农村集体建设用地的使用和流转受到严格限制。《土地管理法》（2004 修正版）第四十三条和第六十三条规定，除兴办乡镇企业、村民建设住宅和乡（镇）村公共设施和公益事业建设情况之外，“任何单位和个人进行建设，需要使用土地的，必须依法申请使用国有土地”，“农民集体所有的土地的使用权不得出让、转让或者出租用于非农业建设”。《中华人民共和国城市房地产管理法》第九条规定，城市规划区内的集体所有土地，经依法征收转为国有土地后，才可以进行有偿出让。这些都意味着，集体经营性建设用地只能“自用”，不能进入市场。法律的限制影响到集体经营性建设用地的价值和集体经济组织分享城镇化和工业化带来的土地增值收益。

（一）改革的背景

城乡土地升值的巨大潜力激发了农民集体参与土地增值收益分享的愿望，这一方面使得政府低价征地变得愈发困难，另一方面也倒逼政府对传统的建设用地使用制度进行改革完善。党的十八届三中全会明确提出建立城乡统一的建设用地市场的目标，“在符合规划和用途管制前提下，允许农村集体经营性建设用地出让、租赁、入股，实行与国有土地同等入市、同权同价”。2014 年中央一号文件正式提出“加快建立农村集体经营性建设用地产权流转和增值收益分配制度”。2015 年经党中央、国务院批准，全国人大常委会授权，国土资源部在全国范围内选择了包括浙江省德清县在内的 15 个县级行政区试点集体经营性建设用地入市改革（2016 年 9 月扩展到 33 个试点）。中央通过从上向下部署改革，期间两次延长试点期限，并着手进行《土地管理法》的修订，释放出了一个信号，即改革集体经营性建设用地入市制度、提高农村土地市场化配置水平势在必行。

中央对本轮集体经营性建设用地入市改革的内容主要包括：一是建立城乡统一的建设用地市场，允许工矿仓储、商服等经营性用途的存量农村集体建设用地，与国有建设用地享有同等权利，在符合规划、用途管制和依法取得的前提下，可以出让、租赁、入股，同时要求政府完善入市交易规则和服务监管制度。二是针对农村集体经营性建设用地权能不完整，要求政府完善农村集体经营性建设用地产权制度，赋予农村集体经营性建设用地出让、租赁、入股权能。三是建立兼顾国家、集体、个人的土地增值收益分配机制，合理提高个人收益。土地征收转用与集体经营性建设用地入市取得的土地增值收益在国家和集体之间分享比例大体平衡。

（二）改革的目的

农村集体经营性建设用地，是指具有生产经营性质的农村建设用地。如过去的乡镇或村办企业用地，这些用地现在一般是闲置不用状态，或者租给个私企业进行小规模、

低水平的生产经营，粗放、分散、低效利用情况普遍，对农村环境也有较大影响。目前，我国农村这部分集体经营性建设用地，局部地区因受到相应权利上的限制和非农转用上的管制，其价值被“束缚”了。具体表现在以下三个方面。

一是集体所有的这部分经营性建设用地没有完整的产权，不能自由出让或转让给本集体经济组织以外的人进行非农建设。政府征收入市是唯一合法途径。这种二元土地市场，造成了农村内部、城乡之间生产要素流通不畅，闲置的经营性建设用地资源无法得到及时有效的盘活，一定程度上降低了农村集体经济组织进行非农产业专业化和规模化的机会。

二是农村集体经营性建设用地和城市建设用地，虽然用地类型一样、区位相近，但在市场价格和实际收益上，都存在很大差距。前者因为无法实现受法律保护的市场交易来显化价值，其价格远远低于后者。

三是农村集体所有的建设用地使用权不能抵押。这种权能设置，使在集体建设用地上进行生产经营的企业（个人），难以通过土地获取周转资金，限制了微小创业企业在农村的发展。

从理论上讲，集体经营性建设用地价值来源主要依赖于三个因素：土地供求条件、地块区位、土地制度及政策。毫无疑问，土地供求状况影响土地的经济价值，尤其对区位的要求最为显著。地块区位较好，意味着土地作为生产要素投入所具备的经济价值较高。土地制度及政策创新，则可以令没有区位优势的土地同样具备市场价值。一方面，邻近产业园区或主要交通道路或资源禀赋较优的农村集体经营性建设用地，具有“天生的”市场价值，只是这些价值由于法律管控不能在市场上显化。因此，这部分集体经营性建设用地“待释放”的价值就是土地自身的经济价值。另一方面，位置偏远或者资源禀赋较差的农村，没有或者有较低的经济价值，在城乡建设用地增减挂钩政策、异地调整等政策创新的帮助下，远郊区农民放弃非农建设用途后得到一定补偿，这种补偿可以遵循市场竞价的方式来实现，或者通过异地调整合作入市获得地块入市的市场收益。因此对这部分集体经营性建设用地来讲，“待释放”的价值就是土地权利（尤其是发展权）的价值。

价值“释放”的意义，主要在于能够为村集体和村民带来可观的入市收益，同时伴随着土地要素的流动，吸引和集结包括人才、技术在内的各种生产要素，极大地改善农村面貌。相比通过单一的财政转移支付手段支持农村发展，允许集体经营性建设用地直接入市，是激励农村探索自我发展，使其具备持续“造血”功能的有益实践。相比征地，村集体和农民不再是被动受偿，而是拥有一定的自主发展权，契合本村的发展需求，能够持续获得社会经济效益；更有利于吸引生产要素（资金、人才、企业资源、技术等）区域聚集，充分发挥农村土地资源优势和自然资源禀赋，从而能够使部分农村率先实现自我发展。

（三）实践的做法

在“土地公有制性质不改变、耕地红线不突破、农民利益不受损”三条底线不突破的前提下，各试点地区主要围绕：①谁作为集体经营性建设用地的主体来推进入市（即入市主体的规则）；②哪些集体经营性建设用地可以入市（即入市客体的规则）；③具体入市的过程如何组织（即入市的市场规则）；④入市后土地收益该如何在国家、集体和农户之间分配（即入市的收益分配规则）等四方面内容开展试点工作。

1. 入市的主体

在入市主体的规则设计上，农村集体经营性建设用地在实践中可能属于不同的集体经济组织所有（比如，村民小组、村集体、镇集体等）。因用地分布、所在区位、规划用途等存在显著差异，不宜简单规定由各集体经济组织自行入市。因此，解决好“谁来入市”问题成为推进入市的前提。针对镇、村、组三级所有的现实情况，一般的做法是：规定乡镇集体经营性建设用地由乡镇资产经营公司作为市场主体；村集体经营性建设用地由村股份经济合作社作为入市主体；考虑到组不是一个独立的经济组织，也不是一个法人主体，一般组级所有的集体经营性建设用地入市委托村股份经济合作社实施。

在这种主体资格的基础上，实践中存在“自主入市、委托入市、合作入市”三种根据入市主体划分的入市方式。“自主入市”是指由具备入市资格的集体经济组织自行组织入市，比如村集体所有的经营性建设用地由村股份经济合作社实施入市，镇集体所有的部分由乡镇资产经营公司等全资下属公司或其代理人实施入市。“委托入市”是指集体经济组织在缺乏自主入市条件下委托其他经济组织代理入市事务，比如村民小组需委托村股份经济合作社等代理人实施入市。代理者和委托者按照一定比例分享增值收益。“合作入市”则是鼓励偏远欠发达地区的集体经济组织与集中入市区块的集体经济组织合作，探索建立土地股份合作社，整合村集体资源，实现收益共享。

2. 入市的客体

在入市客体的规则设计上，需要确定入市范围、摸清入市“家底”。入市范围的确定首先需要正确认识征地和入市的关系。用地需求或通过征地提供，或通过入市解决，二者范围互有嵌套，如何确定入市范围则是无法回避的首要问题。实践中一般的做法是，将集体经营性建设用地入市范围限定在土地利用总体规划确定的城镇建设用地边界外（公益性征地除外），而边界内的集体土地开发将继续走征地转为国有的模式。

在实践中确定入市的“家底”，一般是根据集体经营性建设用地是否符合相应规划来判断，包括入市地块必须同时符合土地利用总体规划、城乡建设规划、产业发展规划和生态保护规划①。城镇建设用地边界以外的“哪些集体土地能入市”由上述四项规划或者编制后正式实施空间规划确定，符合规划的可以就地入市，不符合的要进行调整。地块零星、分散或者不符合规划，需要先复垦，再按计划调整到产业集中区后入市。

3. 入市的市场规则

在入市的市场规则设计上，目标是实现城乡用地“同权同价”，进而需要设计交易规则和监管制度。具体包括：一是实行统一的交易平台，比如将集体经营性建设用地和国有土地统一纳入公共资源交易中心，实行一体化管理；二是实行统一的地价体系，比如启动编制城乡统一的基准地价体系；三是实行统一的交易规则，比如参考国有建设用地的出让、租赁、作价出资（入股）等有偿使用方式；四是实行统一的登记管理，比如将集体经营性建设用地纳入不动产统一登记范围；五是实行统一的监管服务，比如将用地纳入第三方监管体系，培育调查、测绘、评估、交易代理等中介机构。

① 这是在空间规划编制之前的规划体系要求，在空间规划编制完成后只需要根据空间规划来判断。

4. 入市收益的分配

在入市的收益分配规则设计上，需要遵循收益均衡分享、差别化调节的思路，重点厘清国家和集体、集体内部两类收益分配规则。对于国家和集体的收益分配，实践中多以土地增值收益调节金的方式进行调节，主要考虑规划用途和区位差异，确定“按类别、有级差”的调节金比例。比如，在浙江德清，按照县城规划区内、县城规划区外乡镇规划区内、乡镇规划区外等区位的差异，对工业用地分别按 24%、20%、16%收取调节金，对商业用地分别按照 48%、40%、32%收取调节金，以此实现不同区位、不同用途土地入市收益的大体平衡。

对于村集体内部的收益分配，一般采取“实物形态、股权形态、现金形态”三种分配模式来差别化落实收益分配。“实物形态”是指土地收益纳入乡镇财政统一管理，主要用于辖区内农村基础设施建设、民生项目等支出。“股权形态”是指土地收益统一列为集体公积公益金，作为村股份经济合作社经营性资产，以股权增值方式追加量化成员股权。“现金形态”是指土地收益在农户中直接分配。

六、宅基地制度改革：保障宅基地的各项权益

（一）改革的背景

农村宅基地制度是中国城乡二元土地管理体制的重要组成部分，长期以来形成了四项基本内容。一是宅基地所有权归集体所有，村民可以获得使用权。一户只能拥有一处宅基地，即“一户一宅”；二是农户拥有的宅基地面积不得超过省、自治区、直辖市规定的标准，即“面积法定”；三是经地方政府审核批准后，农户可以无偿取得和无偿使用宅基地，即“无偿分配与使用”；四是农户不得交易宅基地使用权，除非搬进城市等原因可在本村内部将房屋出售，但出卖、出租住房后，再申请宅基地的，不予批准，即“严格限制流转交易”。长期以来，“一户一宅、面积法定、无偿分配与使用、严格限制流转交易”的宅基地制度在保障农民的基本生存权、居住权和维护农村社会稳定等方面发挥了积极作用。

然而，随着城市化和工业化的加速推进，现行的宅基地制度面临着诸多困境。一方面，由于缺乏村庄规划，宅基地的“无偿分配与使用”引致部分农户“未批先建、少批多建”的违法行为增多，“一户多宅”和“面积超标”的现象屡见不鲜。在农业转移人口市民化的大背景下，农村居民点的数量不减反增，大量宅基地处于闲置和低效利用状态，甚至出现空心村和废弃村。另一方面，随着“双保”（保护耕地和保障经济增长的土地供给）压力日益增大，新增宅基地的供应也愈发紧张，导致确有分户和刚性居住需求的农户“用地难、建房难”，无法切实享有“一户一宅”的基本权利。此外，由于“严格限制流转交易”，宅基地成为“沉睡的资产”。农户无法通过市场化交易等方式优化资源配置，显化宅基地的价值和增加财产性收入。

党的十八届三中全会提出，要“保障农户宅基地用益物权，改革完善农村宅基地制度”。围绕中央全面深化农村土地制度特别是宅基地制度改革的一系列重大决策部署，2015 年开始的农村宅基地制度改革试点的主要任务包括：在保障农户依法取得的宅基地

用益物权基础上，改革完善农村宅基地管理制度，探索农民住房保障新机制；探索宅基地有偿使用制度和自愿有偿退出机制；探索宅基地“三权分置”和农民住房财产权抵押、担保、转让的有效途径；完善宅基地审批制度，探索宅基地分配和管理的村民自治。

直观地看，宅基地制度改革的重大关切是保障农民住房权益，实现“户有所居”和农民住房财产权。但从本质上看，这些改革举措是对宅基地资源计划配置管理模式的重大变革，旨在建立准市场化的宅基地资源配置机制。“准市场化”是指宅基地资源的配置必须要守住国家确定的“户有所居”的“底线”，落实好宅基地的社会保障功能；在此基础上，可以让市场在宅基地资源配置中起决定性作用。如此，村集体和农民可以根据价格信号、成本与收益的权衡做出符合当时、当地条件的宅基地利用决策，不断提高宅基地利用的效率和效益。准市场化配置不仅能够盘活闲置的宅基地资源，化解“空心村”和城乡建设用地“双增加”等矛盾；还能显化宅基地资源的潜在价值，产生显著的分配效应，为城乡统筹和乡村振兴积累资金和资本。在推进宅基地资源的准市场化配置过程中，地方政府需要“自我革命”，加快职能转变，鼓励、引导和支持村集体和农民进行自主治理，让市场机制能够切实发挥作用。

（二）改革的内容

2015 年的这轮农村宅基地制度改革主要针对下述四个方面进行了系统探索。第一，改革完善农村宅基地权益保障和取得方式，包括三个具体内容：一是科学确定“一户一宅”的分配原则与方式，通过开展农村地籍调查，确保农民现有宅基地用益物权权益，同时明确主体资格，合理明确“户”的认定方法与宅基地分配原则与程序机制，并建立了不动产统一登记信息管理、宅基地动态监管等宅基地综合管理体系，切实保障宅基地资格权。二是保障了农村居民户有所居，通过统筹结合土地整治、异地扶贫等土地开发项目，以多元化手段解决农村居民的住房问题，建立切实有效的农民住房保障机制。三是推进宅基地确权颁证，建成集审批、利用、监管于一体的全覆盖的宅基地管理信息平台，切实解决宅基地确权颁证的历史遗留问题。

第二，探索宅基地有偿使用制度，包括三个具体内容：一是通过区位竞价、阶梯式缴费、新增宅基地管理、历史超占有偿使用等方式，探索一定条件下的宅基地有偿使用制度，推进宅基地节约集约利用。二是推进探索宅基地用益物权的多种实现方式和途径，建立抵押风险担保与补偿机制，化解抵押贷款风险，引导推进农民住房财产权抵押担保工作。三是建立农村集体土地（宅基地）基准地价体系。

第三，探索宅基地自愿有偿退出机制，包括两个具体内容：一是建立宅基地集体内部流转机制，允许农民宅基地按照自愿、有偿的原则，以转让、出租等方式在市县乡范围内的集体经济组织成员间流转。二是探索退出的闲置宅基地统筹利用方式。对村庄内部退出的闲置宅基地，探索集体经济组织统一利用、社会资本“共建共享”、土地整治复垦、建设用地指标流转等多种开发方式，对退出的闲置宅基地进行多用途的统筹利用，提高农村土地利用效率，切实保障农民土地财产权益。

第四，完善宅基地管理制度，包括三个具体内容：一是加强宅基地总规模控制。全面优化农村空间布局，按照多规融合的要求，在镇土地利用总体规划各项约束性指标的控制下，因地制宜编制村土地利用规划，科学划定村庄用地边界，保障符合申请条件农户的宅基地，整合各类资金有序开展农村土地综合整治。二是改革宅基地审批管理制度，落实审批权限下放，将宅基地分户、申请审批、违法占地执法等权限下放至镇级政府。三是发挥村民自治组织作用，探索建立农民集体对宅基地取得、使用、退出以及抵押担保等的审核和管理制度，实现农村集体在宅基地有偿使用、有偿退出、交易流转过程中的土地增值收益分享机制，从集体层面发挥村民自治组织作用，体现宅基地所有权的主体地位。

自2015年起的农村宅基地制度改革工作，各地试点在推进宅基地确权颁证、宅基地有偿使用、自愿有偿退出、抵押贷款、保障"户有所居"等方面实现了阶段性成效。一是在宅基地确权登记发证方面，大部分试点地区均已开展房地一体的不动产统一登记，普遍对依法取得的宅基地进行了确权登记发证。二是在宅基地有偿使用方面，各试点地区基本均出台了宅基地有偿使用的相关管理办法，对有偿使用的对象、范围、标准、收取方式、资金用途等内容进行了详细规定。三是在宅基地自愿有偿退出方面，各试点地区加大闲置宅基地盘活力度，建立和完善了有偿退出资金募集、集体经济组织内部的有偿调剂和流转、退出土地统筹利用、退出宅基地增值收益分配等多项关键机制，探索适度扩大退出范围、统筹利用闲置宅基地的方式方法。四是在宅基地使用权抵押方面，各试点地区在宅基地确权登记发证与宅基地基准地价体系建立的基础上，探索了宅基地抵押物权的实现方式。

在宅基地制度深入改革的进程中，"三权分置"制度是最重要的一项制度成果。2018年中央一号文件明确提出："完善农民闲置宅基地和闲置农房政策，探索宅基地所有权、资格权、使用权'三权分置'，落实宅基地集体所有权，保障宅基地农户资格权和农民房屋财产权，适度放活宅基地和农民房屋使用权"。"三权分置"进一步厘清了宅基地的产权制度，在保护村集体和农户权益的基础上，为引入市场机制和工商资本提供了产权的基础。自然资源部成立以后，宅基地改革和管理的工作从原国土资源部转到农业农村部，同时在2019年修正的《土地管理法》中予以法律确认，这是国家从宅基地权益与农业农村发展相统筹的战略角度做出的新部署，将为规范宅基地市场机制提供法律、制度和行政基础。

实际上，在2019年4月15日印发的《中共中央 国务院关于建立健全城乡融合发展体制机制和政策体系的意见》中对包括征地制度改革、集体经营性建设用地入市改革、宅基地制度改革等三项农村土地制度改革成果进行了总结，明确了深化改革时期城乡统一土地市场的基本架构。这项意见可以视为对2015年开始的这轮农村土地三项制度改革的一个总结性的中央文件。

➢ 【本章总结】

本章详细介绍了深化改革时期土地市场制度改革的内容。以前一章中"六个子市场"的市场结构为起点，党的十八大以来国家对土地市场制度进行了系统的改革创新。从国有土地一级市场、二级市场、征地制度、集体经营性建设用地入市制度和宅基地制度都进行了完整的改革。这些改革都体现了农民的权益越来越受到保护和尊重，市场对城乡土地配置的作用也越来越明显。

➢【本章复习题】

1. “标准地”政策的目的是什么？
2. 近年来在国有土地二级市场改革中政府与市场的关系有哪三阶段的变化？
3. 如果是以复垦指标的方式进行“异地入市”，其优缺点分别是什么？

农村土地市场化与政府角色

前两章介绍了快速发展时期和深化改革时期中国土地市场制度的内容和变化。中国土地市场制度的变化与经济转型的治理机制以及与政府职能转变是紧密联系的。为了更好地理解土地市场化改革中的政府与市场关系，本章将聚焦在深化改革时期的农村土地市场制度的建设过程，分别以集体经营性建设用地入市、宅基地改革和征地改革过程中的政府行为为例，进一步说明政府在市场化过程中的角色，同时辨析如何理解政府和市场的关系。

一、集体经营性建设用地入市：政府有为促市场有效

农村土地是否也能像城市土地那样发挥资本的作用，促进农村的发展，成为党的十八大以来社会各界都关注的话题。地方政府已经开展了很多地方性的主动探索。比如，作为全国统筹城乡综合配套改革试验区的成都，出台了一系列的以土地政策为核心的城乡统筹模式：先后试行了“三集中”“拆院并院”“城乡联建”“统规自建”等政策，这些政策为城乡统筹发展积累了很多经验。类似的政策试验还有“重庆地票”、深圳的集体合法工业用地直接挂牌入市、嘉兴的“两分两换”等。在这些试点过程中农村土地体现出来显著的市场价值，因此很多学者认为，如果农村土地能够进入市场，能够成为农民在城乡统筹框架下提高收入的积极力量①。

但是，农村的集体建设用地是不是“沉睡”的资产，也引起了一些争论。反对的观点认为集体建设用地的价格是虚拟的假象，是由区位因素和政府管制两个原因造成的供给稀缺导致的。能够有价值的集体建设用地只是位于城市周边的小部分的土地，这是由区位的自然属性造成的；而偏远农村的大部分建设用地之所有价值，是因为偏紧的建设用地供给营造出来的且通过城乡建设用地增减挂钩政策实现的价值——恰恰是政府行为而不是市场让土地产生了价值。如果政府允许集体建设用地自由入市，大部分偏远农村的建设用地市场价值将很快消失。因为小部分土地（或其产出）进入市场，固然可卖出个大价钱，但只要允许更多的土地（或其产出）入市，它们就将变得一钱不值②。

---

① 北京大学国家发展研究院综合课题组，周其仁. 2010. 还权赋能——成都土地制度改革探索的调查研究. 国际经济评论，(2)：5，54-92.

② 贺雪峰. 2010. 地权的逻辑——中国农村土地制度向何处去. 北京：中国政法大学出版社.

那么，集体经营性建设用地入市，究竟能否为农村和农民带来惊人的财富？如果国家的目标是为农民和农村带来发展的资本，那么除了放开市场准入的限制，是否还需要考虑其他影响因素？这些因素是什么？下面本章将以三个具体的入市的案例展开分析①。

（一）江苏宜兴的年租制："繁荣下的隐忧"

宜兴市是无锡市的下辖市，地处江苏省南端，是著名新兴产业基地。2011 年，规模以上企业有 882 个，完成规模工业产值 2451 亿元。2011 年宜兴蝉联"中国产业百强县"第五位，获"中国最具幸福感城市"金奖等。宜兴的集体建设用地入市的主要形式就是集体土地"出租"。

1. 年租制的内容

宜兴的集体建设用地租赁，最早可以追溯到 20 世纪 90 年代初的乡镇企业改制。早期乡镇企业改制中产权处置，以及当地存在大量民营企业的用地需求，催生了集体土地的出租行为。经过长期发展，宜兴市政府于 2005 年 6 月公布的《宜兴市土地租赁暂行办法》，可以看作对集体建设用地入市方式的完整的管理规范。

该办法规定，集体经济组织可以将集体土地出租给使用者使用，由集体经济组织逐年收取年租金。该办法中没有长期出让的方式，而是以短期租赁方式来规范集体土地流转。这种租赁模式其实是一种"长租短约"的模式，具体租赁年限由农村集体经济组织与土地使用者在租赁合同中约定。租赁年限一般不超过 5 年，2010 年又改为 3 年。租金调整幅度不超过 20%。政府按照集体土地租赁收益的 3%收取管理费，剩余的 97%归村集体经济组织所有。

土地租金已经成为宜兴市很多集体经济组织收入的重要来源。以租赁规模相对较大的宜兴市高塍镇高塍村为例，该村 2002～2011 年的十年间，集体建设用地租赁收益始终占到全村集体总收入的 50%左右。

2. 年租制的烦恼

然而，年租制在实施过程中并非一帆风顺，尤其在三个方面面临一些困境。

一是区位因素影响明显，租赁的确是"几家欢喜几家愁"。在宜兴，能够反映区位因素影响的指标是土地租赁的面积。这是因为在农村土地供给充足的情况下，企业一般只愿意以政府限制的底价来租赁集体的土地。如表 8-1 所示，在被调研的高塍镇的三个行政村中，高塍村距离城镇最近，其租赁面积最多，相反较远的梅家渎村租赁就相对较少。

表 8-1　2011 年三个行政村租赁情况对比

租赁情况	高塍村	高遥村	梅家渎村
村庄离城镇距离/公里	0.5	1	2
村庄租赁面积/亩	509	296	266

二是租赁遭遇"底价的尴尬"。宜兴推进集体建设用地租赁，目标之一是要形成国有

① 本部分内容改编自谭荣："集体建设用地流转：模式选择与政府职能转变"，中国专业学位教学案例中心案例库案例（编号 201412520217）。

土地与农村集体建设用地“同权同价”的租赁市场制度。然而，现实中所有的租赁案例的价格就是政府规定的底价。原因是供求两方面决定的。因为是乡镇企业遗留用地，几乎所有村庄都有地可供，形成了供给端竞争的局面，村集体在与用地企业的协商过程中“腰板不硬”。而从需求端来看，租赁土地的企业主要是小微（民营）企业。这些企业大多处于起步发展阶段，资金有限，对土地价格敏感。这些都导致租赁价格遭遇底价尴尬。

三是产权限制是租赁制度的隐患。“有恒产者有恒心”，宜兴的集体土地租赁权只是得到地方政府的政策允许，在国家法律上并没有得到认定。这给企业扩大再生产决策带来了难题。一般企业在规模扩张时多会转用国有土地。另外，集体土地不具有抵押权，也是企业不愿意扩大租赁规模的原因。虽然在宜兴政府强力支持下地方银行勉强同意以每亩 1 万元的标准接受租赁土地作为抵押物，但是集体土地的融资能力还是较弱。

（二）湖北沙洋的招拍挂：“只欠东风”的尴尬

沙洋县位于湖北省荆门市，以农业生产为主，2010 年沙洋县生产总值达到 114.79 亿元，属于中西部县域经济的典型。沙洋的集体建设用地入市主要采取“出让”的形式。

1. 招拍挂规则的内容

对于集体建设用地入市，沙洋县出台管理办法要求参照国有土地招拍挂规则，入市必须在土地交易所进行。对于从事商业、旅游、娱乐等经营性目的的土地，应当采用招标、拍卖、挂牌的方式交易。成交价格不得低于省人民政府制定的当地国有土地出让的最低价格标准。收益分配按照与国有土地同权同价的原则，向国土部门缴纳土地增值收益的 10%，剩余 90%的增值收益归土地所在农村集体经济组织。

2002 年沙洋县开始成为湖北省集体建设用地入市试点，截至 2013 年共有 1124 宗农村集体建设用地入市，面积 129 125 平方米，其中办理集体建设用地入市手续并登记发证 975 宗，面积 100 681 平方米。2010～2013 年，集体建设用地入市更为集中，708 宗农村集体建设用地入市，面积 99 120 平方米，其中办理集体建设用地入市手续并登记发证 675 宗。

2. 招拍挂的尴尬

虽然沙洋的集体建设用地入市制度相较宜兴的年租制来说已经非常完备，但实践中还是面临着薄市场的尴尬。一是沙洋县面临的尴尬是“万事俱备，只欠东风”。当地的农村集体就等着用地者带着资本、带着项目的“东风”过来了，可是沙洋县的集体建设用地入市的整体表现却始终“风平浪静”。2013 年前后沙洋县城房价均价约为每平方米 2800 元，各乡镇的房价均价约为每平方米 1200 元。商品房的价格不高，国有工业用地的价格就更低，发展旅游业也没有市场。只有那些规模很小不需要使用国有土地的企业或者个体户才使用集体建设用地。总体上看，沙洋县的集体建设用地的市场需求是不足的。

二是完美的制度设计却逃脱不了区位的限制。作为中部地区的农村，沙洋县的区位条件就更比不上东部地区的农村，集体建设用地入市的市场需求相对于东部地区的农村更低。一方面地方政府因招商引资的目的对国有土地出让出台了比较多的优惠政策，另一方面集体建设用地难以进行抵押贷款，这使得企业一般不愿意使用集体建设用地。从沙洋县的内部看，沙洋县的集体建设用地入市集中于集镇和交通比较方便的村庄，而没有区位优势的村庄基本上没有流转的机会。而且，不同地区农民从集体建设用地入市中获得的收益也有较大差距。例如，官垱镇集镇上集体建设用地入市的价格是每平方米 40 元，而更靠近县城的李市镇的集体建设用地入市最高能够达到每平方米 800～900 元。

（三）四川郫县“一揽子”流转：“去区位化”的探索

郫县（2017 年正式改名为郫都区）是成都市下辖县。2011 年郫县实现地区生产总值 281.74 亿元，多年来位居全省县域综合经济实力“十强县”前列。郫县的流转模式是综合了城乡建设用地增减挂钩中的“发展权”流转、集体建设用地使用权抵押、集体建设用地使用权作价入股和联营的综合方式。

1.“一揽子”流转的内容

“一揽子”流转主要是指将集体建设用地权属流转、指标交易等土地市场行为与土地综合整治、产业发展等综合发展项目有机结合。主要包括五个步骤：第一，在农村集体内部进行集体建设用地使用权的整合，一般以成立村集体资产公司的方式，将农户的土地资产集中化；第二，集体资产公司以集体的建设用地资产为抵押物，在第三方担保下，向银行抵押融资；第三，集体资产公司向政府管理部门申请农村土地复垦、整理和城乡建设用地增减挂钩；第四，集体资产公司将复垦、整理节约的建设用地指标通过城乡建设用地增减挂钩流转给社会企业获益，后者将指标用于城市国有建设用地开发；第五，集体资产公司进一步以指标交易的收入、留置用地、集体农业资源等作价入股，与社会企业共同开发规模化、现代化农业产业。

很明显，这五个步骤包含了五种不同的集体建设用地入市，分别是集体建设用地使用权的转让（从农户到集体资产公司）；集体建设用地使用权的抵押（从集体资产公司到银行）；集体建设用地使用权的重新分配，一部分改变了用途（从非建设用途转变为建设用途）、一部分改变了权属（集体资产公司将新建居民点的住房用地再转移给农户，但地块因集中安置而发生变化）；集体建设用地使用权的指标流转（从集体资产公司到社会企业）；集体建设用地使用权作价入股、联营（集体资产公司到与社会企业共同组建的公司）。

截至 2013 年年底，郫县已引进北京东昇农业技术开发（集团）有限公司等 46 家企业协议投资 216 亿元，已完成投资 26.8 亿元，实施了土地综合整治和一般场镇改造、发展现代高端农业及一三互动产业项目；启动实施了 18 个村集体建设用地整理，已建成 26.2 万平方米的农民新居，郫县的集体建设用地入市不仅给当地农民带来了更高的土地收益分配，而且给当地农村地区带来了更好的发展。

2.“一揽子”流转的“去区位化”作用

郫县通过城乡建设用地增减挂钩制度让有具体区位的地块变成了没有具体区位的用地指标，而这种指标可以用于成都城市发展的每一个角落，自然一下子就放大了郫县的集体建设用地价值。“去区位化”不仅显化了集体建设用地的价值，而且使得集体建设用地抵押成为可能，这进一步放大了土地资产和资本属性的“杠杆”作用。在郫县的案例中，如果没有银行资本的投入，项目的开发建设将受到很大限制。比如，通过集体建设用地本身的价值再加上潜在的可以通过整治结余的挂钩指标，使得成都银行最终批准的贷款达到古城镇花牌村“一揽子”流转项目资金的 70%。

无论是后续集体经济组织自我开展农业产业经营，还是以农村的土地、农业资源等作价入股与社会资本联合开发经营农业产业，都得益于农村集体经济组织能够在“一揽子”流转过程中获得高额的收益，这些为农业产业化创造了基础条件，进一步促进了农村的综合发展。比如，郫县战旗村23.8亩集体建设用地就可以作价1190万，而600亩农用地承包经营权仅作价90万元，可见集体建设用地入市确实具备很大的潜在价值。

当然，郫县模式也存在潜在的问题。虽然郫县实践中集体建设用地产生了很高的价值，比如，花牌村的挂钩指标交易实际达到38万元/亩，这比很多东部地区的挂钩指标价格都高，但这种交易如果没有郫县和成都市政府的大力支持，比如推进国有惠农公司的参与、政府推动成都银行的贷款，以及在村集体自主开展土地综合整治项目等环节的大力支持，郫县的一揽子流转模式是否可以顺利开展可能要打上一个问号。另外，如果更多的挂钩指标流入市场，如果更多的村集体将留置的集体建设用地投放市场，当前一揽子模式中出现的高价是否还能持续?

（四）市场化影响因素和政府的作用：三个案例的比较

集体建设用地入市，实际上就是实现土地价值的过程，同时事关农村后发发展。上述三种不同的集体建设用地入市案例，主要揭示了不同区位、不同的管理模式造成的集体建设用地入市的效果差异。

1. 集体建设用地市场化的影响因素

首先来看看集体经营性建设用地入市的价格受什么因素的影响。根据实地调研收集的信息，对三个地区的入市的平均价格做了一个初步的计算，如表8-2所示。

表8-2 三个案例中不同入市条件下的价格比较

地区	租赁/[万元/(亩·年)]	出让/[万元/(亩·年)]	使用权抵押/（万元/亩）	挂钩指标抵押/（万元/亩）
宜兴	0.4		1	
沙洋	0.17	1.05	1.43	
郫县		0.66	3.85	9.45

宜兴和沙洋都存在租赁模式，但宜兴的年租金价格每亩0.4万元，超过了沙洋的0.17万元。这种差异的原因来源于区位的差异，东部地区地价高于中部地区。类似的现象在出让模式上也存在，沙洋的出让价格折算到每年每亩是1.05万元，而郫县只有0.66万元。沙洋同时存在租赁和出让，租赁的平均价格[0.17万元/(亩·年)]低于出让的平均价格[1.05万元/(亩·年)]。此时价格的差异与区位没有关系，更多的是与租赁和出让两种模式有关。出让是一种物权的让渡，而租赁只是债权，这种权利上的差别引致了交易价格上的差异。这说明区位和产权（制度）是入市价格的重要影响因素。

而对于三个地方都存在的使用权抵押价格，出现了不同的变化趋势。东部地区的宜兴抵押价格低于中部沙洋的抵押价格，进一步低于西部郫县的抵押价格。是区位与价格的关系在这里不成立了吗？显然不是，只是说明还有其他的影响因素决定着价格。在案例描述时，我们了解到宜兴的入市是地方自行的试点，沙洋是省级试点，而郫县则是国家级的试点。不同级别试点下银行对集体土地入市的认可度和接受度影响很大，因而出现不同的抵押价格。这进一步说明制度也是入市价格的重要影响因素。

在郫县的案例中存在两种不同的抵押物，一种是集体建设用地使用权，另一种是挂钩指标。挂钩指标的抵押价格每亩 9.45 万元，明显高出使用权抵押价格每亩 3.85 万元。挂钩指标如果落地，意味着相应的地块区位更好（一般在城镇建成区范围内）、产权更受市场青睐（国有土地），这与位于农村的集体建设用地使用权相比，都具有优越性。这也进一步说明了区位和产权（制度）是入市价格的重要影响因素。

综上，对于目前阶段中国的集体经营性建设用地入市来说，区位因素、产权和规制等制度因素，是影响入市绩效的重要因素。

2. 入市过程中政府的作用

在改革之初，集体经营性建设用地是不允许直接进入市场的，这意味着政府对农村土地在市场准入上的限制。很明显，越放松的管制，越能够提升农村土地的入市价格。比如，宜兴的租赁平均单价是 4000 元/(亩・年)，沙洋出让平均单价则能够达到 1.05 万元/(亩・年)。出让相对租赁，是政府在管制上放松的体现；同理，集体土地使用权抵押的单价，从宜兴向沙洋再到郫县依次升高，也体现了不同级别试点中地方政府对管制放松的程度越高，带来的集体土地价格也越高。郫县案例中的抵押政策创新，突破了当时国家相关的法律法规，这是政府积极放松管制的体现。

区位也是重要的影响因素。沙洋的招拍挂案例恰好可以作为一种反证法。沙洋模式建立了一套比较完整的集体建设用地入市管理办法，从制度设计上似乎做到了放松管制，同权同价，但沙洋面临的“只欠东风”的尴尬表明，中部地区国有建设用地市场已经处于供大于求的状态，如何让集体建设用地入市实现理想的“同权同价”？

如何破解中西部地区的农村土地（比如，郫县案例相对于宜兴案例），或者城市远郊区的农村土地（比如，宜兴案例中梅家渎村相对于高塍村）等无法获得市场青睐的难题？郫县案例给出了一定的答案。郫县和其他各级政府积极推动集体经济组织自主实施土地综合整治，并以此为基础开展一系列的集体建设用地入市方式的探索，其中最核心的是城乡建设用地增减挂钩项目产生的指标交易。这是由政府设计的一种去区位化的交易制度，极大地缓解了区位因素可能对土地价格的影响。同时，当地政府积极开展农村产权流转交易试点，包括整合组建郫县公共资源交易服务中心，推动农村产权流转交易，以及开展集体建设用地作价入股试点，推进农业产业化的联合经营和土地的合作制等。

以上都说明了只有充分发挥政府在市场中的协调、统筹和保障作用，才能更好地发挥市场本身的配置作用，亦即政府有为才能够促市场更加有效。

二、宅基地改革中的政府：向空间要地、由发展权供资

现行的宅基地制度面临城市化的快速推进、农村人口大规模向城镇迁移等挑战，比如农村宅基地规模没有随着农民进城而减少，一户多宅、面积超标、房屋空置、布局零散等问题愈发常见，城乡建设用地规模呈现“两头扩张”的局面。

另外，国家实行城乡建设用地规模总量控制和新增建设用地年度计划控制，在指标紧缺的条件下，地方政府更偏好将有限的指标用于城镇和产业发展，农民面临因缺少指

标而存在建房难的问题。现实中出现未批先建、少批多建、违规违建等问题，加剧了宅基地管理的混乱。改革农村宅基地制度，已经迫在眉睫。

早在 2000 年，中央就鼓励各地进行小城镇建设，通过改造旧城镇，开展迁村并点，引导农民进镇购房或按规划集中建房，腾退闲置宅基地。2004 年国土资源部专门出台了加强农村宅基地管理的文件，要求各地严格遵循“一户一宅”原则，制定激励措施，引导农村村民住宅建设按规划、有计划地逐步向小城镇和中心村集中。可见，通过农村居民点整理引导村民集中居住，腾退闲置、低效的宅基地，已成为我国农村土地资源利用和管理的一个重要方向。

2015 年，中央在全国选取包括浙江义乌在内的 15 个宅基地制度改革试点，慎重稳妥推进农民住房财产权抵押、担保、转让，积极探索农民增加财产性收入渠道。宅基地改革的内容从原来重点关注退出，转为宅基地有偿使用、有偿退出、赋予宅基地更多权能等多个方面，更重视通过宅基地制度撬动农村发展和乡村振兴。

除“自上而下”的政策引导外，全国各地农村也“自下而上”开展政策创新，其本质多是围绕“地从哪里来”和“钱从哪里来”这两大困扰宅基地制度稳定有效运行的问题。比如，从浙江省的改革实践来看，“向空间要地”和“由发展权供资”是其破解缺农民建房用地、缺城镇建设用地以及缺建设资金等难题的两大思路，其中通过市场化配置土地资源的趋势也愈发明显。但是，这些模式实施绩效如何？这场“政府搭台、市场唱戏”背后体现着何种政府与市场的关系？

（一）向空间要地

“向空间要地”是指通过提升农村住房容积率来满足农民的生产生活需求。在浙江省宅基地制度改革实践中，大部分地区都是通过“向空间要地”保障宅基地权益。本节将通过义乌的宅基地制度实践做法来说明。义乌是秉承“向空间要地”内涵的典型代表，探索出宅基地制度改革的 1.0 到 4.0 模式。

义乌宅基地改革 1.0 模式，是通过建立多层集中的商住混合型建筑（俗称“四层半”模式），实现了“向空间要地”。具体来说，“四层半”模式是指按照统一规划，房屋地上部分建四层半建筑，地下建一层，业主居住在最上面的一层半，其他三层以及地下室均可出租，或自营商业、服务业等。“四层半”是一种双赢模式，一方面满足了农民生活需求，另一方面农民通过出租获得了一定的财产性收入。不同于传统农村居民点的散乱布局，“四层半”模式将农民集中安置在特定区域，通过合理规划，一定程度上提高了土地利用效率和节约集约利用程度。

义乌宅基地改革 2.0 模式，是“高层建筑+垂直房”的多元化安置模式（又称“高低结合”模式），进一步提高了宅基地的利用效率。“高低结合”模式是指在原“四层半”的基础上，改建部分为高层建筑，来满足农民对居住面积的进一步诉求。与 1.0 模式类似，农民可以将多余的房屋出租或出售以获得收入。与 1.0 模式不同的是，在 2.0 模式下，居民可自主选择置换低层或高层住宅。高层住宅的用地属于国有土地，低层住宅仍保留集体所有。2.0 模式进一步凸显了“向空间要地”的逻辑。

义乌宅基地改革 3.0 模式，又称为城乡新社区集聚模式（在本书第五章中有详细介绍），该模式将“向空间要地”体现到了极致。城乡新社区集聚是指允许位于城镇规划建设用地范围内的村庄在自主自愿的基础上，通过退出成片的宅基地，换取集中统建的高层公寓、标准厂房或仓储物流等楼宇物业，实现农民生活、生产双保障，打造现代化农村新社区。同时，对节余的宅基地指标（即建设用地指标），归政府所有并用于城镇发展。宅基地向高层公寓和厂房物业的转变，进一步体现了“向空间要地”。

义乌宅基地改革4.0模式，即“集地券”模式，是指村集体将包括农村退出的宅基地、废弃的工矿建设用地以及农村散乱、闲置和低效利用的其他建设用地等，复垦为耕地或农用地，经验收合格后折算成建设用地指标，并允许指标进入市场交易。“集地券”是一种类似于“重庆地票”的可交易的凭证，是城乡建设用地增减挂钩的新变化。围绕这一凭证的形成、交易、收益分配、功能权益等环节展开设计的一系列规则和组织形式，构成了“集地券”模式。义乌市通过“集地券”模式，在全市范围重组优化城乡土地资源，而且指标落地不受耕地占补平衡、新增建设用地年度计划的约束。

从1.0到4.0，义乌宅基地集约节约程度不断提高。“向空间要地”节约了土地资源，提高了土地利用效率，使得基础设施更加完善，提升了农民的生产条件和生活品质，也为农民实现财产性收入（亦即基于发展权的政策创新）提供了条件。

（二）由发展权供资

“由发展权供资”是指原土地权利人，将宅基地的发展权（或部分发展权）让渡给其他主体，以获得资金用于宅基地或住宅的更新翻建，实现土地利用效率提升和价值优化。在浙江省宅基地制度改革实践中，宅基地复垦指标交易、“集地券”模式和宅基地置换权益都是“由发展权供资”的典型方式。

1. 宅基地复垦指标交易

在3.0模式下，很多村庄利用节余建设用地指标，实现了宅基地发展权异地腾转，属于典型的“由发展权供资”。这种模式是指将农民成片退出的宅基地复垦为非建设用地，在扣除居住社区所占用的建设用地指标后，形成实际节余的建设用地指标，并用于市域层面的统筹开发利用，实现了发展权的空间置换，也提高了土地利用效率与经济产出收益。

2. “集地券”模式

“集地券”是另一个“由发展权供资”的模式。原本低效利用的宅基地被复垦为耕地，原土地权利人让渡的土地发展权，在市场上进行交易实现市场定价，并按照收益共享的原则分配给利益相关者。“集地券”本质上就是以市场机制确定土地发展权的转移价格，转出方获得了土地增值收益，转入方则获得了权能完善、落地方便的用地指标，最终实现县域层面上的城乡土地空间优化。

3. 宅基地置换权益

宅基地置换权益，是指在3.0模式中农户因退出原宅基地而获得的可以在新社区选择不同实物补偿的权益。农户一般按照原宅基地占地面积1：5的比例获得新社区公寓、商铺或标准厂房等物业的置换权益。这种置换权益也体现了“由发展权供资”的本质。宅基地权益置换指标交易是指农户可以将宅基地置换权益通过市场化的机制卖给其他自然人或法人的行为。宅基地置换权益的交易，就是发展权的交易。通过市场交易，指标出售方牺牲部分发展权获得了资金，指标购买方则获得相应的置换资格，进而可以购买新社区的公寓、商品等物业。

（三）市场化过程中的政府“退与推”

推进宅基地制度改革是一个系统的工程，需要很长的周期，因此需要形成有效的组织模式。宅基地改革试点中的组织模式，大致可以分为政府主导、市场机制和村民自组织三种。政府主导模式是一种自上而下的治理机制，地方政府凭借公权力推动利益主体参与宅基地改革。相较于政府主导模式，市场机制具有强激励、弱控制的特点，以价格机制来引导村民自愿有偿参与宅基地改革。村民自组织模式是农民集体主动进行宅基地改革。与前两种治理结构不同的是，自组织一般是村集体内部建立了利益分配协商机制，从而推动集体行动的形成。

在实践中，不同的情景需要采取不同的组织模式。第一，宅基地退出、宅基地确权发证和城乡新社区集聚工程量大，融资成本也较大，同时涉及多个部门之间的协同。仅靠市场或村民自组织是无法成功的。一般都需要发挥“看得见的手”的作用，即由政府提供支持和保障整个项目的推动。第二，市场机制则在显化宅基地价值时起到了至关重要的作用。例如，宅基地权益置换指标交易，就是买卖双方通过市场释放的价值信号进行配置的过程，一方面增加了农民的权益收入，另一方面也提高了宅基地资源的配置水平。宅基地有偿竞价选位也是通过市场机制确定宅基地使用权人。诸如农房抵押、房屋出租出售、商铺厂房出租和“集地券”指标交易均是通过市场机制确定的交易价格。第三，在分配新增宅基地和村庄治理方面，村民自组织，特别是村民委员会发挥了重要作用。宅基地民主管理机构作为政府部门的补充，对于宅基地管理具有先天的优势，他们更能理解农民的诉求，在乡村熟人社会中可以依靠村委会、“老人会”进行协调与推动。

对于具体的宅基地改革实践，往往是上述三种治理结构共同发挥作用。以义乌市佛堂镇蟠龙花园项目为例，在前期宅基地退出阶段，村委会专门派相关工作人员深入农村做农户思想工作，“老人会”资历较高的农民也参与其中，他们凭借其在村中的威望与心存疑虑的农户交谈。在新社区集聚高层公寓建设过程中，政府发挥了主导作用。从开发商的选取，到高层公寓的选址，均由政府负责实施。新社区集聚小区建设完成之后，对于宅基地权益置换指标交易、房屋出租出售、房屋抵押和商铺厂房出租等，市场机制则发挥了主要作用。

综上，宅基地改革需要政府的“后退”与“推动”。政府的“退”是指政府不应该强制推行宅基地的更新、集中和再利用，相反应该主动退出而由村民在自愿的基础上由市场来配置和引导宅基地的空间再分配和权益的实现。只有在市场机制和自组织面临集体行动困境的时候，政府才介入起到推动的作用。针对宅基地改革的不同时期，分别侧重利用政府、市场和村民自组织的优势，即有效利用政府的强制性和权威性、市场配置资源的高效性和村民自组织的能动性，确保宅基地制度改革又好又快地推进。

三、征地补偿的市场化：政府的放权与收权

国土资源部在 2001 年、2010 年和 2015 年在全国开展了三轮征地制度改革的试点。

然而，从这十五年来的三轮改革试点目标变化能看出，征地制度改革进展相对缓慢。改革主要集中在两个方面，一是征地补偿标准是按征地前的土地价格确定，还是参照转变用途后的土地价格确定；二是在符合用途管制的前提下，农民集体能否直接通过市场供应集体土地而不需经过政府征收。基于捕获增值收益的“土地财政”是地方政府不愿意退出主导城市化的重要原因。也正因为这个原因，让市场来确定征地补偿价格，始终停留在理论上。

不过，当征地面临激励矛盾时，地方政府还是会在土地财政和社会稳定间寻找一个平衡点。在地方各类妥协性的探索中，有一项被称为留用地的政策备受关注，因为留用地政策正面回应了让市场决定补偿价格的诉求。

留用地政策是指政府在征收集体土地时，按征收面积一定比例（一般在10%～15%）将相应数量土地留给被征地的村集体，用于经营二、三产业，为集体内部的失地农民带来长期收益及相对稳定的就业岗位。一些学者认为该政策不仅仅是在法定标准之外赋予农民更多的实物补偿，更是一种引入市场机制的方式来确定土地补偿的价格，赋予农民在城镇规划区范围内使用国有土地的权利①。本书用三个案例来跟大家做一个交流。

（一）温州：留用地政策的先行者

温州是浙江省辖的地级市。多年来国有经济的比重相对偏低，形成了以农村家庭工业为特点的私营经济模式。

1.“捉襟见肘”的就业安置：留地安置的兴起

温州市大规模征地补偿安置工作始于20世纪80年代中期的温州机场建设。根据《土地管理法》，地方政府除了需要对土地进行补偿、对地上附着物和青苗进行补偿外，还需要对失地劳动力进行就业安置。温州的国有经济比重相当低，大部分都是小规模私有企业，接收安置劳动力的空间并不大。为顺利推进机场建设，温州市将近万名农民安排在公交公司和政府仅有的一些企业。在机场建设项目完成后，在缺乏更多国有就业岗位的情况下，温州市后续的征地项目已经难以延续就业安置的做法。为此，温州市政府于1994年出台了《温州市区国家建设征用土地补偿和劳力安置的规定》文件，明确提出了以“实物安置”的方式解决被征地农民的安置问题。农民可获得人均60平方米建筑面积，由地方政府一次性划拨给村委会，土地产权保持集体所有不变。由此，温州市开始以“留地安置”替代法律要求的“就业安置”。

2. 集体弱村民强：留用地多被直接分配到个人

然而，政策执行过程从一开始就超出了政府的预期。温州是民营经济极为发达的地区，村委会缺乏必要的领导力和经营能力，村民们并不希望通过集体经营后分红的方式来分享留地收益。因此从一开始留用地就被用于房地产开发，以便村民分割，将留地收益“私有化”。从20世纪90年代开始，大多数的村委会直接与房地产开发公司签约，建成后将房产分割给村民自行处置。然而，在集体土地上开发房地产并入市交易，这属于国家明令禁止的“小产权房”。这种小产权房，不仅容易产生交易纠纷，引发社会矛盾，

---

① Wong S W. 2015. Land requisitions and state-village power restructuring in southern China. The China Quarterly，224：888-908.

更会冲击城市国有土地上的正常商品房市场，引发连锁反应，一直是国家明令禁止的。

3. 小产权房催生政策调整：留用地从集体所有调整为国有

为了解决实物安置导致的大量小产权房问题，1999 年温州市政府开始调整留用地政策。一方面，处理"历史遗留问题"（即小产权房）。对于那些已经建好或开工的房地产建设项目，房地产公司可参照国有土地使用权协议出让的程序以 10 万元/亩向政府缴纳费用，将留用地的性质从集体所有转变为国有。另一方面，温州市在后续的留用地中明确将留用地的权属性质从集体所有转变为国家所有，但赋予村集体相应土地的使用权。这解决了留用地后续若开发为房地产面临小产权的问题，也有利于避免出现更多与国家法律或政策抵触的问题。

4. 用地失序催生政策第二次调整：重回货币化安置

留用地的国有化催生了一个新的市场：留地安置指标即使未实际开发就可折现为 20 万～80 万元/亩，并形成了一个指标交易的自发市场。农民往往不愿意等房地产开发后分得收益（因为耗时长变数大），而是直接从村集体分得留地指标后在自发市场上出售而获益。然而，指标交易可能引起指标向部分开发商集聚，开发商购买大量留用地指标后，向政府申请城镇规划区范围内的连片土地进行开发。这种诉求往往需要政府对城镇规划和土地利用规划进行调整后才能找到集中连片的土地可用于开发建设。但是，规划一旦调整，则影响了规划的严肃性和政府公信力；若不调整，则造成留用地指标难以落地而沦为"空制度"，也会影响政府的公信力。截至 2012 年 8 月，温州全市未落地的二产、三产指标分别占核定留用地指标总量的 33.65%和 52.05%。实践中因留地政策无法兑现而引发了新矛盾。

新矛盾促使温州市政府取消留地政策并回归货币化安置的决定。2012 年以来，以政府回购"留用地指标"的方式，温州市采取货币安置的方式替代了留用地安置的方式。具体做法是将留地安置指标的市场价值显化、量化后，一部分转化为征地的直接货币补偿，另一部分转化为给失地农民购买长期社会保险。不过，此时有偿收回留用地指标已经是在市场化价格基础上的回购，而不仅仅是传统征地中政府"定价"的补偿标准。

（二）杭州：留用地政策的获益者

杭州是浙江省省会，地势低平，是浙江省的政治、经济、文化、教育、交通和金融中心。经济结构中国有经济的比重也相对偏低。

1. 城镇化进程中初尝甜头

虽晚于温州，但杭州也是较早试行留用地政策的城市之一。为解决因征地补偿标准偏低而来自农民的压力，杭州在 1995 年建设绕城公路时就提出了留用地来安置失地农民的思路。而 1998 年全市开展"撤村建居"加快城镇化进程的工作后，进一步明晰了留用地的概念。2001 年杭州市政府印发《关于贯彻国务院国发〔2001〕15 号文件进一步加强国有土地资产管理的若干意见》，开始推行留用地政策。留用地政策主要是为了满足国家重点项目需要或为了推动撤村建居而实施，且按照"征为国有，协议出让"方式来实现"转权让利"，即虽然集体使用留用地均应先履行将土地产权转为国有并支付国有土地有偿使用成本的程序，但相应成本（即土地出让金）缴纳后仍返还给村集体经济组织。

留用地政策在2005年正式成形，并在杭州城市化过程中发挥了十分重要的积极作用。一是有力推动了市区征地拆迁。2006～2010年，市区共征收集体土地约16万亩，未发生重大群体性事件，留用地政策可谓功不可没。二是有效探索了保障被征地农民长远生计的途径。以留用地形式引导和支持村集体经济组织发展二、三产业，可以为集体经济组织成员带来长期收益，避免征地补偿资金一次性分光用光，有利于社会稳定。三是促进了城市服务业及其配套设施发展。留用地政策吸引了大量社会资金建设商业配套设施，加快了整个杭州市服务业的发展。

2. 市场定价机制的显现

根据杭州的留用地政策，集体相当于排他性地获得既定面积国有土地使用权用于本集体的产业开发经营，此时市场机制的作用就逐渐显化。以典型的三叉社区留用地开发为例，130亩留用地如果全部按照征地区片价的补偿标准，即便采用最高每亩28万元的标准，其征收补偿总金额也只有3640万元；而作为留用地开发后，由村集体开发为物业并出租，每年的租金收益就可以达到1.08亿元，已经远远超出一般的土地征收所能获得的土地增值收益。

同时，留用地也强化了村集体自主治理的作用。在留用地开发实践中，早期是村干部利用自身威望获得村民的信任而代表村民进行留地出让谈判。随着开发收益显现，加上村集体内部监督机制的存在，村民对于合作开发的预期提高了。这些反映了留用地开发模式对于村民合作的激励作用，也进一步提升了村集体开发留用地的自主性。根据《杭州市区村级留用地管理办法（试行）》和实际执行过程的做法，只要符合城市规划，且村内部达成统一行动意愿，村集体不仅可以选择项目具体位置，也可以与社会资本进行合作开发办公、酒店或商铺等物业。这体现了村集体在土地征收中的话语权越来越大。

截至2014年年底，杭州主城区已核发留用地指标约12 000亩，其中已出让293宗7240亩，占已核指标的60%。累计出让留用地可建面积达1400万平方米，占2004～2014年主城区累计出让商办用地可建面积2651万平方米的53%。这说明留用地在成为失地农民重要经济保障的同时，也已成为杭州主城区商办类用房的重要用地来源。开发商可以主动寻求与村集体合作开发，而不一定从一级市场中向政府购买土地使用权。

3. 跟风决策和土地投机的出现

然而，随着留用地政策的推进，一些问题也随之而来。一是村集体在开发留用地时跟风决策引致布局不合理，导致了留用地项目布局不够科学合理、业态重复的问题。而土地的区位和投资的专用性，导致留用地空间配置效率面临挑战。例如，2011年杭州蒋村街道相应村集体的留用地项目基本集中在文二西路两侧，且都为酒店或写字楼，项目多达17个，造成后续招商过程的供大于求。

二是出现了社会资本与村集体合谋进行土地投机。村集体如果自主开发留用地项目缺乏资金和经验，可以采取与社会资本合作的方式开发。但在实践中，一些项目的土地价值无法达到项目投资总额的51%以上（政府对于社会资本合作的要求，即村集体要占

51%以上的股份），而村集体无法用自有资金补足相应股份的话，往往出现违规方式解决合作门槛的问题，比如采用“阴阳合同”的方式应付政府的审查。另外，部分项目涉嫌变相房地产开发，设计为单身公寓、“类住宅”结构，采取签订长期租赁协议的方式进行变相销售。这些做法违背了留用地政策保障失地农民长期收益的初衷，而若变相为住宅使用则扰乱了正常的房地产市场。本来从产权的角度看，这相当于在国有土地一级市场上出现了第二类的供地主体，是一种农民集体权利的进步，但目前因为出现了开发商凭借村集体开发能力上的弱势地位而进行投机，不仅影响了村集体留用地的合法权益，也造成政府在国有土地一级市场上的主导地位受到威胁。

4. 政府开始回收村集体的部分权益

面对上述意外出现的问题，政府对留用地的态度也开始有所转变。从 2014 年 12 月起，杭州市政府开始编制“杭州市 10%留用地专项规划”，旨在统筹协调村级留用地指标的落地、开发和监管。这意味着村集体在选择项目、选择落地区位等方面，已经不能“随心所欲”，需要依照政府的专项规划来开展。而专项规划的本质就是由政府给出留用地的空间布局和用途结构。

2012 年杭州市的余杭区出台了《关于进一步加强我区村级集体经济组织留用地管理的实施意见》，创新提出了“土地折货币换房产”的新政。土地折货币换房产是指村集体申请取得留用地后，不能直接开发，而是由以镇街为单位的开发区管委会统筹归集后在国有土地一级市场上进行招拍挂程序，由国企或者民企竞争开发。竞价时，土地出让价款按照全区统一标准不变，竞价者仅对无偿返回集体的物业的建筑面积进行报价。返还面积最高者为土地竞得人。村集体取得商铺等物业后，也不能由集体自行出租，而是由开发区管委会统一出租，管委会按照事前谈判的租金比例返还给村集体相应租金。

因此余杭区的“土地折货币换房产”的模式本质上相当于是村集体通过留用地指标直接换得开发区管委会（或国企开发）的物业的年租金收益。村集体对留用地的后续开发和物业经营没有决策权，只是享有参照市场定价下的收益权。而政府通过统筹留用地指标的方式，既满足了原留用地政策得以实施，又满足了地方政府对新增建设用地进入市场的控制，起到了“一箭双雕”的效果。

（三）和林格尔：留用地政策的效仿者

和林格尔县是呼和浩特市所辖旗县，也是呼和浩特市新建的国际机场所在地。多年来该地经济发展以农业和轻工业为主。

1. 为了改革任务而引入留用地政策

和林格尔县 2015 年起被国土资源部指定为开展征地制度改革的三个试点之一。为了完成国家试点任务的三项内容，和林格尔县在改革第一年就对土地征收程序进行了系统性的创新。但是，征地矛盾实际上并不在于征收程序是否规范，而在于被征地农民是否有参与决策或协商的权利。因此，和林格尔县虽然在征地程序增设风险评估、前置公告等，但这些程序并未能够真正引起上级的关注。比如，风险评估实际只是形式，土地征收公告也只是告知而不是真正赋权于农民，甚至是否征地在国土部门行使权责之前就由地方政府决定了——不仅农民没有话语权，国土部门同样也没有话语权。因此国土部门通过优化征收程序来化解征地矛盾效果并不明显。

另外，和林格尔县也没有积极性去界定公共利益和缩小征地范围。前者在理论上都未能解决，实践中就更难落地。而后者会影响到地方政府在经营国有土地上既定的利益格局，因此第二大改革内容也不会得到和林格尔县政府的积极响应。

这样，能够体现改革成效的就只剩下提高征地补偿和探索多元安置了。和林格尔县确实在探索补偿和多元安置机制上下了功夫。一是提高征收补偿标准，较之前执行的标准（2011 年标准）上涨 10%～20%。二是强化养老社会保障，比如农民本人和政府按 30%和 70%的比例承担。即使做了上述改革，和林格尔县依然认为改革工作还不够，为此其积极与其他地方进行交流。其中，杭州市的留用地政策引起了和林格尔县的兴趣，这也就催生了和林格尔县留用地政策的出台。

和林格尔县的留用地政策目前主要用于呼和浩特新机场的征地项目中。只要人均耕地小于 5 亩的村庄就适用留用地政策，按被征农民人均 1 亩的数量留地，并保留集体土地所有权，用于发展壮大农村集体经济。和林格尔县在最初对留用地政策寄予了很大的期望，认为留用地能够显化农村集体建设用地价值，解决当地失地农民利益保障和长久发展问题。

2. 非典型地区的尴尬经验

现实中留用地政策的实施却远远低于政府的预期。呼和浩特新机场建设需要征收大新营村所在地，该村也符合留用地政策的使用条件。该村有农户 648 户，农业人口 1604 人，人均耕地面积不足 5 亩。因此，每位被征地的农民按人均保留 1 亩共计 1604 亩的集体建设用地用于后续产业开发。县政府满怀信心和期待地嘱咐村集体尽快成立村集体资产公司来经营 1604 亩的集体建设用地。然而等 8 个月后政府再次调研该村问询进展情况时，村集体迟迟未动。这实际上是村集体认为当地土地不值钱，很难做到招商引资的缘故。

3. 横空出世的国企

为了解决村集体行动慢的问题，县政府专门成立了和林格尔县农发集体土地运营有限公司（国有企业，以下简称县公司），在全县范围内统筹使用村集体的留用地指标，开发用途限定为房地产用途以外的二、三产业经营性用地。县公司将指标在城镇规划区或工业功能区范围内选址，通过统一经营来保障开发的集中化、规模化和基础设施配套的统一供给。

大新营村村集体将留用地指标委托县公司经营，按照一亩一股，每股 3000 元/年分享县公司经营收益。政府计划通过国企统筹托管的模式弥补留用地因区位等原因导致市场价值难以显化，以及村集体经营能力有限等问题。由国企统一使用留用地，除了有利于土地经营的集中化、规模化和便于基础设施配套建设，还有利于降低市场的信息成本和交易成本，最重要的是可以按股份来固化失地农民的长久权益，既公平又高效。县政府认为此举给出了非典型地区留用地政策的经验。

截至 2018 年 12 月，全县留用地政策涉及 1784 位农民，按照每人 1 股共计 1784 股委托县公司统筹开发 1784 亩留用地。县政府同意将这些指标统一选址在新机场的空港服务区。虽然服务区规划为国有土地，但针对留用地落地部分依然保持集体所有而不转为国有，作为被征地农民的长久收益。为了协助县公司的经营，县政府于 2018 年争取到了国家发改委、经信委等部门支持，已经协商好 48 亿元的国企资本来新机场的空港服务区投资。县公司的留用地将被打包在外来投资项目中，从而实现了这部分留用地的市场收益。

（四）三个留用地案例的比较分析：政府的激励与选择

1. 留用地政策的出现：政府的放权

留用地政策的出现与地方政府面临的外部约束是分不开的。如何安置劳动力、给予多少补偿，这本质上是一个协商支付的过程。协商的一方是政府，另一方是失地农民群体。是否有足够的安置岗位，是否有足够的补偿款预算，是否有加快推进征地速度的要求等，使得政府不得不对失地农民让步——采用留用地政策就是一种让步。温州的留用地是因为地方政府难以提供足够的就业岗位来安置失地后的农业劳动力。杭州的留用地是因为地方政府需要加快“撤村建居”的城镇化进程且受到短期财政预算的制约。和林格尔县的留用地是地方政府为了向上级交出一份满意答卷而主动学习发达地区的做法。

2. 留用地政策的异化：政策成功的必备条件

留用地政策从工具本身来说，是不适合和林格尔县的。这是因为留用地之所以能够吸引农民，是由留用地带来的经济收益决定的。只有土地市场需求活跃的地区，留用地政策才具备条件。从杭州和温州的留用地案例，可以得出留用地政策的实施条件：一是经济发展引致土地市场活跃是支撑留用地政策绩效的前提。即使只是 10%的留地比例就已经能够给村集体带来非常可观的收益。二是地方民营经济氛围也为集体参与市场提供了条件，尤其是杭州的集体的市场适应能力足以自主开发留用地。三是地方政府主动创新和支持留用地政策的实施，也是政策成功的基础。这三个条件与浙江各地政府在民营经济的大背景下已经形成的主动创新的传统有关。这些条件是全国其他地区很少具备的，这也造成留用地政策无法大范围复制。目前，出现留用地政策的地区主要集中在东部沿海发达地区。中部地区出现留用地政策的地区有限，而西部地区就更少。

3. 留用地政策的演化：政府收权与夯实的市场价格

在杭州和温州都出现了政府逐渐限制留用地落地甚至取消政策代以货币补偿的现象。这本质上是因为留用地会影响地方政府在一级市场上的权益，比如影响城镇国有土地开发的空间布局和增值收益的分配。具体来看，温州为了能够主导国有土地上的产业结构转型升级，杭州为了避免一级市场供应结构同质化，以及都为了维护城乡规划的严肃性和政府的公信力，两地都对留用地政策进行修改或限制，甚至在局部辖区取消了该政策。

上述现象背后体现了地方政府受到来自经济社会条件变化和正式制度的压力而开始“回收”权力。因为地方政府依然保持着财政收入最大化的目标，同时地方依然需要土地开发的主导权，这些都倒逼政府政策选择出现变化。因适宜建设开发的土地面积有限（自然禀赋倒逼），或者面临产业结构调整或空间布局的需要（经济发展倒逼），两地政府在土地市场上的主导权受到了村集体的影响，此时政府势必需要对留用地政策中的“放权”进行回收。从这个角度看，留用地政策的演化也是地方政府理性的选择。

然而，两地政府无论是调整还是取消，留用地政策是赋权农民并给予农民市价补偿的共识已经形成。当政府后续对留用地指标回购时，要么按照等价的国有物业进行置换，要么按照等值的货币进行指标回购，这实际上揭示了经过多年实施夯实了征地补偿市场定价的机制——农民的土地财产权利和市场价格机制业已形成。

四、农村土地市场化进程中的政府角色

以上通过举例对集体经营性建设用地入市、宅基地制度、征地制度等农村土地三项制度的改革过程进行了详细说明，尤其揭示了土地市场化过程中的政府角色。

正如在第六和第七章中已经讨论过的政府与市场的两个层面的关系。第一层面是在经济制度上的政府与市场，主要是指从计划经济体制向市场经济体制转型的过程中，政府需要不断放权，由市场对资源配置起决定性作用；第二层面是在管理工具上的政府与市场，主要是为了实现治理有效，由决策者判断是选择市场类工具还是政府类工具。这两个层面政府与市场的关系，实际上就是中国农村土地市场化的治理机制。可以用第一章中介绍的威廉姆森的四个层次分析框架来进一步说明。

政府与市场的两个层面的关系在威廉姆森的四层次框架中分别属于第二和第三层次。在第二层次的制度环境中，两者的关系是关于基础性经济制度的选择。推动农村土地市场化，赋予农民集体和个体农户准入权利，由市场去确定交易价格等，是这个层次上的基础性制度要求，也是中国经济转型发展和城乡统筹发展的要求。从这个层面来看，政府放权给市场，放权给农民和集体，是土地市场化的主旋律。

在第三层次的治理结构中，制度的执行过程，面临着来自制度成本、交易成本、信息成本等制约，也就是正式制度会面临社会的“摩擦力”。此时需要比较政府与市场的工具作用，哪类工具更适合降低摩擦力。

比如，在四川郫县集体经营性建设用地入市的案例中，村集体通过“一揽子”流转来消除区位对土地价格的影响，这种“一揽子”流转需要政府、市场和村集体的协作以形成集体行动。为了降低集体行动中社会的“摩擦力”，政府的介入、协调和保障，能够有效推动合作的产生。这体现了政府作为治理结构层次的政策工具的作用。

在宅基地制度改革的案例中，义乌从 1.0 模式向 4.0 模式的转变，同样面临集体行动的困境。随着宅基地退出和农村更新规模的扩大，没有政府力量的协调和统筹，是难以实现农民宅基地的用益物权和财产权，因为市场面临交易成本过高的制约。

在征地制度改革的案例中，在市场条件优越的地区，当政府稍微放权给农民，市场就能够显现其效能，让农民获得客观的基于市场定价的补偿。但是市场是逐利的，而且容易忽视土地作为特殊商品的六个特点，容易造成土地市场利用行为失序，包括留用地上的产业集聚跟风和同质化引发的低水平重复投入，影响了留用地开发利用的经济效率和权益公平；留用地指标入市交易后，集中到特定开发商手中，当大规模指标同时落地将影响到城市规划的布局，甚至是迫使政府修改城镇规划以满足大规模落地的诉求。这是对整个城市空间结构和功能布局的干扰。因此，为了消除这些市场失序现象，政府需要对留用地进行专项规划管控，或者将村集体的留用地指标以市场价格回购，来既满足市场机制和农民权利的诉求，又不至于任由市场失灵而产生用地失序。

这些就是本章重点关注的土地市场化进程中政府的决策，以及政府与市场在基础制度和治理供给两个层面上形成的辩证关系。

➢ 【本章总结】

本章以深化改革时期农村土地三项制度改革过程中的典型案例为例，详细讨论了集体土地市场化过程中的影响因素、效率与收益分配、政府与市场的作用等三类问题。集体经营性建设用地的三个案例比较，揭示了区位和制度是当前中国农村土地市场化的重要影响因素。浙江义乌宅基地改革从 1.0 到 4.0 的模式演化，揭示了不同治理结构对土地利用效率和土地发展权引致收益再分配的影响不同。留用地的三个案例则揭示了地方政府随着经济社会外部条件的变化而出现了差异化的政策工具偏好。这些内容都刻画了农村土地市场化过程中政府与市场在两个层面上的相互关系。

➢ 【本章复习题】

1. 集体建设用地入市的影响因素有哪些?
2. 在宅基地制度改革过程中政府的“退与推”体现了政府角色的何种变化?
3. 简述留用地政策在温州、杭州和和林格尔三地的演化,并解释为什么会出现演化?

耕地保护制度

本书前面在对土地产权、规划和市场等各类制度的介绍中常常提及一个话题却没有详细展开，即耕地保护。一方面这说明耕地保护在中国土地行政管理体制机制中重要且特殊的地位，另一方面也说明耕地保护制度的复杂性让其成为一项具有中国特色的土地制度类别。从本章开始，本书将用三章的篇幅来介绍耕地保护制度。本章详细介绍耕地保护制度的内容和进展，后面两章关注耕地保护实践中的热点问题。

一、经济增长与耕地保护

经济增长是改革开放以来国家的主要发展目标之一。经济快速增长在推动城镇化和工业化的过程中势必会占用城市周边的耕地资源，而耕地资源的减少却会产生一系列的负面效应，比如备受关注的国家粮食安全、广大失地农民的生计问题和耕地所处的生态系统保护问题等。于是，经济增长与耕地保护两件事情在这个意义上出现了矛盾。

（一）经济快速增长对耕地的威胁

新中国成立后很长一段时间里，耕地面积都是在增加的。这是因为国家推动了全国性的耕地开发、垦荒等，使得耕地面积由新中国成立时的 14.68 亿亩增长到改革开放初期的 19.99 亿亩，增幅达到 36.2%[①]。然而改革开放后，因为经济的快速增长，耕地面积开始逐渐减少。

如图 9-1 所示，如果用 GDP 的变化率来表征经济增长，用新增建设用地占用耕地变化率来表征耕地损失，可以看出改革开放的前 30 年中国经济增长与建设占用耕地损失是高度相关的。这也说明在这个阶段经济增长与耕地保护是一对密不可分的矛盾体（参见专栏 9-1）。

但是另一方面，耕地被占用为城镇建设用地后，其利用效率也面临低效的问题。最直接的证据就是全国开发区的土地低效利用问题，中央从 2003 年起就开始对全国的开发区进行清理整顿，截至 2006 年底完成对全国各类开发区的清理，开发区数量由 6866 个核减至 1568 个，规划面积由 3.86 万平方公里压缩至 9949 平方公里，减少 74%[②]。这实际上从

① 数据来源：中国国土勘测规划院，“耕地保护形势与供需研究”研究报告，2019 年 7 月。

② 数据来源：《国家发展和改革委员会、国土资源部、住建部关于全国各类开发区清理整顿工作总结报告》.2007。

另一面反映出经济增长过程中耕地因建设被占用的数量实际上还有被压缩的空间。

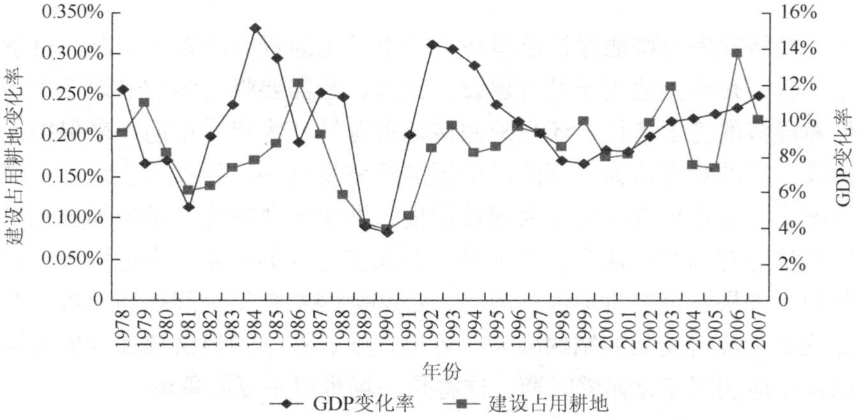

图 9-1　经济增长与建设占用耕地的关系

专栏 9-1　改革开放以来全国耕地面积变化趋势

具体来看[①]，改革开放初期（1978～1986 年），对耕地进行保护在国家治理的总体目标中地位相对较低，耕地保护要让步于经济建设，这一时期的耕地保护问题只是处于萌芽阶段。在这一时期全国耕地面积持续减少了约 900 万亩（年均 100 万亩）。在 1987 年至 1996 年这十年间，随着城镇化发展速度加快，耕地减少速度也开始加快，总量上减少了约 1670 万亩（年均 167 万亩）。21 世纪前后是中国工业化、城市化迅速发展时期，耕地减少压力剧增。在 1997～2003 年全国耕地的数量下降速度更加明显，总量上减少了约 11 024 万亩（年均 1575 万亩）。耕地减少速度过快引起了国家高度重视。2004 年以后，国家进一步对耕地实施了最为严格的保护制度，同时对土地开发整理复垦增加耕地也加大了投入，这使得耕地数量下降速度开始放缓。其中，2004 年至 2007 年，全国耕地减少约 2748 万亩（年均 687 万亩）。其后，在“第二次全国土地调查”新统计口径下，2009 年至 2017 共减少耕地约 777 万亩（年均 86.3 万亩）[②]。这说明，国家对耕地保护工作常抓不懈，尤其是十八大以来全国耕地减少趋势相较于前一时期进一步放缓，基本维持在 1.35 亿公顷左右。

同时，为了缓解经济增长造成的耕地占用，国家加大了对后备资源的开发利用。原国土资源部耕地后备资源调查评价显示，2003 年底中国集中连片、具有一定规模的耕地后备资源只有 11 015.9 万亩，其中可开垦土地 10 524.9 万亩，可复垦土地 490.8 万亩。如果不控制中国耕地的补充速度，后备耕地资源只能维持 10 年左右[③]。这是当前耕地保护在自然供给上无法逾越的约束。

可见，为了遏制经济发展对耕地的占用、避免对耕地占用后的低效利用，以及缓解耕地后备资源的刚性约束等，中国制定并实施严格的耕地保护制度具有其必要性。

---

① 本段所给出的数据均来自：中国国土勘测规划院，“耕地保护形势与供需研究”研究报告，2019 年 7 月。感谢该报告的研究团队愿意分享相关结论性数据。

② 之所以将 2004 年以后的这段时间以 2008 年再分为两个阶段是因为第二次全国土地调查数据公布后全国耕地总量在 2009 年以后因统计方法和口径等原因而增加非常明显。因此本书将其分为两个阶段单独计算，重点关注其变化量。

③ 温明炬，唐程杰. 2005. 中国耕地后备资源. 北京：中国大地出版社.

（二）经济发展与耕地保护矛盾的本质

实际上，经济发展与耕地保护矛盾在本质上是土地资源配置的问题。也就是将土地用于粮食生产，还是将土地用于经济建设。比如，是需要将更多的耕地资源转变为建设用地，来保障经济的稳定增长，还是限制耕地资源转变为建设用地，来保护人类社会最基本的生命线？有的观点认为，现阶段中国的经济发展必须要投入土地，在城市存量土地有限的情况下，将耕地资源转变为建设用地，即耕地非农化，是增加土地要素投入的唯一可行的办法。有的观点认为，中国是一个人多地少的国家，农地资源，尤其是耕地资源最为紧缺，如果不重视耕地保护问题，势必会因粮食安全问题而引致一系列国家治理难题，相反成为经济发展的制约因素。可以理解，在中国经济快速发展时期、城镇化加速期，以及土地利用变化频繁时期，这将是一场难以平复的争论。

从国家相关的政策也能够看出，一方面，无论是将保护耕地确定为基本国策，还是加强土地用途管制、实施耕地占补平衡等，都是为了保护耕地资源；另一方面，各地政府又不断建立各类工业园区、经济技术开发区等，并且赋予这些园区优惠的土地政策来吸引投资，说明地方政府也早已认识到土地要素投入是经济增长必不可少的推动模式。中央政府一方面要求发展经济，另一方面要求保护农地，这种双重角色决定了中央政府处于一个“两难”的境地：在保护耕地的大背景下，制定每年的供地计划是最头疼的事，每个省份都要发展，每个省份都想得到更多的用地指标，如何端平这碗水是中央政府最迫切需要解决的事情。

经济发展与耕地保护真的是两难吗？实际上，我们只要能够保障土地资源的配置效率，就能够缓解这个矛盾对我们的影响。配置效率指的是为了发展经济、保障粮食生产、保护生态等所需要的最优配置，达到了这个最优配置，将能够实现土地利用的各类目标效益最大化。而如何实现配置效率的最大化，本书前面所讨论的产权、规划和市场制度等都是具体的途径，这些制度都是为了实现土地利用效率，维护秩序和保障公平的。所以，耕地保护这个话题正好也再次让我们加深了对土地制度重要性的认识。下面让我们具体来看看耕地保护制度的发展过程。

（三）耕地保护制度的发展过程

很多人认为是美国记者莱斯特·布朗的 *Who Will Feed China：Wake Up Call for a Small Planet*（《谁来养活中国：为一个小星球敲警钟》）为中国未来可能面临粮食供给不足敲响了警钟，引起了中国政府对耕地损失的重视①。

实际上，中国耕地保护制度在改革开放初期就已现雏形。比如，1981 年国务院在《关于制止农村建房侵占耕地的紧急通知》中提到“搞好建房规划”，“尽量不占耕地”，1983 年又对征收耕地补充建设用地进行规范。1982 年农牧渔业部土地管理局成立（即 1986 年成立的国家土地管理局的前身），其当时的主要职能就是对耕地进行管理。这些都说明耕地保护在这期间就已引起国家的重视。

1986～1996 年，是耕地保护制度初步成形的阶段。1986 年《中共中央 国务院关于

---

① Brown L R. 1995.Who Will Feed China？Wake-up Call for a Small Planet. New York：W. W. Norton & Company.

加强土地管理、制止乱占耕地的通知》明确指出“十分珍惜和合理利用每寸土地，切实保护耕地”是我国必须长期坚持的一项基本国策。同年，国务院正式设置国家土地管理局，负责全国土地、城乡地政的统一管理工作。1991 年后由于“开发区热”反弹，国务院发布了《关于严格制止乱占、滥用耕地的紧急通知》和《关于严禁开发区和城镇建设占用耕地撂荒的通知》；1995 年国务院还召开全国耕地保护工作会议，就加强土地管理、落实基本农田保护机制进行了部署。这一时期，我国耕地保护相关制度陆续制定，虽然多属应急行为，但耕地保护已经得到国家的高度重视。

在 1997～2003 年，随着中国加入 WTO 带来的发展机遇，耕地保护面临更为严峻的压力。也就是在这个时期，耕地保护制度得以系统地建立。比如，1997 年《刑法》修订增设了“破坏耕地罪”、“非法批地罪”和“非法转让土地罪”；同年，《中共中央 国务院关于进一步加强土地管理切实保护耕地的通知》指出“保护耕地就是保护我们的生命线”；1998 年修订的《土地管理法》修改了征收耕地的补偿标准及审批权限、确立了耕地占补动态平衡和土地用途管制制度。1998 年国土资源部成立后，国家陆续颁布了包括《基本农田保护条例》等进一步落实耕地保护的文件。通过土地开发、整理与复垦等手段补充耕地的工作也得到重视。

2004 年可以视为耕地保护制度健全过程中的一个分水岭，该年被喻为最严格的耕地保护制度的元年。2004 年中央 1 号文件明确提出“各级政府要切实落实最严格的耕地保护制度”；国家为缓和新一轮“圈地热”带来的社会矛盾，对《土地管理法》在征收等条款上进行了修正；2004 年 10 月，国务院颁布的 28 号文件《关于深化改革严格土地管理的决定》，标志着中国开始实行最严格耕地保护制度，强调严格执行占用耕地补偿制度、提出完善征地补偿和安置制度以及建立完善耕地保护和土地管理的责任制度。此外，2005 年国务院办公厅发布了《省级政府耕地保护责任目标考核办法》；2006 年发布了《关于加强土地调控有关问题的通知》，进一步明确土地管理和耕地保护的责任。2007 年的国务院《政府工作报告》均提出要牢牢守住 18 亿亩耕地这条红线，保障中国的粮食安全。2007 年，为了缓解耕地保护压力，国务院颁布了《关于完善退耕还林政策的通知》。这些变化都体现出耕地保护制度与经济社会发展逐步协调，耕地保护政策体系不断得以完善。

十八大以来，生态文明建设被提升到国家总体布局的战略高度，从耕地保护相关政策文件分析可见，中央对耕地保护的总体要求从原来以粮食安全为目标（以耕地数量保护为主，强调耕地的生产功能）转变为生态文明框架下的耕地保护（以耕地质量保护为主，并强调耕地生态功能），形成集数量、质量和生态“三位一体”的综合保护体系。具体包括严守耕地红线、探索耕地轮作休耕制度、在国土空间规划中专门设定永久基本农田和城镇开发边界控制线等。

可以看出，为了缓解从“端稳国人饭碗”与经济建设的矛盾，到生态文明建设框架下对“三位一体”目标的追求，中国已经形成了一套相对完整的耕地保护制度体系。本章以下部分将重点介绍这个制度体系中的重要内容。

二、耕地占补平衡制度

耕地占补平衡制度是国家在面对人地矛盾尖锐、粮食需求压力增加、经济建设占用大量耕地的背景下制定的，将实现各省（自治区、直辖市）范围内的“建设占用耕地”与“补充耕地”在数量和质量上保持稳定作为目标。

耕地占补平衡制度于 1997 年被首次提出，从提出至今的 20 多年时间里，相继出台了一系列对策、办法和规定对原有制度进行扩充，从严格补充耕地数量、注重耕地质量建设，到规范占补流程、加强监管制度等多个角度进行了规定。它们都是耕地占补平衡政策的组成部分，最终目的是切实保障粮食安全，提高耕地资源利用效率，缓解人地矛盾，实现可持续发展。

（一）前期准备阶段

1986 年 3 月，中共中央、国务院发布的 7 号文件《关于加强土地管理、制止乱占耕地的通知》中明确提出了“十分珍惜和合理利用每寸土地，切实保护耕地”的基本国策。同年 6 月，《土地管理法》颁布，正式将土地管理纳入了法治化轨道，为耕地占补平衡制度的提出打下了基础。

（二）正式提出阶段

20 世纪 90 年代全国掀起了以“开发区热”“房地产热”等各种形式的“圈地炒地热”，大量耕地被占用，耕地保有量锐减。面对各类建设对耕地的刚性占用需求与严峻的耕地保护形势的“两难”局面，当时的管理制度显现了其局限性。主要表现在农用地转为建设用地缺乏严格的限制、对土地违法行为缺乏强有力的法律监督、对土地征收缺乏严格的法律框架等。在这样的背景下，耕地占补平衡制度应运而生。

1997 年，《中共中央 国务院关于进一步加强土地管理切实保护耕地的通知》（简称 11 号文）中首次提出“耕地占补平衡”，成为耕地占补平衡制度的起点。11 号文指出：“各省、自治区、直辖市必须严格按照耕地总量动态平衡的要求，做到本地耕地总量只能增加，不能减少，并努力提高耕地质量……非农业建设确需占用耕地的，必须开发、复垦不少于所占面积且符合质量标准的耕地。”

1998 年，为适应新形势下的土地管理要求，《土地管理法》进行了较多内容的修订。其中，第三十一条规定：“国家实行占用耕地补偿制度。非农业建设经批准占用耕地的，按照‘占多少，垦多少’的原则，由占用耕地的单位负责开垦与所占耕地的数量和质量相当的耕地；没有条件开垦或者开垦的耕地不符合要求的，应当按照省、自治区、直辖市的规定缴纳耕地开垦费，专款用于开垦新的耕地。”自此，耕地占补平衡制度正式确立。

（三）落实实施阶段

制度确立之后，即进入自上而下的推行阶段。1999 年 2 月，国土资源部向各级土地行政主管部门下发《关于切实做好耕地占补平衡工作的通知》（简称 39 号文），进一步明确耕地占补平衡政策落实的相关事项：“明确责任，落实耕地占补平衡的法定义务”，“制定措施，确保耕地占补平衡落到实处”，“严加管理，加强对耕地占补平衡的督查”，“实施监测，全面掌握耕地占补平衡真实情况。”39 号文要求要确保建设占用耕地的“占一补一”，规定城市和村庄、集镇建设占用耕地的，必须实行“先补后占”。明确提出了“耕地占补平衡”的概念，耕地占补平衡政策开始在全国各地落实实施。

1999 年 4 月，国务院批准实施《全国土地利用总体规划纲要（1997—2010 年）》（简称《纲要》），这是我国第二轮土地利用总体规划，该轮规划是以保护耕地和控制非农业建设用地为重点进行编制的。《纲要》编制的原则中提到："严格保护基本农田，控制非农业建设占用农用地；走节约用地和内涵挖潜的路子，提高土地利用率；统筹安排各类、各区域用地；保护和改善生态环境，保障土地的可持续利用；占用耕地与开发复垦耕地相平衡。"这是国家首次从土地利用总体规划层面提出耕地占补平衡的要求，从用地布局的源头入手，要求各地保障耕地占补平衡制度的实施。

2000 年 4 月，国土资源部发布《关于加大补充耕地工作力度确保实现耕地占补平衡的通知》（简称 120 号文）中强调："确保每年实现耕地占补平衡，关系到规划确定耕地保护目标的实现，是依法行政、严格执法和耕地保护有关措施落到实处的重要标志。"同时，120 号文首次提出了建立建设用地项目补充耕地与土地开发整理项目挂钩制度，要求建立国家级、省级、市级、县级不同层次的土地开发整理项目库，针对不同的建设项目采取不同的占补平衡方式，规定城市和村庄、集镇建设占用耕地的，必须实行"先补后占"。

（四）制度完善阶段

进入 21 世纪，我国所面临的经济增长与耕地保护双重压力愈发凸显，在这样的时代背景下，耕地占补平衡制度的有效实施显得尤为重要。为此，国家在这个阶段从明确操作流程、提升耕地质量和落实监管制度三个方面对制度进行了完善。

1. 明确操作流程

围绕耕地占补平衡实施和操作的政策相继出台，实现了对耕地占补平衡制度实施的精细化管理。2001 年 11 月，国土资源部发布《关于进一步加强和改进耕地占补平衡工作的通知》（简称 374 号文），在耕地占补平衡制度中确立了"两个平衡"的目标。一个平衡是指立足于本行政区域内实现耕地占补平衡，难以在本行政区域内做到耕地占补平衡的，可向上级国土资源管理部门申请，在省域内进行易地补充耕地。另一个平衡是指，建立建设用地项目补充耕地与土地开发整理复垦项目挂钩制度。即耕地占补平衡开始与土地整理复垦、储备库等实际操作结合起来，细化规则，更具实践指导意义。

2008 年耕地保护的压力空前严峻，党的十七届三中全会作出的《中共中央关于推进农村改革发展若干重大问题的决定》指出："继续推进土地整理复垦开发，耕地实行先补后占，不得跨省区市进行占补平衡。"即中央明确要求"先补后占"。随后，国土资源部 2009 年下发《关于全面实行耕地先补后占有关问题的通知》（以下简称 31 号文），详细落实中央的要求，全面实行"先补后占"。另外，31 号文还首次提出探索市场化运作方式，鼓励社会资金参与补充耕地。以 2009 年 31 号文为标志，耕地占补平衡制度进入"先补后占"的新阶段，对于耕地占补平衡的操作流程也得以全面细化，与此同时，创新运作方式确保政策得以更好地落实。

2. 提升耕地质量

耕地占补平衡的初始目标是实现耕地数量不减少。然而，随着经济的进一步发展，耕地数量锐减、质量下降的问题突出，确保数量的同时提升补充耕地质量势在必行。2001 年国土资源部的374号文件提出："各省（区、市）要结合农用地分等定级工作抓紧研究耕地占补平衡中耕地质量评价标准，从耕地的土壤理化性状以及配套设施条件等方面入手，尽快制订科学合理、简便易行的耕地质量标准，为评价补充耕地的质量提供可靠依据。"这是相关文件中首次强调切实保证补充耕地质量的要求，耕地占补平衡政策从单一的"数量平衡"目标，开始转变为"数量–质量平衡"的双重目标。

2004年，《国务院关于深化改革严格土地管理的决定》中进一步提出对补充耕地质量的要求："各类非农业建设经批准占用耕地的，建设单位必须补充数量、质量相当的耕地，补充耕地的数量、质量实行按等级折算，防止占多补少、占优补劣。"2009年，国土资源部、农业部联合发布《关于加强占补平衡补充耕地质量建设与管理的通知》，明确国土资源部与农业部在补充耕地验收中的分工合作，并对补充耕地按验收的时间顺序，对"验收前"、"验收时"和"验收后"三个阶段的工作都做了具体规定。

表土层剥离再利用是充分利用现有资源，迅速提高补充耕地质量的有效措施。2004年新修订的《土地管理法》中第三十二条规定："县级以上地方人民政府可以要求占用耕地的单位将所占用耕地耕作层的土壤用于新开垦耕地、劣质地或者其他耕地的土壤改良。"为了强化表层土剥离再利用的政策实施，2011年出台的《土地复垦条例》除了对复垦方案的内容、不同情况的复垦方式、复垦验收等作出明确规定外，还明确指出土地复垦义务人未按规定对拟损毁的耕地进行表土剥离，由县级以上人民政府责令改正，逾期不改的，处以每公顷1万元罚款。条例的出台实现了表土剥离由鼓励到强制的转变。

3. 落实监管制度

2001年国土资源部374号文件要求，自2002年起，部和省级国土资源管理部门将分别设立国务院和省级人民政府依法批准的农用地转用中耕地占补平衡的登记台账，加强补充耕地监督检查工作。台账制度是督促建设单位履行耕地占补平衡义务的必要手段。

耕地占补平衡考核制度是耕地占补监管体系的最后环节，是督促落实耕地占补平衡的有力手段。2005年10月，国务院办公厅印发《省级政府耕地保护责任目标考核办法》，将耕地保有量和基本农田保护面积纳入省长考核指标，实行"行政首长负责制"。该考核办法为耕地占补平衡考核制度的确立提供了基础和保障。2006年国土资源部颁发《耕地占补平衡考核办法》，明确了补充耕地的责任单位，将考核内容细化为资金落实、项目挂钩、项目管理、项目验收、补充耕地数量、质量、变更调查或登记、执行补充耕地方案等八项标准，在此基础上进行综合评价。后续在2008年国土资源部下发《关于加强建设用地动态监督管理的通知》，要求加快建立统一的监管平台；随后，2009年国土资源部的31号文中又进一步强调切实加强监管，确保耕地占补平衡落实的要求。2010年国土资源部发布的《关于切实加强耕地占补平衡监督管理的通知》中，提出了对补充耕地的全程监管。

可见，耕地占补平衡制度已基本形成了一套涵盖了监管方式、资金落实、补充耕地要求等在内的较为全面的监管制度体系。

三、耕地从数量、质量再到生态的保护

耕地保护制度从1981年提出至今已经四十年，过去解决了什么问题，现在正受什么

困扰以及未来将面临怎样的挑战，这些都是正确评价耕地保护制度的基础。耕地保护制度目标这四十年间经历了三大变化，从最初的数量到现在的数、质兼并以及未来的数量、质量、生态等全方面平衡。

（一）关注对耕地数量的保护

在耕地保护制度实施的前15年（1981～2004年），造成耕地减少的主要原因其实并不是建设用地的占用，反而是农业结构调整或者是退耕还林还草等生态退耕。正是这段时期耕地的大幅减少，使得政府尤为重视耕地数量减少问题，通过大力开发、复垦和整理的方式补充耕地。由于这个时期耕地后备资源相对充足，各省完成由建设用地导致的耕地占补数量平衡的目标基本可以实现。

然而这并不代表耕地占补平衡制度的政策目标已完全实现。各省区市虽然在这一段时期均实现了耕地占补在数量上的平衡并守住了18亿亩耕地的底线，然而粮食总量却在下降，其中一项重要原因就是补充的耕地多是土壤肥力不高甚至是不宜耕种的坡地。如何规范补充耕地、考核补充耕地的质量在此期间还未有明确的要求和标准。由于此时耕地占补平衡制度的目标明确要求“占多少，补多少”，有些地方政府仅抱着完成任务的心态去实施政策，这导致了优质耕地的流失，耕地质量水平下降。纵使完成耕地占补的数量平衡的目标，我国粮食安全的警报仍未解除，耕地的质量这个因素对耕地占补平衡制度的升级提出了要求。

（二）关注质量保护的跨越

随着2000～2003年粮食产量出现减少趋势，2004年《国务院关于深化改革严格土地管理的决定》规定“补充耕地的数量、质量实行按等级折算，防止占多补少、占优补劣”，紧接着2005年国务院、2006年国土资源部分别出台规定来保障各省对于耕地占补平衡制度的执行与考核办法。随后更为完善的等级折算标准与耕地占补平衡的考核办法也相继出台。伴随着耕地占补在数量平衡上的实现，国家提出了耕地占补平衡制度的新目标与标准要求——质量平衡。

制度的绩效很快得到了显现，2004～2010年我国粮食产量连续7年增产。为此，从2009年起，除国家重大建设项目外非农建设占用耕地全面实行“先补后占”“以补定占”，并把质量因素加入到耕地占补平衡的考核指标中，农用地数量、质量实行等级折算，以此来更有效地衡量耕地占补平衡政策执行情况。另外，中央还进一步明确了各个部门的分工与合作，提高了政策运行的效率。随着政策的完善，耕地占补平衡的重心从最初的关注数量平衡逐渐转移到了数量与质量并重，实现了一个质的飞越。

（三）对生态保护的新要求

耕地保护制度主要是为了保护耕地资源，这也导致出现了一些意外的负面效应。比如，为了实现占补平衡需要对边际土地（比如低丘缓坡土地、林地、湿地和草地等）进行开垦，但这会造成生态环境的恶化。因为这些边际土地虽然没有直接的经济价值，但却有非常显著的生态价值。

如图9-2所示，工业化和城镇化造成建成区扩张后，因为耕地占补平衡制度的存在，导致建设用地原本占用农田转嫁到占用边际土地上。也就是建成区面积增加所占据的耕地，由相同面积的边际土地面积的减少来补偿。实际中我们也能够观察到，随着快速城市化进程的推进，城市蔓延造成了自然林地、天然草地、湿地资源的快速缩减。比如，1949 年以来，我国第二大淡水湖的洞庭湖湿地在自然因素和人为因素的共同影响下发生了巨大变化，湖泊水面缩小了近 2/3，洲滩和围垦而成的耕地不断向湖心推进[①]。边际土地资源的流失，直接的影响就是物种的减少、城市和农村生态环境的破坏。边际土地的减少加大了对自然生态环境的破坏，还影响到生物的栖息环境。

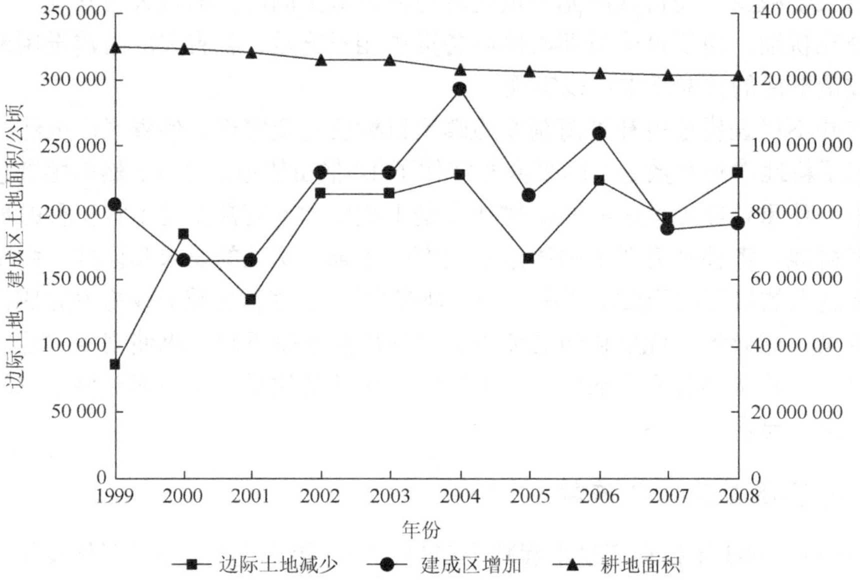

图 9-2 中国土地开发、占补平衡政策最终导致边际土地的减少

资料来源：根据《国土资源综合统计年报》(1999—2008) 换算

这也是为什么党的十八大上中央将“生态文明建设”提到了国家战略的高度之后，国家开始对耕地保护提出了一个更高的要求，即实现从数量与质量的并重到关注数量、质量和生态三位一体的保护，其目标是要实现建设用地、耕地和生态用地在空间上的协调共存与经济社会的可持续发展。

四、从土地开发整理复垦到全域土地综合整治

(一) 传统的土地开发、整理和复垦

传统增加耕地的方式有三种，即土地开发、土地整理和土地复垦。土地开发是指通过工程技术手段将未利用地转变为耕地。土地整理是指通过田、水、路、林、村重新布局，将低效、零散的农用地归并，增加耕地面积，或通过质量改良技术投入、基础设施配套等方式将低产量的农田改造为高产量农田等方式，实现农用地向数量更多、质量更高的耕地转变，提高土地利用率和产出率，改善生产条件和生态环境的过程。土地复垦是指采用工程、生物等措施将农村宅基地、闲置废弃的工矿用地等建设用地转变为耕地。

---

① 黄进良. 1999. 洞庭湖湿地的面积变化与演替. 地理研究，18 (3)：297-304.

由于土地开发整理和复垦成本不同，同时相应潜力也不同，因此需要坚持分类指导的原则，在不同地区根据土地开发、复垦和整理的具体特征，有针对性地选择适宜的方式，不断提高补充耕地的效率。在实践中，通过这三种方式补充耕地的特征如下。

一是通过三种方式补充耕地，基本上能够完成耕地占补平衡的目标。根据国土资源部发布的历年土地利用变更调查报告，1999～2008 年全国通过土地整理复垦开发补充耕地 4582 万亩，同期建设占用耕地 3446 万亩，灾毁耕地 800 万亩，合计为 4246 万亩。补充耕地面积比建设占用和灾毁耕地面积之和多出 336 万亩。从耕地占补平衡监测监管系统提供的 2010～2014 年耕地占补平衡相关数据来看，五年间累计建设占用耕地面积为 1592.41 万亩，同期补充耕地面积则为 1601.85 万亩，补充耕地比建设占用耕地多出了 9.44 万亩。这些都说明在全国范围内基本实现了“占一补一”的数量平衡目标。

二是土地开发相较整理和复垦，一直是补充耕地的主要方式。根据国土资源部 1997～2008 年全国土地利用变更调查报告数据分析，全国通过土地开发方式增加耕地的比例，基本稳定在 63.6%左右，最高为 1997 年的 71.76%，最低为 2005 年的 53.70%。自 2000 年起，将土地整理和土地复垦分别进行统计后，通过土地复垦方式增加耕地的比例基本稳定在 15.8%左右，而通过土地整理方式增加耕地的比例约为 20.9%，这说明土地开发是当时补充耕地资源的最主要方式。

三是未来土地整理将是耕地补充的主导方式。对比整理补充耕地潜力和开发补充耕地潜力，可以发现在全国开发补充耕地潜力已基本耗尽的东部沿海地区，土地整理补充耕地潜力还较为可观。在这些经济较为发达、建设用地扩张速度较快的地区，土地整理将成为补充耕地的最主要方式。而在湖北、湖南、河南、山西等中部省份，以及重庆、四川、贵州、云南等西南省市，土地整理补充耕地潜力也要明显高于开发补充耕地潜力，考虑到土地开发往往要比土地整理付出更高的生态代价，所以上述中西部地区即使仍有耕地后备资源，也需要选择土地整理作为耕地补充的方式。总之，在当前一段时期只有东北、西北地区在做好生态环境保护的前提条件下，可以继续通过土地开发方式来补充耕地；全国其他地区则需要将补充耕地方式集中到土地整理上来，才能明显改善耕地占补紧张的局面。

（二）土地整治

传统的土地开发、整理和复垦面临着越来越多的现实制约。耕地后备资源的消耗降低了土地开发的潜力；过高的工程成本增加了土地整理和复垦的难度；割裂的各类土地工程面临实施过程中不同目标、不同利益主体和管理机制等方面的相互掣肘，影响了施工的规模和效果等。这些都导致以前单纯的由上级政府拨款，由地方政府独立推进的三类耕地补充项目在现实中效率越来越低，地方政府的积极性也受挫。

为了有效提升开发、整理和复垦效率，同时适应现实中三类工程往往难以分开单独实施的要求，2012 年 3 月 27 日国土资源部发布实施《全国土地整治规划（2011—2015 年）》的通知，正式提出土地整治的概念，并对传统的开发、整理和复垦的概念进行了重新梳理和定义。这项举措被誉为是对土地开发整理的全面升级扩容。在内容上，因为原来的开发整理复垦的框架思路和目标任务已经不适应新时期相关工作，土地开发整理复垦已由分散的方式向集中连片的综合整治转变，逐步演变为全域性的工作。在内涵上，由增加耕地数量向增加耕地数量、提高耕地质量、改善生态环境并重转变；在目标上，已由单纯的补充耕地向建设性保护耕地与推进新农村建设和城乡统筹发展相结合转变；在手段上，已由以项目为载体向以项目、工程为载体结合城乡建设用地增减挂钩、工矿废弃地复垦利用等政策的综合运用转变。

因此，土地整治是在一定的区域内，按照土地利用总体规划确定的目标和用途，以土地开发、整理、复垦和城乡建设用地增减挂钩为平台，推动田、水、路、林、村综合整治，改善农村生产、生活条件和生态环境，促进农业规模经营、人口集中居住、产业聚集发展，推进城乡一体化进程的一项系统工程。

可以看出，土地整治概念的提出，是将传统的开发、整理、复垦和城乡建设用地增减挂钩等四类政策和相应的工程进行打包，以应对新时期对耕地保护、农村发展、节约用地、生态维护修复等多方面的综合性需求。

（三）全域土地综合整治

近年来，实践中还出现了一个新的词，即全域土地综合整治。全域土地综合整治是一个不断变化发展的过程，在新时代背景下全域土地综合整治的概念又有着全新的内涵。它是在现有农村土地综合整治的基础上，对农村生态等进行全域优化布局，对田、水、路、林、村等进行全要素综合整治，对高标准农田进行连片提质建设，对存量建设用地进行集中盘活，对美丽乡村和产业融合发展用地进行集约精准保障，对农村人居环境进行统一治理修复，目的是进一步发挥土地在农业农村发展中的基础性、引导性、控制性作用，促进土地利用方式和经济发展方式的转变。

实际上，在2012年《全国土地整治规划（2011—2015年）》中已经提出了“全域土地整治”的概念。彼时全域土地整治的概念是指，突出“全域规划、精细设计、综合整治”，坚持田、水、路、林、村综合整治，统筹区域土地整治，完善土地整治统筹推进机制，发挥土地整治的整体效益。具体是指，以耕地面积增加、耕地质量提高，建设用地总量减少、农村生产生活条件和生态环境明显改善为目标，统筹安排农用地整治、农村建设用地整治、城镇工矿用地整治、土地复垦和未利用地开发等各类活动。可见，2012年的《全国土地整治规划（2011—2015年）》对全域土地整治还是聚焦于土地本身，关注耕地的数量、质量和生态内涵，关注土地生态系统的整体性，以促进区域土地利用协调、优化城乡用地结构和布局。

而2018年以来为贯彻落实习近平生态文明思想和实施乡村振兴战略，在浙江、河南、湖北等地都提出并开展了新的“全域土地综合整治”的试点工作。比如，2018年7月浙江省自然资源厅编制了《浙江省实施全域土地综合整治助推乡村振兴战略行动计划工作方案》，获得自然资源部批复同意；同年8月，浙江省人民政府办公厅印发《关于实施全域土地综合整治与生态修复工程的意见》，明确了试点工程的总体要求、主要任务、政策措施、工作保障等。截至2019年年底，浙江省共实施410个乡村全域土地综合整治与生态修复工程，涉及1436个行政村，土地总面积990万亩，预算总投资802亿元。试点工程以产业为引导，涌现了一批典型模式，包括产业生态融合型、城郊低效建设用地整治型、现代农业引领型、乡村旅游带动型、特色村庄改造修复型、农田整治保护型等，与乡村振兴规划提出的农村发展类型相匹配，实现了以产业兴旺、生态宜居为基底，带动乡风文明、治理有效、生活富裕。

可见，2018 年以来的“全域土地综合整治”与 2012 年的“全域土地整治”或更早之前的土地整治、土地开发整理复垦等概念相比，其内涵又进一步扩大了，变成了以土地整治为手段撬动经济、社会、生态等三个方面的整体发展模式。这种整体发展模式主要包含三方面的特征：一是强调通过“全空间”规划，优化生产、生活、生态的土地利用空间格局。以规划引领整治实践，提高资源环境承载力，促进土地资源要素有序流动、优化布局，实现土地的集约节约利用。二是强调通过“全要素”整治，构建山水林田湖生命共同体，将生态作为全域整治的基础。以“山水林田湖路村”全要素作为整治对象，转变原先增加耕地面积、提升耕地产能的单一整治目标，实现对山水林田湖草的整体保护、系统修复、综合治理。三是通过“全产业”发展，通过实现全域整治“1+*N*”的综合效应，创新与促进农村新产业新业态与一二三产业融合发展。

五、新时代耕地保护战略

长期以来，耕地保护与粮食安全挂钩在一起。随着农业技术和国际粮食市场的发展，很多人都认为耕地保护没必要那么严格。同时，因为耕地保护政策在执行过程中也暴露了一些矛盾与问题，比如，耕地占优补劣、占近补远，毁林开荒、围湖造田、坡地开垦等引发环境问题等，关于耕地保护是放松还是转型等的争论也一直没有停止。

2017 年 1 月，《中共中央 国务院关于加强耕地保护和改进占补平衡的意见》提出要着力加强耕地数量、质量、生态“三位一体”保护，依法加强耕地占补平衡规范管理，提高粮食综合生产能力，保障国家粮食安全。该意见指明了新时期中国耕地保护政策的新战略和改革方向。

（一）新时代耕地保护的目标导向

1. 为了新时代下的国家粮食安全：从数量安全向品质安全转变

新时代下人民日益增长的美好生活需要和不平衡不充分的发展之间的矛盾，表明我国成功跨越了以解决温饱问题为主的时代，进而迈入了追求更高品质生活的新时代，其背后就包括人民对于粮食消费从“吃饱”向“吃好”的积极转变。对肉蛋奶油等饲料粮转化产品的需求在增加，而对绝对谷物的需求在下降，这就要求及时优化粮食供应的结构，满足人民对高能值粮食产品的需求。对过去重数量、轻生态的粮食安全定位提出了新的挑战，追求生态化的粮食生产刻不容缓。

为此，从新时代国家粮食安全角度看，耕地保护未来应当着重突出对粮食数量、质量、生态三位一体的多重管控，才有利于保障由粮食数量安全向粮食品质安全的积极转变，满足人民对更高生活品质的现实要求。

2. 为了新要求下的生态文明建设：从数量、质量保护向三位一体保护转变

一方面，耕地资源属于生态用地的范畴，是自然生态系统的重要构成部分。耕地除了具有显化的经济效益外，还具有隐性的生态效益，这主要体现在水源涵养、调节小气候、营造生物栖息环境等方面。更重要的是，耕地质量依赖于耕地良好的生态和环境条

件。过度的农地非农化、对耕地和水资源要素长期超强度的使用以及其他不合理的耕地利用方式（如施用大量的农药化肥）必然会破坏耕地生态系统，造成有机质等营养成分的减少、污染物含量的增加，耕地质量严重恶化。

另一方面，为了满足耕地占补平衡，各地出现了补充耕地“上山”“下滩”“填海”“围湖”等以破坏生态为代价的做法，忽视了开垦荒地对环境的影响，更有甚者在生态环境脆弱区和保护区开垦耕地。这种盲目的补充耕地行为，易造成土地荒漠化、水土流失、洪涝等不可估量的自然灾害，新增耕地本身遭受自然灾害威胁可能性也大幅度提高，部分耕地可能面临无法耕种的结果，不仅无法保证实际可耕作的耕地数量和质量，还严重破坏了生态系统和结构，不符合可持续发展的要求。

因此，从新时代要树立生态保护修复理念看，从系统性、整体性、关联性的视角看，耕地保护要重视保护好耕地生态系统自身的完整性，防止耕地保护对其他类型生态用地的挤占和破坏。

3. 为了新格局下的乡村振兴战略：从单一发展向多元功能转变

随着一二三产业深度融合，农业农村发展进入了新阶段，耕地保护也面临着新的压力和挑战。一方面，以乡村旅游、休闲农业、民宿等为典型模式的新产业、新业态不断在农村地区涌现，这些新业态发展首先面临的是用地问题，必然会挤占农村现有空间。另一方面，以田园综合体为代表的规模性观光农业实现了耕地的复合利用，但农业的生产功能将不再凸显，主粮生产规模也相应缩减，从而导致耕地保护存在“非农化”“非粮化”的潜在风险。

新常态下出现的新问题对耕地保护提出了新要求：从单一发展向多元功能转变。即不仅要落实好现行耕地保护任务，还要支撑农村新产业新业态的发展需要。二者的发展目标应是相辅相成的：耕地保护有利于实现产业兴旺和生态宜居，同样地，产业融合也可以成为耕地保护的新工具，为耕地资源可持续发展提供新动能。这就进一步要求在发展过程中能够“跳出耕地保护看耕地保护”，推动耕地保护战略与乡村振兴战略的相互协调。

4. 为了新形势下的国际贸易平衡：协调好国内与国际两个市场

中国是一个粮食贸易大国，2008 年至 2015 年，中国从世界粮食贸易市场进口的粮食从 3786.3 万吨增长到 9279.4 万吨，年均增长 13.66%。粮食贸易快速增长的同时，呈现出两个重要特征：一是粮食进口集中度高，大豆、玉米、高粱等粮食作物超过 90%来源于美国、巴西、阿根廷、乌克兰、澳大利亚等国家，贸易不均衡威胁到了我国在粮食国际贸易中的话语权；二是近年来国际市场粮价持续下行的同时，国产粮食由于生产成本高和政策性收储托市等价格居高不下，国内外粮价倒挂导致国际粮食倒灌，不但进一步扩大了我国的粮食贸易逆差，而且导致粮食、食糖、肉类等产品走私严重。国际市场不平衡不但损害了我国农民的基本利益，过度依赖单一市场也不利于国家粮食安全、社会安全和政治安全。

因此，新形势下的耕地保护首先要坚持国内市场的供给稳定。中国是粮食生产和消费大国，稳定的口粮自给结构有利于国际贸易的市场均衡。2013 年中央经济工作会议明确提出谷物基本自给、口粮绝对安全。这意味着谷物自给率要保持在 95%以上，水稻、小麦两大口粮要保持 100%自给。中国粮食贸易对于国际粮食价格与市场稳定具有重大影响，随着经济发展水平的提升与国民粮食消费品类的结构变化，为了实现国际贸易平衡，我国必须在粮食生产结构上进行适当调整。这既是保障国家粮食安全的现实需要，同时也是保持国际粮食市场稳定运行的大国责任。

在国际关系的新形势下，我国应在准确分析国家粮食生产与需求的现实情况下，积极应对农产品进出口贸易的新变化。重视稳定国内粮食自给率，正确处理好经济发展与耕地保护之间的关系，优化产业与资源结构，提高生产技术水平，增加抗击风险的能力；同时与“一带一路”沿线国家进行深入合作，加强粮食贸易的多元化，增强对外贸易话语权，实现国内国际两个市场的平衡稳定。

（二）新时代耕地保护的两大战略任务与两类战略措施

1. 两大战略任务：管控好存量耕地与建设好新增耕地

我国耕地保护的历史脉络，始终是围绕着管控好存量耕地和建设好新增耕地这两条主线而展开的。新时代的耕地保护是对以往耕地保护任务的继承与延伸，这决定了管控好存量耕地和建设好新增耕地依旧是当前以及未来较长时间内的两大主要任务，但其内涵相应有所拓展。

1）管控好存量耕地：实现耕地总量、粮食产量、生态质量多重管控

管控好存量耕地就是要守护好处于存量状态的耕地资源，既要确保耕地数量不减少，耕地质量不降低，还要积极保护生态环境不恶化，使其在保障粮食安全和保护生态环境的“双保”目标中发挥决定性的支撑作用。

细化来看，管控好存量耕地至少包含三个方面的内涵：一是管控住耕地资源的总量，确保耕地红线不突破的战略立意。采取行政、技术、规划以及财政等各种手段，对正在利用或处于轮作休耕状态的耕地资源进行优先保护，并严格落实划定的永久基本农田保护区等；二是管控住耕地的质量与产量，确立藏粮于地的战略定位。在保住耕地总量的同时，推进绿色化农田耕作，减少化肥投入，实施耕地休养生息战略，维护好耕地资源的质量和产能，实现现有耕地的数量与质量双重保护；三是管控住耕地生态环境质量，落实耕地“数量、质量、生态”三位一体保护的战略理念。进一步开展景观规划，通过田、水、路、林、村的综合整治，营造现有耕地资源保护的生态空间，提升生态环境质量。

2）建设好新增耕地：实现耕地数量、产量、生态品质全方位建设

建设好新增耕地是指随耕地变化而开发建设一批具有潜在利用价值的后备耕地资源，并不断加大土地整治投入以提升耕地质量水平，从而直接和间接增加潜在耕地数量，以此弥补现有耕地的流失。

细化来看，建设好新增耕地同样有三层含义：一是借助土地开发、复垦、整理等建设手段，有理、有度开拓新增耕地补充来源，继续提高耕地保护的新增数量；二是通过整治建设、综合开发、地力保育等技术，有序、有效实现耕地提产增质，持续提高耕地保护的新增产量；三是依托空间规划、生态改造等措施，有力、有为挖掘耕地资源及其所处农田生态系统的生态空间，不断提高耕地保护的生态品质。

2. 两类战略措施：加强政府约束与增强市场激励

围绕耕地保护的上述两大战略任务，从最早就一以贯之的行政法规，到近来不断发挥作用的市场配置，我国逐步形成了以政府强制性约束规则和市场激励性约束规则相并

行的两种手段。这两种手段开始逐渐向制度化、常态化、协作化发展，这意味着，在加强政府管控的同时，进一步增强市场激励将是应对新时代耕地保护任务的主要措施。

1）加强政府约束：以政府强制机制，巩固战略性的耕地保护

耕地保护关系到我国粮食安全战略及长远发展稳定，这决定了无论是在过去、现在还是将来，都必须紧紧围绕国家意志和国家发展战略来开展耕地保护，这必然要求加强政府约束在耕地保护中的介入。

为守住耕地红线，保障国家粮食安全，达到新时代耕地保护的要求，可以行使政府公权力来落实耕地保护的目标，即在不过分干预和侵害耕地保护相关利益主体的前提下，充分发挥土地规划、用途管制和监管执法等政府约束性规则在耕地保护中的关键性作用，加强政府公权力在耕地保护中的管控性作用，以此规范、约束和引导各方利益主体对耕地的开发、利用和保护行为，并将其作为一项面向新时代耕地保护战略的基础性制度加以落实。

2）增强市场激励：以市场激励机制，引导自发性的耕地保护

加强耕地保护过程中的政府管控，能够“自上而下”确立相对统一的全国性耕地保护战略目标，但其也会面临信息不对称、执法监督成本高、难以激发主体活力等有碍于耕地保护效率提升的问题，这就需要进一步发挥市场配置在耕地保护中的激励作用。

为弥补政府管控所带来的诸多弊端，除了要激发耕地保护主体，尤其是农民、村集体与地方政府的积极性，还需要发挥耕地保护补贴机制、永久基本农田有偿保护以及耕地保护指标交易等市场化手段在耕地保护中的激励作用，“自下而上”引导各方利益主体积极主动开展耕地保护行动，从而围绕耕地保护这一目标达成相对一致的集体行动，进一步确保耕地保护目标的稳妥落地。

六、中国耕地保护制度和政策梳理

结合上述对耕地保护任务与措施的划分，不难发现，无论是管控存量好耕地，还是建设好新增耕地，两者是相互嵌套且存在一定内在关系的。既可以采取强制性的政策工具，也可以发挥激励性政策工具的作用。从这个角度出发，可以将我国以往耕地保护的制度体系划分为强制管控类、激励管控类、强制建设类与激励建设类四种，这也构成了新时代耕地保护的可选政策工具箱（见表 9-1）。

表 9-1 耕地保护政策工具箱

政策分类	Ⅰ、强制管控类	Ⅱ、强制建设类
主要内容	1. 规划类 （1）空间规划分区：永久基本农田划定、粮食生产功能区和重要农产品生产保护区 （2）指标类：耕地保有量、基本农田保有量 2. 土地用途管制 3. 耕地占补平衡 （1）数量：占一补一、先补后占 （2）质量：占优补优、占水田补水田 4. 城乡建设用地增减挂钩 5. 用地审批：农转用审批 6. 监管与督查：信息化建设、土地专项督察 7. 领导责任和共同责任机制	1. “土地整治+” 2. 高标准基本农田建设 3. 耕地资源休养生息 4. 耕作层表土剥离 5. 建立耕地数量、水田、产能储备库

续表

政策分类	Ⅲ、激励管控类	Ⅳ、激励建设类
主要内容	1. 指标跨区域调剂 （1）占补平衡指标调剂 （2）城乡建设用地增减挂钩指标调剂 （3）补充耕地指标跨省域有偿调剂 （4）高标准农田建设等新增耕地指标调剂 2. 拓宽渠道算大账 （1）多来源途径补充耕地 （2）多资金渠道补充耕地 （3）推行“补改结合”和“旱改水” 3. 土地生态补偿机制 4. 惠农补贴 5. 耕地保护的区域性补偿	1. 新增耕地补偿 2. 新增耕地指标交易 3. “政府主导、农民主体、社会参与”的土地整治机制 4. “以奖代补、先建后补”的土地整治方式 5. 依托土地整治技术创新驱动的耕地保护机制 6. 建立健全国际市场粮食贸易机制

（一）强制管控类：以政府为主导，管控好现有耕地

在这个大类里，主要可以分为规划类、土地用途管制、耕地占补平衡、城乡建设用地增减挂钩、用地审批、监管与督查、领导责任和共同责任机制等七类具体的强制管控政策。

在规划类中，分为空间规划分区和指标两类。空间规划分区主要是指在空间规划编制中将永久基本农田划定，也包括粮食生产功能区和重要农产品生产保护区等。这些是对耕地空间位置的准确保护。指标是指规划中有一些指标控制，有利于耕地保护，比如耕地保有量指标、基本农田保有量指标等。在土地用途管制中，主要是严格限制农用地转为建设用地，落实耕地占补平衡的目标。在耕地占补平衡制度中，主要可以细分为“占一补一”“先补后占”“占优补优”“占水田补水田”等细化的规则。在城乡建设用地增减挂钩制度中主要是指通过土地整治腾退农村建设用地，从而保证耕地面积不减少的同时实现城市建设发展。在用地审批制度中，主要涉及的是农转用审批。在监管与督察制度中，主要涉及信息化建设、土地专项督察等。领导责任主要是将耕地保护纳入领导干部离任审计。共同责任机制主要是指政府为责任主体、部门联动监管、社会广泛参与的耕地保护共同责任机制。

（二）强制建设类：依托政府强制力，建设好新增耕地

在这个大类中主要是包括“土地整治+”、高标准基本农田建设、耕地资源休养生息、耕作层表土剥离，以及建立耕地数量、水田、产能储备库等。

土地整治在本章第四部分刚介绍过，这里不再重复。而“土地整治+”模式是指各地在探索土地整治过程中形成的多元化实施、多元化投资以及多要素融合等不同实施模式，并有力支撑了农业转型发展、新农村建设和生态环境修复治理，彰显出土地整治“1+*N*”的综合效益。

高标准基本农田建设举措是由国土资源部在 2012 年提出要加快建设 500 个高标准基本农田示范县活动中提出的，是建设好新增耕地、实现耕地提质增产的重要政策工具

之一。高标准基本农田建设是指对永久基本农田保护区、基本农田整备区进行农村土地整治建设，以此形成土地平整、集中连片、设施完善、农电配套、土壤肥沃、生态良好、抗灾能力强，与现代农业生产和经营方式相适应的旱涝保收、高产稳产，划定为永久基本农田的耕地。

耕地资源休养生息主要是指通过耕地养护、退耕还林还草、休耕、轮作、污染防控治理等手段，实现“藏粮于地、藏粮于技”，稳步实现从片面追求产出向“用养结合、永续利用”转变，夯实国家粮食安全基础。

耕作层表土剥离主要是指将建设占用地或露天开采用地（包括临时性或永久性用地）所涉及的适合耕种的表层土壤进行剥离，并用于原地或异地土地复垦、土壤改良、造地及其他用途。其中的剥离、存放、搬运、耕层构造与检测等已经形成了一系列标准化的技术体系。开展耕作层表土剥离，有助于保护优质土壤资源，提高优质土地供给，也就是尽可能减少了因建设占用而导致的耕地生产能力降低。

土地耕地数量、水田、产能储备库是指国家要求县（市、区）为单位建立新增耕地数量、新增水田、新增粮食产能等3类指标储备库，从而落实耕地占一补一、占优补优、占水田补水田的要求。

（三）激励管控类：以市场为主体，管控好现有耕地

在这个大类中，主要包括指标跨区域调剂、拓宽渠道算大账、土地生态保护补偿机制、惠农补贴、耕地保护的区域性补偿等。

指标跨区域调剂主要包括占补平衡指标调剂、城乡建设用地增减挂钩指标调剂、补充耕地指标跨省域有偿调剂、高标准农田建设等新增耕地指标调剂等。拓宽渠道算大账就是指多渠道、多途径、多元化补充和改良耕地，主要包括多来源途径补充耕地、多资金渠道补充耕地、推行“补改结合”和“旱改水”等。土地生态补偿机制是在土地开发利用与耕地保护中，以生态文明建设为导向的综合性财政转移支付体系。惠农补贴主要是指对农民集体的补偿，主要包含“免”与“补”两项政策。“免”是指减免农业税[①]，“补”是指对农民的直接补贴，包括粮食直补、良种补贴、农机补贴等。耕地保护的区域性补偿制度主要是指耕地开垦费、耕地保护基金制度等。

（四）激励建设类：发挥市场激励机制，建设好新增耕地

在这个大类中主要包括新增耕地补偿、新增耕地指标交易、“政府主导、农民主体、社会参与”的土地整治机制、“以奖代补、先建后补”的土地整治方式、依托土地整治技术创新驱动的耕地保护机制、建立健全国际市场粮食贸易机制等。

新增耕地补偿，主要是指对通过土地开发、土地复垦和土地整理等所形成的新增耕地，依据其数量规模、质量等级、利用条件等综合因素，采取财政补贴、基金支持等经济手段给予适当补助，以此激励地方政府、农民或第三方机构积极参与开发新增耕地，提升补充新增耕地的积极性。

新增耕地指标交易，主要是指在确保完成自身辖区耕地保有量任务的前提下，允许

---

① 2006年取消了农业税。

对经土地开发、土地复垦和土地整理所形成的新增耕地指标进行（跨区域）交易流转，从而通过市场化交易的方式，显化补充新增耕地的价值，并激励地方政府、村集体组织或个人积极参与补充新增耕地的项目开发。

“政府主导、农民主体、社会参与”的土地整治机制，主要是指在“土地整治+”的实施过程中，放弃由政府完全主导的模式，而允许社会主体或农民个体参与。同时，在土地整治建设中引入了市场竞争机制，发挥市场的基础性配置作用。

“以奖代补、先建后补”的土地整治方式，即鼓励农民或市场主体自愿实施土地互换、土地调整、土地整治等开发建设活动，使小块分散的耕地合并为大块集中连片的耕地，从而提高耕作规模性，提升耕地整体质量水平，并改善农业经营条件；地方政府则对权属调整、地块整治后的耕地进行统一验收，并根据实际情况按规定标准给予财政补偿或奖励。

依托土地整治技术创新驱动的耕地保护机制是指通过土地整治技术创新来不断提高现有耕地质量、增加潜在耕地数量、提升耕地生态环境。同时，通过推动市场主体参与技术创新，以及促进技术成果转化和推广应用，不断激励土地整治技术的持续性创新研究。

建立健全国际市场粮食贸易机制，是指充分利用国际粮食贸易的渠道，既可以实现粮食品种调控的功能，满足人民日益增长的粮食质量与品种的需求；也可以在粮食自给的前提下一定程度上满足国内的粮食需求，充分利用国内和国外“两个市场”，有利于优化产业与资源结构，缓解耕地保护压力，实现国家的粮食安全。

至此，本章将耕地保护制度的内容和相应演变的过程做了系统的介绍。作为全球粮食消费大国，粮食安全始终是影响国家经济发展和社会稳定的重大问题。从现实发展来看，我国新时代耕地保护依然是国家粮食安全战略和民族伟大复兴的重要基石，是统筹推进“五位一体”总体布局和协调推进“四个全面”战略布局的重要支撑，是落实乡村振兴及新型城镇化建设等的重要支点，也是践行“绿水青山就是金山银山”理念、构筑生态文明体制的重要内容。随着我国社会经济发展迈入新常态，新时代的耕地保护也面临着新挑战与新形势，这就要求国家在客观把握耕地保护现状的基础上，以更高的战略定位与更宽的战略视野来谋划耕地保护，以更全面、更系统、更具针对性的政策保护体系来保障耕地保护战略的落实。希望本章的内容不仅能够帮助读者对中国耕地保护制度有全面的了解，更希望能让读者积极响应贯彻耕地保护和节约粮食的号召，做一个有现代社会责任感的中国公民。

➢ 【本章总结】

耕地保护是土地行政管理的“起源”。中国设立国家土地管理局的一大核心职能就是耕地保护，并一直延续至今。在耕地保护演化的过程中，中国出台了耕地占补平衡制度、塑造了从数量到质量再到生态的耕地的“三位一体”的保护。为了增加耕地，从早期的土地开发整理复垦演化成现阶段的全域土地综合整治。这些都体现了耕地保护制度与时俱进的过程。新时代随着耕地保护目标的更新，耕地保护战略和政策工具体系也进一步完善。

➢【本章复习题】

1. 耕地占补平衡制度在实践中遇到的问题是什么？

2. 新时代耕地保护的目标有哪些？

3. 在耕地保护中政府与市场如何形成合力，请从效率、分配和损耗的视角分别进行阐述？

耕地保护的央地治理机制

耕地保护在粮食安全、社会稳定和生态价值等方面的功能，使之具有显著的公共物品特征。在当前的中央与地方之间的激励与约束机制下，地方政府更多是被动地开展耕地保护，有时会有卸责、搭便车的倾向。这是因为改革开放以来，中央通过经济放权分权给地方，然后用经济增长绩效等主要指标来考核地方，并将考核结果与职级晋升挂钩，这是长期以来央地关系重要的激励机制之一。然而，耕地保护并不包含于上述与晋升挂钩的考核指标中。因此，虽然经济增长、耕地保护等都是中央的要求，但地方通常会选择重视经济增长等更符合激励机制的发展目标。耕地保护是负面行为清单，只要不“越线”被惩处，实际保护效果如何并不重要。因此，如何激励地方政府主动开展耕地保护，需要创新耕地保护中的央地治理机制。本章观察了耕地保护项目制这种央地治理机制创新，讨论了如何破解地方政府耕地保护激励不足的问题。

一、为什么需要保护“18 亿亩”

为什么要保护耕地，应该不会有太多的质疑。无论是从耕地能够起到对国家粮食安全的保障、对农民生计稳定的作用，还是从耕地作为自然资源具有生态系统服务价值等来看，耕地具有显著的经济价值和非经济价值。然而，实践中的一些主体往往只重视耕地或占用耕地的经济收益而忽视所造成的非经济上的代价，因此需要通过国家对耕地进行强制保护，以避免耕地的过度减少。可是问题是，为什么国家强调要保护“18 亿亩”这个数字？

（一）“18 亿亩”的由来

首先来看看这个 18 亿亩的出处。追溯官方正式的文件，最早提到 18 亿亩耕地保有量是在 1993 年 2 月 15 日《国务院办公厅关于印发〈全国土地利用总体规划纲要（草案）〉的通知中》。这个通知一方面公布了 1985 年全国的耕地保有量为 18.78 亿亩，1990 年的耕地保有量为 18.58 亿亩，另一方面对 2000 年规划目标期全国的耕地保有量维持在至少 18.38 亿亩做出了要求。当然，这个文件中并没有提出“18 亿亩红线”这个说法。

2006 年 3 月 14 日第十届全国人民代表大会第四次会议批准的《中华人民共和国国民经济和社会发展第十一个五年规划纲要》中提出“十一五”时期耕地保有量保持 1.2 亿公

项，这实际上是国家首次明确“18 亿亩”作为一个约束性指标。2007 年的《政府工作报告》提出了“一定要守住全国耕地不少于 18 亿亩这条红线”的说法。在 2008 年 10 月 23 日印发的《全国土地利用总体规划纲要（2006—2020 年）》中提出，我国耕地保有量到 2010 年和 2020 年分别保持在 18.18 亿亩和 18.05 亿亩。且在 2008 年十七届三中全会《中共中央关于推进农村改革发展若干重大问题的决定》中进一步明确指出：“坚持最严格的耕地保护制度，层层落实责任，坚决守住十八亿亩耕地红线。”可以看出，“18 亿亩红线”作为国家政策直接提出，是从 2006 年开始的。

中间有一个变化的插曲是在 2013 年 12 月 30 日正式公布的《关于第二次全国土地调查主要数据成果的公报》中，2009 年 12 月 31 日我国的耕地保有量为 20.31 亿亩，这大大超过了“18 亿亩红线”的水平。当然，第二次全国土地调查中耕地保有量的数字出现大幅度变化主要是第一次全国土地调查、第二次全国土地调查以及年度变更调查中的统计口径和技术上的差别以及农业税费取消前后造成农民和基层对耕地面积“瞒报”“误报”等原因造成的。因此，在十八大的报告中，只强调了“严守耕地保护红线”，不再提“18 亿亩”。但是，2015 年中央全面深化改革领导小组会议后中央又再次强调“严守 18 亿亩耕地红线”。在 2017 年《中共中央 国务院关于加强耕地保护和改进占补平衡的意见》中又进一步明确“到 2020 年，全国耕地保有量不少于 18.65 亿亩，永久基本农田保护面积不少于 15.46 亿亩，确保建成 8 亿亩、力争建成 10 亿亩高标准农田”，这说明无论耕地基数如何，“18 亿亩”再次成为中国耕地保有量的红线目标。

（二）18 亿亩是个科学的数字吗？

文献中对 18 亿亩这个数字有过争议。有部分学者认为如果从粮食供给的角度看，中国根本不需要保护 18 亿亩的耕地数量，他们认为在国际粮食市场贸易和农业生产技术更新的背景下，中国不需要这么多的耕地也可以保障足够的粮食供给①。这种观点是反对 18 亿亩的主流观点。当然，更多的学者对此进行了反驳，认为耕地保护的目的不仅仅是粮食供给，超出粮食安全的其他目标都使得 18 亿亩不仅不多，相反还远远不够②。

在专栏 10-1 中介绍了本书作者参与的研究团队的一项成果，专门针对当前阶段、2035 年、2050 年等不同阶段的耕地保有量做了预测，主要是在考虑了人口变化、食物消费结构变化、生态环境变化、国际市场扰动等不同情景下，中国为了保障粮食安全、生态安全等目标所需要保有的耕地数量。研究发现，中国耕地保护红线设定为 18 亿亩具有科学支撑。

专栏 10-1 新时代耕地保护“守多少”、“守在哪”和“如何守”？

中国国土勘测规划院、南京大学和浙江大学在 2018 年和 2019 年连续两年共同组建了研究团队，对新时代耕地保护“守多少”、“守在哪”和“如何守”进行了课题攻关研

---

① 据中国新闻网报道，北京天则经济研究所曾发布“粮食安全与耕地保护”研究报告，认为中国不需要粮食自给自足，可以通过国际粮食市场来保障粮食供应。基于此，该报告认为不需要确保 18 亿亩耕地，且认为耕地红线会阻碍工业化与城市化进程。详见：https://www.chinanews.com/cj/gncj/news/2008/12-25/1501784.shtml.

② 封志明. 2007. 中国未来人口发展的粮食安全与耕地保障. 人口研究，（2）：15-29.

究。研究成果中对耕地保护在不同情景下的“守多少”的计算，可以为“18 亿亩”提供科学的参考依据。

课题组综合考虑了中国的人口变化、对粮食和食物需求结构的变化、耕地产能潜力的变化、后备资源和水土资源匹配的变化、经济发展对耕地占用的影响、农业结构调整对耕地的影响、地灾毁坏的影响、生态文明建设引致的生态退耕的需求、国际市场的影响等不同条件，设定了三类情景来计算中国需要保护的耕地数量。一是耕地保护的“底线”要求，即充分满足生态退耕等生态文明建设需求，满足食物粮食需求（自给率为 90%）所需要的耕地面积；二是耕地保护的“顶线”要求，即最大限度地实现全口径粮食的自给（自给率为 100%），以应对新全球化危机以及全球变化影响的不确定性所需要的耕地面积；三是介于“底线”和“顶线”之间的一种“中间线”，即为满足食物粮食需求（自给率为 100%）所需要耕地面积的上限，并同时考虑适度保护生态。

在这三类情景下，课题组的研究结果显示，对于耕地保护“底线”，2035 年中国需要保护耕地的数量区间为[14.12, 15.78]亿亩，2050 年，耕地的必保量介于[13.35, 14.87]亿亩。综合粮食安全、生态文明两个目标，并增强应对新全球化、全球变化等影响能力的评判，2035 年耕地资源保护的“底线”为 15.73 亿亩，2050 年为 14.76 亿亩。

对于耕地保护“顶线”，2035 年我国耕地的最低需求量为[20.08, 21.12]亿亩，2050 年为[19.85, 22.09]亿亩。综合考虑到我国耕地资源可开垦的潜力，2035 年中国耕地资源保护的“顶线”为 20 亿亩，但其中 1 亿～2 亿亩可以作为储备耕地，保有其耕作功能，实现藏粮于地的战略布局。2050 年中国耕地保护的“顶线”为 21 亿亩。

对于耕地保护“中间线”，2035 年我国耕地需要保护面积为[16.64, 18.54]亿亩，2050 年为[16.37, 20.28]亿亩。综合评价，2035 年耕地保护“中间线”为 18.36 亿亩，2050 年为 18.15 亿亩。

课题组最终建议按照“中间线”来设定 2035 年之前中国耕地保护红线，即建议将中国耕地红线由 18 亿亩提高到 18.36 亿亩，而 2017 年全国实际耕地保有量为 20.23 亿亩。这个红线的划定，实际上为经济建设、生态退耕等留足了空间。因此“18 亿亩”红线具有科学依据的支撑。

（三）18 亿亩更是一种央地治理的逻辑

实际上，从中央和地方关系看，18 亿亩这个数字的本身不重要，更重要的是当前的央地治理机制需要一个数字。中国主要行政管理领域，包括土地行政管理，仍然采取的是一种从上向下的计划设定和审批制度。在 1993 年印发的《全国土地利用总体规划纲要（草案）》中，需要一个数字来为各项规划计划指标以及审批制度提供一个基数。18 亿亩是根据当时（即 1990 年）耕地 18.58 亿亩的实际数字得出的。既然当时的行政目标是保护耕地同时保障经济增长所需的土地要素投入，那么 18 亿这个整数是最合适的提法。有了这个总量，后续的年度新增建设用地指标及其分配和审批等制度设计，才有合法合理的基础。

也就是，中国的土地利用总体规划和年度计划中需要一个总量作为编制和实施的基础。这个总量是必需的，否则制度无法建立；但这个总量的准确性和科学性实际上对制度的有效性没有明显影响。因为在后续关于耕地保护和用途管制制度设计上，管控的对象都是耕地变化量。只要每年的耕地新增或减少的面积、其他用途土地新增或减少的面积能够准确监测，也就是“变化量”能够准确监测，那么整个制度就可以有效地运转。18 亿亩的基数是否准确、是否科学，实际上都对制度绩效没有影响。

另外，耕地保护还是一种中央控制地方的手段，即可以作为前面第三章中所讨论的中央在经济分权后控制和约束地方的一种手段。耕地保护因对粮食安全和生态安全的作用，可以视为一种公共物品。以公共物品供给为理由，中央向地方政府、向社会公众提出管制的要求，因其合法性和合理性而容易得到被管制者的认同。这是制度设计上的技巧，是一种节省制度成本的选择。

二、为什么耕地保护属于公共物品供给

耕地保护本质上属于公共物品供给，在现实中面临集体行动的困境。这主要是三个方面的体制机制造成的。

一是央地关系下的地方政府激励机制，导致地方在耕地保护上的倾向。目前地方政府主要有两项激励机制，一是地方财政收益最大化激励；二是主要官员的晋升激励。前者导致地方会尽可能规避耕地保护从而增加城市周边建设用地占用耕地的可能，以获得更多的地方经济收益；后者会导致地方政府的短期行为居多，对耕地保护更关注其数量而忽视质量与生态。

二是政府内部职能部门的条块分割，造成耕地保护所需要的部门协作出现低效或失效。比如，在全域土地综合整治、城乡建设用地增减挂钩等政策执行过程中，需要跨部门的协作，但目前政府内部能够适应整体性协作的治理结构还没有形成。这种状态的结果就是耕地保护仍然只是自然资源部门的责任，其他职能部门与耕地保护责任并不直接相关。

三是政府在耕地保护的治理过程中仍然以集权型的审批制度和由上向下的指标分配制度等为主。集权的方式容易导致耕地保护在诸如永久基本农田划定、耕地保有量和占补平衡、新增建设用地等指标分配，以及农转用审批等过程中的行政效率降低。另外，由上向下的指标分配还会进一步引致地方政府在申请时“宽打窄用”等行为，引致不同地区地方政府间的不合作越演越烈。

在上述三方面的体制机制下，耕地保护在政策的执行过程中出现了集体行动的困境。耕地保护政策从上向下逐级执行时，地方政府表面上都能够积极响应，但实际上往往出现四类“公地悲剧”的现象。

第一类“公地悲剧”现象出现在农用地转用（为建设用地）的年度计划指标的申请过程。每一年自然资源部会根据经济社会的发展需要和地方的实际申请，在全国范围内分配相应的年度计划指标，只有获得了用地指标，地方政府才能够新增相应数量的建设用地用于二、三产业。这时，各地方政府都会以建设用地供需矛盾紧张而向自然资源部申请分配更多的指标。表面上的原因是“宽打窄用”，即地方政府虽然不需要更多的指标，也会在申请的时候多申请一些，以便后期在供地时指标能够相对宽裕，也能为来年申请上级增加指标分配奠定基础。但实际上，更本质的原因是全国的新增建设用地指标也属于公共物品。每年全国指标总量既定，如果某一个地方政府不多申请，就相当于留给别

的地方了。别的地方为此可以获得更多经济收益，而自己却共担了整体的成本，因此每个地方政府的决策就必然是能申请多少就申请多少。这个背后是地方间在财政收益最大化上的竞争机制使然。

第二类“公地悲剧”现象是指地方政府为了吸引投资而放任建设用地的粗放利用。虽然这个不是与耕地保护直接相关，但建设用地的粗放利用必然会增加对耕地过度占用的可能。对于地方政府来说，面临两个决策：一是是否低价出让建设用地来与其他地方政府竞争潜在外来投资？二是是否尽可能多出让土地来满足当届政府的“土地财政”需要，而不考虑下届政府的发展需要？答案基本上很明显，地方政府会尽可能通过土地价格优惠来与其他地方竞争投资，而土地财政也会进一步加深政府的短期行为。这本质上也属于“公地悲剧”。土地属于国家所有、属于全体人民的利益，某一地方政府的粗放使用行为，获益的是地方发展，而带来的相关成本是全国一起承担的（比如粮食安全问题引发的耕地保有成本）。而“寅吃卯粮”的土地财政行为也是类似的逻辑，即虽然下届政府也拥有国有土地的经济决策权利，但当届政府为什么要考虑下届政府的利益呢？没有相应机制约束当届政府的短期决策。

第三类“公地悲剧”现象体现在耕地保护的共同责任机制上。这个共同责任机制有一个重要内容就是按照职能分工，明确规划、发改、自然、农业农村、林业、住建、环保、市场监督、税务、公安等政府有关部门在保护耕地中的责任，形成齐抓共管、协同作战，以及事前事中事后全程监管的耕地保护共同责任格局。当然，这个制度的初衷是严格新项目的审批，只有经过多个部门联审才能落地建设。如果在这个审批的过程中每个环节都能起到监督的作用，保护耕地的效果就会很明显。耕地保护会一改以前的“一家管、大家用”的困境。可是，这种共同责任仍然面临一个理论上的悖论——“属于所有人的财产就是不属于任何人的财产”①，当责任变成公共的时候，如果没有完善配套措施或者把这个共同责任细化后明确分配给每个主体，那么共同责任的结果就是“公地悲剧”的翻版。

第四类“公地悲剧”现象体现在为了耕地占补平衡而新增耕地时，地方政府在通过土地整理复垦等存量方式增加耕地数量积极性不高，更偏好通过开发的方式完成占补平衡任务。这是因为土地开发成本低于土地整理复垦成本，但这也体现了地方政府的短期行为。耕地后备资源有限，以开发的方式补充耕地实际上造成未来任期的地方政府只有通过成本更高的整理和复垦来完成占补平衡任务。另外，从中央下达地方的土地整理任务执行来看，地方政府也有卸责的倾向。正如在第五章土地规划弹性创新中“浙江模式”所提到的，早期的地方政府在执行土地整理和复垦上进度非常慢。直到后续找到了通过土地整理和复垦换取新增建设用地的激励后，地方政府才在土地整理复垦上具有了一定的积极性。可见，以上四个方面都体现了耕地保护背后的公共物品属性，造成实践中诸多无法避免的“公地悲剧”问题。

三、如何激励地方政府的耕地保护行为

中央将土地出让等权力赋予地方政府，从而为地区间经济竞争提供了必要的条件，

---

① Gordon H S. 1954. The economic theory of a common-property resource：the fishery. Journal of Political Economy，62（2）：124-142.

这被认为是通过土地产权制度促进经济增长的重要方式。问题是，如果分权对提升经济效率有帮助的话，那么对于耕地保护这类公共物品的供给是否也有效？

实际上，在实践中确实能够观察到一种分权的治理结构，也就是被文献中称作“项目制”的治理结构，它通过重新建构中央和地方政府在提供公共品上的合作关系，进而为地方积极参与耕地保护创造必要的条件。本节将回答这种项目制的具体形式是什么？以及它如何激励地方政府主动参与耕地保护？

（一）分权化的新治理结构：公共品供给的项目制

在科层制治理体系中，公共物品供给的成本是通过财政资金逐级向下支付的。中国目前主要采用的就是科层制的财政预算和决算制度。通过预决算实现从上向下财政资金逐级拨付和监管。然而，因为信息不对称、管理本身的复杂性和可能的寻租现象等，这种科层制的经费分配和使用绩效不是非常理想，比如现实中各类基础设施建设、环境保护等公益经费投入往往会出现低效使用的现象①。

如何解决这种财政资金的分配和使用低效问题？近年来，中国行政管理中出现了独立于预算和决算制度的一种经费分配方式，即“项目制”。这种项目制并没有官方任何的正式界定，最初可能也不是为了解决经费分配的问题，然而经过多年的发展，它带来了一种意外的效果，在一定程度上形成了一种分权激励的效果，能够让地方政府具有一定的自主权，提高下拨资金利用效率②。

项目制中的项目专指中央政府因提供公共服务或修建公共基础设施的需要而将中央财政收入转移支付给地方政府，地方政府依据中央要求完成相应目标的任务。可以看出，这里的项目经费，是中央向下级政府分配经费的范畴，但不是传统的财政预算分配。

项目制作为一种治理结构，是指在开展特定项目任务过程中中央和各级地方政府之间形成的一种相互依赖、相互制约的行为规则。如图 10-1 所示，主要包括中央部门的项目“发包”和地方政府的项目“打包”两个过程中形成的各类关系③。

项目发包是指中央政府某一具体的组成部门（比如自然资源部）为了提供耕地保护的专项资金，作为发包方以项目的形式将经费和责任分配给愿意承担项目的地方政府。在发包中，中央部门拥有自上而下支付专项资金的权力，同时拥有后续监督和验收的权力。而地方政府（多指县级）可以通过两种途径得到项目，一是被动的上级硬性分配，二是主动的竞争获取。一方面，项目是公益性项目，中央政府可以以行政命令的方式，要求地方政府“接包”，这属于行政分配；另一方面，因为项目资金有限，若是一些确实有吸引力的项目（如对地方后续发展有好处的基础设施），地方政府一般会主动申请但可能面临竞争。总体上看，中央层级的“发包”（即经费分配和后续监管），是一种自上而下的集权管理。

当项目立项以后，地方政府在使用资金上往往具有一定的自主权，即“打包”。因为一方面单渠道的部门项目经费总额有限，地方政府往往“集中力量办大事”，集中多方可

① 余明桂，回雅甫，潘红波. 2010. 政治联系、寻租与地方政府财政补贴有效性. 经济研究，45（3）：65-77.

② 渠敬东. 2012. 项目制：一种新的国家治理体制. 中国社会科学，（5）：113-130，207.

③ 折晓叶，陈婴婴. 2011. 项目制的分级运作机制和治理逻辑——对“项目进村”案例的社会学分析. 中国社会科学，（4）：126-148，223.

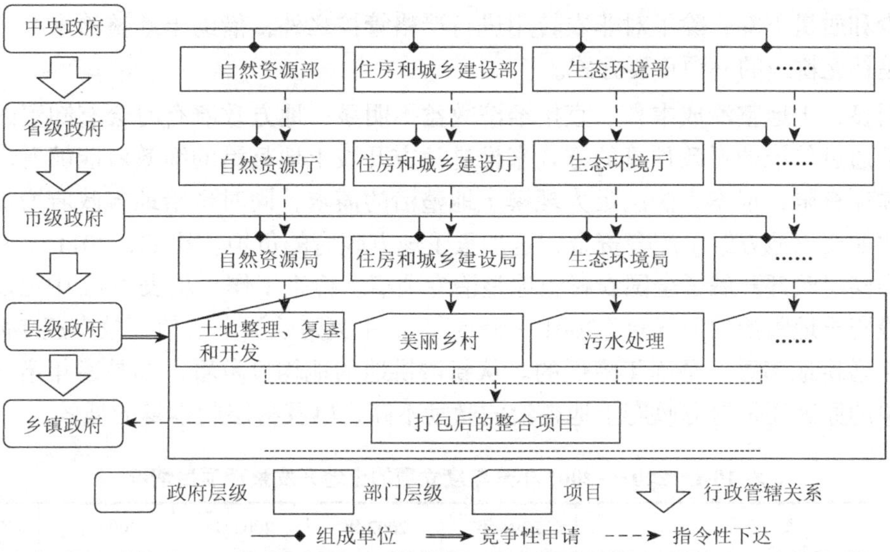

图 10-1 项目制运行过程的简单示例

利用的资金来完成某一个具体项目（尽可能减少地方政府的财政负担）；另一方面鉴于中央政府某一具体部门的专项事务，只是地方政府整体公共事务中的一部分，地方政府多通过将不同部门的项目进行“打包”，降低实施中人力物力财力的投入，即将不同项目经费都投入到一处或一项工程中，实现只做一个项目就能够满足上级不同部门的任务要求。

此时，地方政府的自主权和责任体现在三个方面。

第一，地方政府可以打破各类项目的界限，将来自上级不同部门的项目捆绑起来，重新设计成一项综合性项目工程。比如，在农村发展的综合性项目中包含了来自自然资源部门的土地整理、复垦和开发项目，住建部门的美丽乡村项目，环保部门的污水处理项目等。对项目的整合，不仅能完成不同部门的专项任务，还有利于撬动项目所在地的综合发展。

第二，地方政府一般只主动选择符合自身发展利益的项目。有利于获取额外财政资金、推动地方发展的项目，地方政府会积极去承担。而与地方发展目标不吻合、风险较大的项目，地方也会主动规避。

第三，地方政府在实施项目时会形成“路径依赖”。比如，当一个项目落地后，往往会把其他项目也整合到该地。这体现了“集中力量办大事”的目的，同时也是树立典型、应对上级检查的做法。后期验收时，不同部门通常只会考虑自身部门资金的使用效果。这也是为什么现实中出现很多示范村，不断得到上级的项目，出现了“能者恒能、强者更强”的局面。

综上，项目制不是传统的从上向下的财政资金分配模式。这种项目制，可以具有一定的分权效果，激发地方落实上级专项资金的能动性和积极性，一定程度上也保证了经费的使用效果。

（二）耕地保护中的项目制：以土地整治项目运作为例

现在可以把目光转回到耕地保护上来。正如前一章中所介绍的，为了应对耕地资源数量减少和质量下降，除了对非农转用进行严格管控之外，借助土地整治来补充和优化耕地，是补充耕地的一项重要方式。

很明显，土地整治成本高、直接经济效益不明显，地方政府有时会有卸责的倾向。这从早期通过传统的财政预算的方式来推进地方开展土地整治的绩效就能够看出。中央下拨的款项有限，根本无法满足大规模土地整治的需求，同时也给地方政府增加了很多麻烦，比如要求地方给予配套资金，这加重了地方政府的负担。比如，2011 年 9 月国土资源部会同财政部开展了全国农村土地整治专项清理检查工作。从表 10-1 中可以看出，在国家投资土地整治的前五年（2001～2005 年），中央财政资金的使用效率逐年降低。比如，从新增耕地率看，是逐年降低的。从新增耕地的地均投资看，却是逐年增加。出现这种现象的原因还是地方政府土地整治的激励不高，以及科层制本身的低效。

表 10-1　2001～2005 年分年度立项的土地开发整理项目情况

项目	2001 年	2002 年	2003 年	2004 年	2005 年
1. 总规模/公顷	223 969	24 416	225 701	470 051	634 524
2. 总预算/万元	202 252	40 085	488 806	1 012 623	1 152 656
3. 新增耕地/公顷	88 644	8 750	74 171	100 999	93 636
4. 新增耕地率（=3/1）	39.6%	35.8%	32.9%	21.5%	14.8%
5. 新增耕地地均投资（=2/3）	2.28	4.58	6.59	10.03	12.31

资料来源：全国农村土地整治专项清理检查资料

1. 中央政府的政策创新

中央政府发现了实践中出现的问题，在尝试着做出改革。中央除了逐渐增加对土地整治的投资额度外，也开始对地方政府一些能动性的创新进行支持，尤其是允许甚至鼓励地方政府对项目的“打包”的行为。

比如，地方政府只有在土地整治能够同时满足更多的城市新增建设用地的供应的时候，才有足够的动力去执行。中央政府发现只有允许地方将土地整治与城乡建设用地增减挂钩项目相结合，土地整治才对地方政府有吸引力。为此，中央政府于 2006 年提出了增减挂钩政策创新试点，接着在 2009 年对传统的土地整理、复垦、开发和增减挂钩的说法进行更新，统称为土地综合整治（详见前一章）。中央政府的政策创新有两个目标：第一，这么做可以增加地方激励，也提供了一种土地整治的资金。因为，如果地方政府通过增减挂钩项目获得更多建设用地指标后则可以在市场上供给更多建设用地，这些新增的土地出让收入可以部分用于支持土地整治任务。第二，农村分散的、闲置的集体建设用地和宅基地，也在这个过程中实现了再利用和空间优化。比如，农村建设用地复垦后节余的建设用地指标，可以在规划范围内转移给城镇使用，有效解决了城市发展新增用地的需求。

这两个效果都与当时土地行政管理的两大目标有关联，即保护耕地和保障经济发展所需的土地投入。土地综合整治能够有效地增加耕地，同时结余指标可以用于城镇新增建设用地。因此，从国土资源部的角度看，土地综合整治与中央政府最初的土地整理等并不背离。因此，以土地综合整治项目形式，从上向下开始了“发包”。这种新的“发包”可以激励地方政府参与土地整治。

2. 省级政府的进一步创新

这里选取福建省的土地整治具体案例来进一步说明上述项目制的实施过程和所体现的效果。福建省山地、丘陵占全省总面积的 80%以上，山区的农村的村土地利用规划滞后，存在大量旧宅等闲置建设用地。福建省政府为此积极响应国土资源部开展农村土地整治的要求。比如，在 2010 年 2 月出台《关于实施农村土地整治和城乡建设用地增减挂钩的意见》；在 2011 年 8 月出台《关于实施农村土地整治和城乡增减挂钩的补充意见》。然而，省级政府在推进土地综合整治上也面临着如何调动地方政府积极性的问题。

同时，福建省还面临着一个相对特殊的问题，即 2010 年 6 月福建省遇到了“百年一遇”的洪灾，部分山区农房被冲毁。为了支持灾区重建，同时为了避免潜在的受灾问题，福建省政府决定对全省范围的受灾农户和面临地质灾害威胁的农户进行搬迁。2011 年 8 月，新一轮的“造福工程”在全省范围开展起来。造福工程是指在群众自愿的基础上，政府通过规划引导和适当资金补助，对偏远山区和易受地质灾害威胁的农村群众实施有计划地搬迁，改善其生产生活条件。

很明显，无论是土地综合整治，还是造福工程，其实施的重担都落到地方政府，地方政府面临明显的资金约束。为了调动地方政府的积极性，同时形成制度的压力，福建省在省级层面设计了一套制度，进一步赋予了市、县地方政府“打包”的自由度，同时为地方政府土地整治资金提供了一条新的来源。

首先，为了缓解地方在实施土地整治和造福工程项目的资金压力，省级政府要求地方政府在城市国有土地一级市场中新增经营性建设用地供应必须基于一个前提，即必须完成相应面积的旧村土地复垦。这是一种制度上的压力。当然，该政策的另一个效果是能够将城市土地市场上的增值收益转移一部分到农村的旧村复垦项目中。因为地方政府为了出让土地获得出让收入，就必须投入一定的成本完成旧村复垦。

其次，省级政府又建立了一个省级的挂钩指标交易平台，为的是进一步调动地方政府的积极性。地方政府不仅可以将自己旧村复垦多余的指标拿到这个平台进行交易，进而获得其他城市的资金投入来补贴本地的旧村复垦项目。同时，如果某地政府无法在本地满足复垦要求，也可以在平台上购买其他地方的多余指标，来满足本地新增国有土地入市的需求。很明显，这是一种市场化的手段来提高地方政府开展旧村复垦的积极性和执行效率。当城市经营性建设用地边际收益高于地方自行开展旧村复垦或者购买其他地方指标的边际成本时，属于帕累托改善。

可见，福建省的造福工程一定程度上与中央的土地综合整治能够有效融合在一起。省级政府对政策“打包”，出台了一套新制度，包括防灾抗灾、旧村复垦、整村搬迁、增减挂钩、省级交易平台等。这种省级政策上的“打包”，为地方政府提供了项目“打包”的机会。

3. 县级政府的能动性和积极性

对于一个县来说，其主要目的就是在完成上级交付任务的前提下，努力发展地方经济和扩大地方财政收入。但是，对于土地综合整治，上级政府财政资金不是全覆盖式地分配，地方政府如果负担过重，自然不会主动要求开展相应工作。相反，只有对地方有显著价值时，地方才会主动开展土地综合整治。因此，地方政府在土地综合整治上形成了一种“从下向上”的“接包”和“打包”过程，即体现了一种分权的治理结构。

不是所有的县级政府都必须开展土地综合整治。实际上，福建省主动承接该项工作的是开展综合改革建设试点的21个小城镇[①]和6个土地整治试点县。这些地方政府因为试点而拥有省政府在土地、财税、基础设施投资等方面的支持。这些试点县在开展综合整治上是如何对项目进行“打包”的?

本节通过福建省仙游县的具体案例来解释。仙游县是地处福建省中部的农业大县。只有不增加县财政的资金压力，地方政府才有足够的动机去落实土地整治的任务。那么当地如何解决资金问题？我们以一个村的项目运作过程来解释。

该县社硎乡白洋村位于县西北部，全村面积约8平方公里，总人口107户共615人。在省政府出台《关于实施农村土地整治和城乡建设用地增减挂钩的意见》之后，该村在县政府的引导下积极申请全村的土地整治，并最终获得省国土资源厅的批准和项目资助。

白洋村共有村庄建设用地84.25亩，涉及旧房107户，拟安置88户，因安置区占用耕地面积5.23亩，最终核定项目预计形成城乡建设用地增减挂钩指标79.02亩。整个项目总预算为3288万元，主要用于新村建设，包括：统一外立面、建设二层的农民新居；水、电、路、通信、有线电视、互联网等基础设施；垃圾收集池、污水管道；村级卫生所；农村综合文化站；农村社会事务综合服务大楼；安保工程；休闲广场；水土保持工程等。

土地整治项目的总预算对于该村来说几乎是天文数字。而寄希望由中央的土地综合整治专项拨款又不现实。因为中央财政对土地综合整治的预算在2010年只有147.06亿元，而按照白洋村3288万元的预算来看，中央的预算一年最多只能覆盖4472个村庄。按照当时全国共637 011个行政村计算，即使假设所有村庄土地整治成本都与白洋村相仿，那么依靠中央的资金投资完成所有的土地综合整治项目要超过一个世纪。很显然，地方政府需要配套资金。仙游县如何完成对白洋村土地整治资金的筹措呢？主要就是通过项目打包。

第一，县政府积极争取与土地综合整治直接相关的中央和省政府项目资金。主要包括中央专项和省级配套提供的危房改造专项资金（3000 元/人）、地质灾害搬迁专项资金（5000元/户）、造福工程资金（3500元/人），结合白洋村整村搬迁的实际情况，三项共计453.25万元。

第二，仙游县所在的莆田市政府从土地整治专项资金中专门拨出奖励资金作为市级政府在该项目中的配套资金（1.8万元/亩），共计142.24万元。

第三，仙游县政府在《仙游县农村土地整治项目管理暂行办法》中明确规定，对于白洋村的土地整治净增耕地面积每亩可以补助25万元，共计1975.5万元。同时，乡镇工作人员可以获得每亩3万元的奖励来调动工作积极性。

这样，通过整合中央、省、市和县四级政府直接相关的各类专项资金，可以筹措

---

① 新华社.“福建省近日确定21个小城镇实施综合改革建设试点”，2010年4月12日. http://www.gov.cn/jrzg/2010-04/12/content_1578900.htm.

2570.99万元。从项目预算看，还有717.01万元的缺口。根据政策，这部分缺口由统一安置的88户平均分担，每户约出资8.15万元。

至此，表面上看所有的预算都已经落实。但实际上县级政府对每亩25万元的补助和3万元每亩的奖励（共计2212.56万元），只存在于根据上述暂行办法规定的账面上，如果完全让县政府直接承担这么一大笔资金非常困难。县级政府还需要寻找其他的资金来源。

根据省级政府的政策，县级政府可以通过在省级增减挂钩指标交易平台上出售该村土地综合整治所节省的79.02亩挂钩指标来获得项目资金。此类挂钩指标的市场价格约为30万元/亩，因此通过指标交易县政府就能够完成全部资金的筹集。但实际中白洋村的指标没有出售，而是用于该县国有经营性建设用地在一级市场上的供应。前面已经说明，省级政府的政策要求城市经营性用地的供应，必须复垦相应面积的旧村土地。这实际上暗示了仙游县政府认为在市场上出售指标的盈利（政策规定不超过30万元/亩），比不上该县经营性土地出让带来的出让金、产业投资后的税收和增加的就业等收益。但问题是，土地出让收入是项目实施以后的事情，如何解决当前土地整治成本的缺口？

现实中，县级政府进一步通过项目“打包”的方式筹措资金。因为农民建新居与其他职能部门的专项资金目标是吻合的。比如，住建部门的美丽乡村建设、环保部门的污水处理基础设施建设等。这些项目是与土地综合整治项目平行的“从上向下”的项目，都属于中央财政或省级财政，只是由不同的政府部门向下支付。

仙游县政府从省或市的其他八个渠道进一步整合了资金。一是从交通建设部门申请336万元，用于新村及周边道路的拓改、路面硬化、道路两边的绿化、缆化下地、人行道铺设、架设路灯等；二是向城乡建设部门申请200万元，用于垃圾收集池、污水管道排设及净化、饮水安全工程、停车场建设等；三是向卫生部门申请30万元，用于建设一个村级卫生所；四是向文化部门申请30万元，用于农家书屋、报刊阅览站点建设；五是向市政府申请130万元，用于建设农村服务中心，即处理农村社会事务的综合服务大楼，报刊行政办公室、警务室等；六是向交通管理部门申请60万元，用于交通标志、路牌、警示牌等安保工程；七是向城乡建设部门申请200万元，用于村庄内集绿化、建设设施为一体的休闲广场（4000m^2）；八是向水利部门申请30万元，用于砌坡、挡土墙等防治水土流失的工程建设。这样，该县从非土地综合整治项目渠道整合了1016万元。

另外，县政府还从农村信用社为该村申请了1000万元的信用贷款，银行的贷款可以通过后期政府土地出让收入的转移支付来偿还。该村项目将产生挂钩指标79.02亩，根据仙游县城市经营性用地不低于300万元/亩的出让金收入，后期偿还贷款没有任何问题。这样，在县政府的支持下，该村项目已经完成了全部资金筹集，具体的资金数额和筹措渠道如表10-2和图10-2所示。

表10-2　白洋村土地综合整治项目预算和资金来源

资金来源	金额/万元
1. 项目总成本	3288.00
2. 打包资金共计	3328.50
2.1 省级政府土地整治专项	
1）危房改造专项资金	184.50

续表

资金来源	金额/万元
2）地质灾害搬迁专项资金	53.50
3）造福工程资金	215.25
2.2 市级政府土地整治专项	
1）耕地复垦奖励	142.24
2.3 其他非土地整治类专项	
1）交通部门道路建设	336.00
2）城乡建设部门美丽乡村专项	200.00
3）卫生部门卫生所	30.00
4）文化部门文化站	30.00
5）市政府农村综合事务大楼	130.00
6）交通管理路标专项	60.00
7）城乡建设部门休闲广场专项	200.00
8）水利部门防治水土流失专项	30.00
2.4 农民自筹	717.01
2.5 银行贷款	1000.00
3. 打包资金结余（=2–1）	40.50

可以看出，白洋村的土地综合整治对于仙游县政府来说是一种“名利双收”的项目，不仅能够完成土地综合整治的项目，满足中央政府土地整理的要求，完成省级政府整村搬迁防治地质灾害的要求，满足市县政府土地出让所需挂钩指标的要求，甚至在这个项目的资金筹集和运作中还有 40.5 万元的结余。仙游县政府因此在“接包”上的积极性显而易见。

当然，还有一个问题就是上级考核的问题。仙游县申请了多个部门的专项资金，如何应对这些部门的考核？实际上，上述各项专项资金都融合在土地综合整治及新村建设中。每条线上的部门来检查，关注的是各自专项资金是否得到有效实施，比如国土部门关注旧村是否复垦出相应面积的有效耕地、交通部门关注新村道路是否达到标准、城乡建设部门关注村庄环境是否整洁等。而白洋村新村建设资金的全部来源，并不是单个部门关心的问题。相反，单个部门也很高兴地见到各类专项资金的整合效应，在验收或者向上级汇报时就更能体现各自部门专项资金的使用效果。

四、土地整治项目制的分权效果和激励机制

福建省的案例显示，在土地整治科层制的传统管理模式之外，实践中出现了一种新的治理结构，通过整合不同项目资金后提升了地方政府开展土地整治的积极性，也实现了不同利益主体“多赢”的目标。

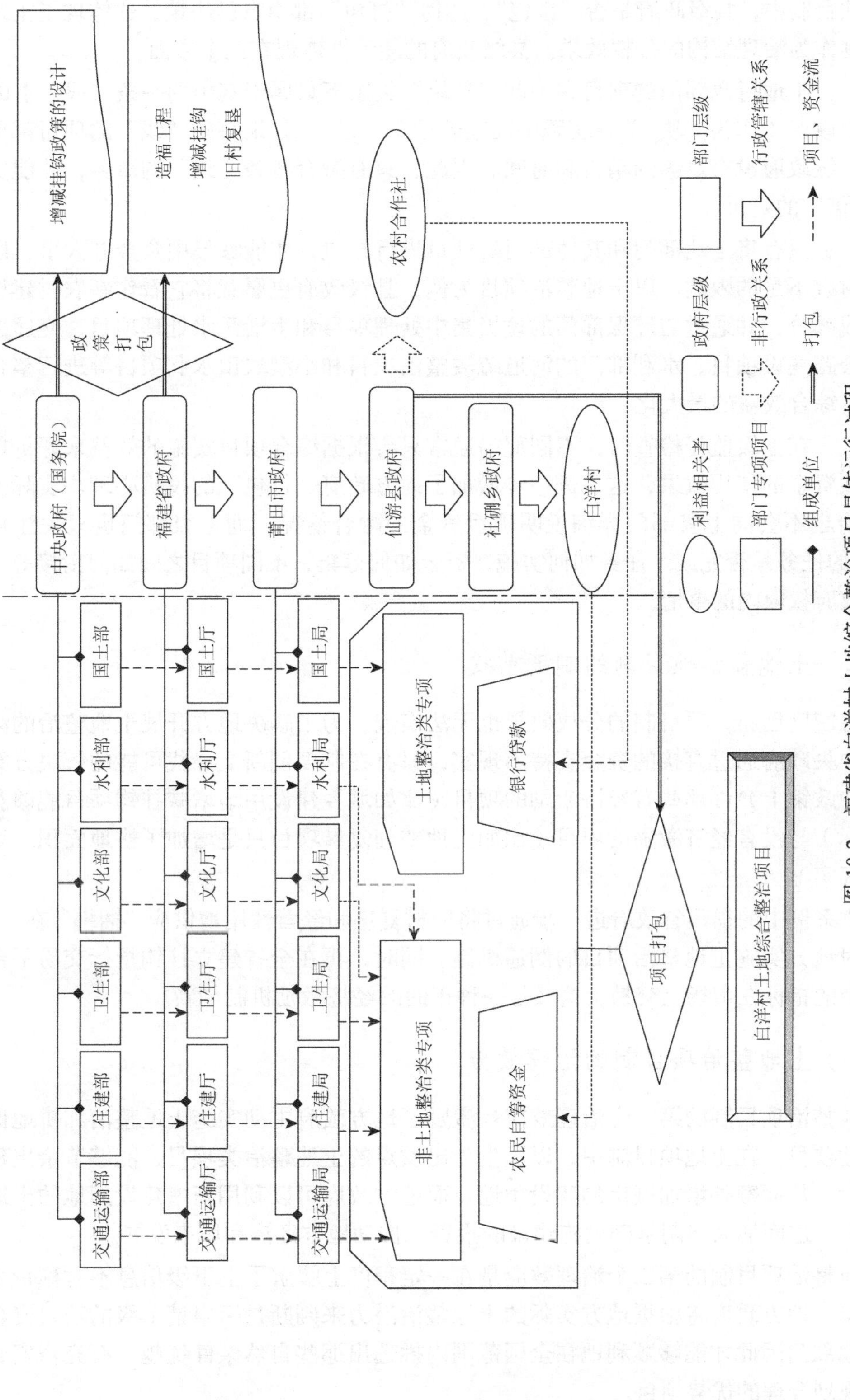

图 10-2　福建省白洋村土地综合整治项目具体运行过程

（一）土地整治项目制的分权化特征

在项目制中，县级政府是否“接包”、如何“打包”都由自己决策，这体现了土地整治项目制作为治理结构的分权效果。县级政府的能动性体现在三个方面。

第一，土地行政部门的项目在当前“条块”关系下只属于其中的一条“线”上的项目，县级政府（作为“块”）在实践中面临若干条“线”。如果每条“线”的项目都单独实施，县级政府没有足够的精力和时间。因此，只有融合各条“线”的事务，才能实现“事半功倍”的效果。

第二，只有将土地部门和其他部门的项目进行打包，才能够集中资金办大事，以缓解县级财政不足的限制。以土地整治项目为例，县级政府更愿意将它看作新农村建设项目的组成部分，并通过与环保部门的垃圾集中处理项目和生活污水处理项目、交通部门的农村公路建设项目、水利部门的河道疏浚整治项目和小型农田水利项目等进行整合，实现项目综合效益的最大化。

第三，在上级监督检查时，不同部门通常只会根据综合项目实施的效益来评价单个部门单项资金的使用效果，这也进一步增加了地方政府“打包”的投机心理。实际上，县级政府也不会向上级部门详细说明项目资金的融合情况。而上级部门也只关注自己“线”内的任务是否完成。任务如何实施，资金如何筹集，不同项目之间如何衔接等，都是地方政府权限内的事情。

（二）土地整治项目制的制度前提

没有制度创新，项目制的分权效果也无法实现。为了解决地方开展土地整治的激励问题，中央政府通过直接的资金支持不现实，只有在制度创新上寻找可能的解决方案。比如，在政策上允许那些有经济激励的项目（比如城乡建设用地增减挂钩项目能够获得供地指标）与没有经济激励的项目（比如土地整理复垦项目只是增加了耕地面积）等整合在一起实施。

本章案例中的福建省政府进一步通过将旧村复垦和经营性用地供应“捆绑”在一起，形成了对地方实施土地整治项目的倒逼机制。同时，再在全省建立挂钩指标交易平台，允许多余的指标在市场上交易，这又是一种正向的经济激励机制创新。

（三）土地整治项目制的治理效应

土地整治项目制的第一个治理效应是激励了地方政府主动实施土地整治和耕地保护等公益性项目。在土地项目制中，以民生为出发点的土地整治类项目，能够节余出建设用地指标，从而额外增加城市的建设用地。而地方政府可以利用新增建设用地的土地出让或融资，进而加大当期基础设施建设的投资，推动地方经济和城市发展。

土地整治项目制的第二个治理效应是在一定程度上缓解了上下级信息不对称带来的决策失误。地方政府将根据地方实际的土地整治潜力来判断是否申请上级的项目资金。上级土地部门因此才能够顺利地在全国范围内挑选出那些自然条件优越、有充裕资金配套以及规划合理的优势项目。

在解决了激励地方政府与缓解信息不对称问题后，项目制的第三个治理效应是赋予了地方政府在项目整合上的能动性。这种能动性有利于解决地方财政压力，也有利于提升不同专项项目的整体绩效。比如，地方政府通过土地专项资金与其他部门专项资金的主动整合，可以扩大各项资金任务的完成绩效。我们可以将2001～2010年全国土地开发整理项目分为两个阶段，第一阶段是土地整治项目制出现之前的阶段（即2001～2005年）①，第二阶段是土地整治项目制出现之后（即2006～2010年）。通过对比两个阶段土地开发整理项目的绩效指标能够印证上述论点。

如表10-3所示，从验收项目数、完成整治规模和实际新增耕地这三个绝对数来看，第二阶段明显超过第一阶段。这一定程度上能够体现第二阶段地方政府实施土地整治项目的积极性。进一步，从地方配套资金的比例看出，第二阶段也增加明显。在没有任何强制政策和其他特殊的经济社会条件变化的情况下，地方配套资金比例的增加，说明中央与地方在完成土地整治这种公益性项目目标上开始趋同，地方开始主动且积极地投入配套资金。

表10-3　2001～2010年全国土地开发整理项目分阶段完成情况对比

项目各类指标	2001～2005年	2006～2010年
1. 验收项目/项	17 601	97 596
2. 完成整治规模/公顷	1 782 395	4 315 198
3. 实际新增耕地/公顷	579 089	1 507 237
4. 总支出/万元	3 658 273	11 164 144
5. 中央投资/万元	1 388 187	1 243 811
6. 地方配套资金比例[=（4–5）/4]	62.05%	88.86%
7. 新增耕地率（=3/2）	32.49%	34.93%
8. 项目均耗资/（万元/项）(=4/1）	207.84	114.39
9. 新增耕地地均耗资/（万元/公顷）(=4/3）	6.32	7.41
10. 新增耕地地均中央耗资/（万元/公顷）(=5/3）	2.40	0.83

资料来源：全国农村土地整治专项清理检查资料

而且，从投入产出绩效来看，更体现了项目制的绩效。首先，新增耕地率在第二阶段高于第一阶段；其次，项目均耗资第二阶段相较于第一阶段下降了44.96%；另外，虽然表面上看新增耕地地均耗资每公顷增加了1.09万元，但实际上中央投资每公顷成本却降低了1.57万元。这说明中央投资的绩效明显提高，不仅出的钱少了，而且整治项目也顺利完成。

综上所述，作为一种在传统科层制管理体系之外形成的新的治理结构，土地整治项目制具有特定的优势。具体包括：县级政府作为土地整治项目制中的核心角色，获得了项目运行过程中的能动性，从而激发了其落实上级土地整治专项资金目标的积极性。地方政府从下向上地“接包”和“打包”，缓解了信息不对称造成的项目实施低效。同时，因为多条“线”上职能部门的参与，土地整治项目的监督能力也得到加强。县级政府此

① 以城乡建设用地增减挂钩政策出台为判断标准，因为该政策是土地整治项目制中的激励部分。

时就有足够的动力和压力去做好土地整治项目。不同层级政府在耕地保护等土地整治目标上趋于一致。

➢【本章总结】

本章主要回应了耕地保护在实践中的两个热点问题。一是为什么国家强调要保护18 亿亩耕地红线。二是如何激励地方政府开展具有公共物品特征的耕地保护。这两个热点问题的背后都反映着在耕地保护中的中央与地方的关系。耕地保护属于公共物品，市场机制一般很难发挥作用，需要政府主动提供。但中国特有的央地关系下的激励机制，导致地方政府一般不愿意积极开展耕地保护，如何激励地方的主动性，项目制提供了一个新颖的视角。项目制体现了中央对地方在治理机制上的分权。

➢【本章复习题】

1. 如何理解项目制中的“发包”和“打包”？

2. 福建省级政府建立的省级增减挂钩指标交易平台对激励地方开展旧村复垦有何影响？

3. 如何理解项目制中分权的作用机制？

耕地生态价值保护的市场机制

党的十八大以来，生态文明建设被提升到国家总体布局的战略高度。中央对耕地保护的要求也从以保障粮食安全为主要目标转变为生态文明战略下的“三位一体”的新目标。2017年《中共中央 国务院关于加强耕地保护和改进占补平衡的意见》中明确要求“像保护大熊猫一样保护耕地，着力加强耕地数量、质量和生态‘三位一体’保护”。

地方政府在耕地保护上有时会有卸责的倾向，忽视耕地的生态价值。如何激励地方政府主动开展耕地保护和关注耕地的生态价值，需要进一步创新耕地保护的治理机制。本章在观察世界范围内不同国家破解生态价值保护难题的基础上，讨论了中国现阶段如何建立基于市场机制的保护耕地生态价值的制度体系。

一、耕地占补平衡需要关注生态价值

早期的耕地占补平衡制度主要是为了弥补建设项目占用耕地造成的耕地数量减少和质量产能下降。然而，人类活动对占用耕地或补充耕地造成的生态服务功能损毁却没有给予足够的重视。不只是建设用地占用耕地，还有将林地、草地或未利用土地等复垦为耕地，这些在耕地占补平衡制度实施中的开发复垦活动都会造成原土地资源的生态功能遭受难以逆转的破坏。

比如，耕地生态系统作为一种在自然生态系统基础上形成的人工土地生态系统，除了基本的粮食生产功能，还兼有调节气候、净化与美化环境、维持生物多样性等方面的价值。有研究就评价了农田生态系统对于大气成分调节、气候调节、水源涵养、土壤形成与保护、保持生物多样性等的价值，并得出我国农田生态系统每年提供约8183.95亿元的生态服务价值[①]。当非农建设占用了耕地后，就会造成上述耕地生态系统服务价值的丧失。另外，耕地被建设开发还可能造成土壤的侵蚀、污染等问题，进一步造成被占用耕地周边生态系统的功能退化、生态景观受威胁、生态服务功能降低等后果。因此，随着生态文明战略的提出，耕地占补平衡制度也应该将保护生态价值纳入制度的目标。

实践中，为了完成耕地占补平衡的任务，一些地方是以开垦草地和林地为主要途径的。草地和林地的生态价值往往高于耕地，当这类土地被开垦为耕地后，一般都会造成生态环境的恶化。另外一些地方补充耕地的来源是开垦坑塘、滩涂、低丘缓坡等，然而

① 谢高地，肖玉，甄霖，等. 2005. 我国粮食生产的生态服务价值研究. 中国生态农业学报，13（3）：10-13.

这类土地的开发会加剧土壤侵蚀，造成水土流失，或者对区域的生态环境构成巨大威胁。此外，部分新开垦后的耕地位于生态环境脆弱地带，在耕地开垦过程中以及后续农作物耕作过程中都容易引发次生的生态环境问题。比如，整治工程会涉及土地平整、田间道路开发和农田水利工程开发等多项工程，这些工程的实施会使得项目区内土地利用结构、土壤有机质、水环境和生物多样性等发生改变，进而对局部区域内的土壤环境、景观格局和生态过程产生影响。

可见，耕地是整个生态系统中的子系统，并与其他子系统有着不可分割的关系。因此，实践中应把耕地保护置于整个生态系统保护中去考虑，促进耕地保护与周围林地、园地、草地、水域和湿地等资源和生态系统保护相协调。即在考虑耕地占补平衡时，还要致力于实现耕地所处的整个生态系统服务价值的平衡，这对于耕地乃至整个自然资源的可持续性具有重要意义。这实际上是对耕地占补平衡制度提出了新的要求。

耕地占补平衡引起的生态问题已经引起了国家的重视。党的十八届三中全会通过的《中共中央关于全面深化改革若干问题的决定》就强调，要“加快建立生态文明制度，健全国土空间开发、资源节约利用、生态环境保护的体制机制，推动形成人与自然和谐发展现代化建设新格局”。但是，生态系统服务价值本身是一种公共物品，市场主体是没有积极性去主动提供的。如何设计合适的生态占补机制，将成为落实耕地占补过程中生态平衡的重点。

二、生态价值平衡的海外经验

20 世纪上半叶以来，世界上一些国家就开始强化对自然和生态系统的保护。本节将重点介绍德国和美国的生态占补平衡机制，为我国建立“三位一体”的耕地保护制度提供借鉴。

（一）德国：分级补偿与“生态账户”制度

1. 分级补偿制度

德国为控制工业化和城市化对自然环境的负面影响，于 1976 年正式提出了“减缓影响的规制”（Impact Mitigation Regulation，IMR），规定只要土地开发活动造成了生态系统服务价值下降，土地开发者就必须采取适当的措施进行生态补偿以保护环境和维护生态平衡。

在实施这个补偿规制的过程中，开发者必须遵循一种被称为“减缓和补偿的分级策略”（mitigation and compensation hierarchy strategy）。这一策略具体是指：首先，开发者在土地开发时应尽可能不破坏生态环境；其次，如果不能避免破坏，则需要尽可能减轻破坏，尤其强调要就地恢复生态原貌；最后，只有在生态损失难以就地恢复时，开发者才可以通过另行选址对生态负面效应进行异地补偿。这种三级的先后顺序就是对减缓和补偿的分级策略。很明显，这种严格的分级策略能够保证土地生态补偿的质量，达到了重建和恢复土地生态系统的目的。

但是，实践中这种分级策略对补偿标准要求苛刻、程序烦琐，往往超出了土地开发者（即补偿责任人）的可接受度，导致开发要么停滞、要么违规，制度的实践效果不尽如人意。而且，这种制度没有为市场主体或民众主动参与生态占补提供空间和激励机制，降低了普及生态占补机制的实际效果。故而，《联邦建设法典》于 1998 年进行了修订以便采取更加灵活且高效的措施来满足“减缓影响的规制”的要求。出于同样的目的，《国家自然保护法》也分别于 2002 年和 2009 年两次进行了修订，为“生态账户”制度创新提供法律条件。

2. 生态账户制度

为了解决分级策略过于刚性的问题，德国各州开始分别探索“生态账户”制度①。生态账户类似银行的储存账户，主要内容就是对“生态指标”的交易及其增减变化进行核验和登记。生态账户由专门的生态补偿机构负责建立。这些机构开展了生态补偿项目，在通过官方或者具有资质的第三方机构验收后，就可以被认定为在自己的生态账户中积累了一定数量的生态指标。任何开发者如果对地块的生态价值造成破坏，要么自行采取生态补偿措施，要么向生态账户持有者购买生态指标以补偿开发造成的生态破坏，而生态账户持有者出售生态指标后则应在其账户中扣除相应数量的生态指标。专栏 11-1 给出了一个示例。

专栏 11-1　德国巴登-符腾堡州的“生态指标”计算示例

德国巴登-符腾堡州在其生态账户制度下的生态指标计算过程及其收支平衡模式如表 11-1 所示。不同用途单位面积的土地的生态指标各异。比如，单位面积的沥青地值 1 个指标，而单位面积的湿地值 64 个指标。如表 11-1 所示，由当地政府设立的一家生态补偿机构通过将一块干草地的利用方式由密集型向非密集型转变，获得了 120 000 个生态指标并存入其生态账户。有一个开发者计划开发一块牧场以建设居住区，根据开发项目前期评估，开发将造成当地生态价值下降 100 000 个生态指标。为此，该开发者需要向上述生态补偿机构购买 100 000 个生态指标以维护生态平衡。完成交易后，上述生态补偿机构还有 20 000 个生态指标保留在生态账户内以供下次交易使用。

表 11-1　巴登-符腾堡州的生态指标计算案例

开发行为：把一片牧场开发为居住区（1 公顷，60%的沥青地/建设用地，40%的私家花园）	
开发前的生态价值（牧场价值 13 个/m^2 × 10 000m^2）	130 000 个指标
开发后的生态价值（沥青地价值 1 个/m^2 × 6 000m^2+私家花园价值 6 个/m^2 × 4 000m^2）	30 000 个指标
生态账户变动（开发后减去开发前）	−100 000 个指标
生态补偿措施：把 8 公顷密集型利用的干草地转变为非密集型利用的干草地	
补偿前的生态价值（密集型利用的干草地价值 4 个/m^2 × 80 000m^2）	320 000 个指标
补偿后的生态价值（非密集型利用的干草地价值 19 个/m^2 × 80 000m^2）	1 520 000 个指标
生态账户变动（开发后减去开发前）	+1 200 000 个指标
净盈余	1 100 000 个指标

① 关于德国生态账户制度可以参考 Tan R，Wang R Y，Sedlin T. 2014. Land-development offset policies in the quest for sustainability：what can China learn from Germany? Sustainability，6（6）：3400-3430. 本节的内容是基于该文的删改版。

《国家自然保护法》和《联邦建设法典》是“生态账户”建立和运行的法律基础。它们确立了生态“占补平衡”的基本法律框架和原则。而地方政府有权自主制定景观规划，并据此确定生态补偿的标准，从而也使得实践中生态账户呈现多样化的制度内容。但是，有一些基本原则是多样化生态账户制度所共有的。比如，所有的生态账户的建立都要以当地的景观规划为依据。景观规划确定了当地适宜开展生态补偿项目的地块、可供选择的生态补偿措施，以及计算补偿项目开展前后的生态价值的方法等。这些都是生成生态指标和建立生态账户的物理基础。政府据此对生态补偿项目的质量进行衡量，并向各类生态补偿项目实施者（即前文中的生态补偿机构）的生态账户中发放等值的生态指标。

政府对生态占补平衡的强制要求则是“生态账户”得以顺利实施的制度基础。这使得满足生态补偿要求成为一种倒逼机制，也使得一种市场机制产生了。生态账户机制是通过建立生态指标的交易市场来达到生态占补平衡的要求。在生态账户体系下，地方政府、开发者和生态补偿机构是主要的行为主体。地方政府是景观规划的制定者，也是生态补偿活动的监督者。开发者是生态指标的购买者，并以此来弥补开发活动对自然造成的负面效应。生态补偿机构是生态补偿的实际执行者，并通过出售所得的生态指标来获取收益。实践中的生态补偿机构性质是多元的，地方政府、开发者以及社会团体都可以出资成立生态补偿机构。只是，这些生态补偿机构都必须经过当地环保部门的审批和登记，才有资格成为生态账户的经营者。

实践中，“生态账户”作为生态占补的制度设计，有五个主要的操作步骤。第一，依据景观规划选择具有生态补偿潜力的土地作为补偿用地；第二，对选定的补偿用地进行实地踏勘并制订详细的补偿规划方案；第三，确定补偿手段，主要的补偿手段包括生物的栖息地及生物多样性、推动农业生产活动从密集型转向非密集型、优化现有林区管理等；第四，验收并形成指标，只有地块生态价值增值部分才能用作相应数量的生态指标；第五，生态指标的市场交易。当然，指标交易一般不能直接跨州和自然区（通常一个州被划分为若干自然区）。这表明生态指标交易的市场并非完全开放，这是因为各州独立实行“减轻影响的规制”并建立自己的生态账户，指标的计算、补偿项目的质量评价标准都不同，所以指标无法跨州交易。不同的自然区所具有的生态系统也各自存在差异，具有的生态价值也有区别，因此指标也不宜跨自然区交易。

德国的这种制度下的生态占补机制，政府没有过度地进行控制，而是通过允许指标交易的方式将部分主动权移交给了市场，对增值的生态指标进行成果的验收控制以保证生态占补的质量。市场的参与有效地增加了行为人对生态进行补偿的积极性，发挥了他们自身的能动性。政府则更多地转向监督者的角色，关注市场的秩序与交易的公平，有利于市场发挥资源配置的积极作用，保障生态占补机制的运行。

（二）美国：多样化的湿地开发补偿制度

美国在经济发展初期鼓励民众开发湿地，导致湿地面积大幅减少。为了维护全国湿地总量和生态功能的平衡，美国于 1972 年颁布实施《清洁水法》，其中第 404 条对湿地的开发提出特殊要求：开发者必须恢复或开发具有类似生态价值的替代湿地来补偿受到影响的湿地。在制度上，提出了“零净损失”（no net loss）的补偿原则，授予美国陆军工程兵部（US Army Corps of Engineers，USACE）审批在美境内掘取与填埋水域申请许可的权利。美国环保局则负责对申请水域的环境进行评估的工作。

经过多年发展，实践中形成了三种湿地补偿机制：湿地被许可开发者自行补偿（permittee-responsible mitigation）、湿地替代费补偿（in-lieu fee mitigation）和湿地银行补偿（wetland mitigation bank）。在具体开展湿地补偿项目时，政府规定了机制选择的优先顺序：湿地银行补偿优于湿地替代费补偿，湿地替代费补偿优于湿地被许可开发者自行补偿。只有前一类的补偿机制不可实现时才允许使用后一类的补偿机制。

1. 湿地被许可开发者自行补偿

这是美国传统的补偿湿地机制。被许可开发者通过恢复受损的湿地、建设新的湿地或强化现有湿地的某些功能，以此补偿因开发行为而造成的湿地面积减少或功能的降低。个人自行补偿的湿地往往比较分散[①]，造成后期对湿地的管理和维护效率低下，因此，美国陆军工程兵部并不提倡这种补偿机制，只有在无其他合适的湿地补偿机制可供选择的情况下才会选用这种机制。

2. 湿地替代费补偿

湿地被许可开发者如果做不到大规模保护修复湿地，则应先向第三方购买服务。也就是被许可者对湿地造成了损害行为，其必须向第三方机构预先交付一笔湿地补偿费用。第三方后续用此费用在满足规模化的前提下新建湿地或恢复受损的湿地，或强化现有湿地的某些功能来替代被许可人完成湿地补偿的法律责任。也就是被许可者的开发行为不需要满足“先补偿后开发”的原则。这里的第三方机构一般是政府有关部门或者非营利的自然资源管理机构，私人实体不能从事湿地替代费补偿项目。

相比个人自行补偿机制，这种湿地替代费补偿方式实际上就是“委托-代理”的方式，其优势是能够实现对湿地生态价值补偿质量的控制。但是由于是被许可人分散、零星的委托，其对公益性质的第三方机构的激励机制相对下面要介绍的湿地银行有所欠缺，并且补偿行为都发生在开发者已对湿地进行开发后，这会对开发者和普通民众造成一种只需缴纳补偿费即可弥补生态损失的错觉。

3. 湿地银行补偿

湿地银行是指经过美国陆军工程兵部审批后建立的一种新型第三方补偿机制——第三方是专业从事湿地恢复的主体。湿地银行建立者通过事先购置一块或者几块土（湿）地来新建有规模的湿地，或者恢复功能受损的湿地，或者强化现有湿地的某些功能，这些保护修复后的湿地将以“信用”（credit）的方式存入湿地银行。湿地银行新增信用的具体数额一般是由修复的湿地功能和新增面积等因素共同决定。比如，1 英亩[②]合格的新建湿地可以设定为 1 单位信用，根据破坏和新建湿地的信用值来判断是否达到补偿要求。具体参见专栏 11-2。

---

① 虽然被许可开发者也可以通过保护修复天然湿地来建立湿地银行，但湿地银行的可交易信用往往市场售出时间长，出于投资与收益的经济目的，被许可的开发者较少或者根本没有激励机制去建立湿地银行。

② 1 英亩≈4046.86 平方米。

专栏 11-2　湿地银行的"信用"体系

"信用"制度是一种常见的政府控制污染排放或者避免破坏生态环境的政策工具。"信用"是指政府通过有偿或无偿的方式分配给市场主体一定的污染排放（或资源开发）的额度。如果某主体实际排放量低于授权额度，则该主体的多余额度可以入市交易或留作未来使用；如果某主体实际排放量高于授权额度，则需要从市场上购买信用。市场上的信用来源于其他主体未使用完的信用，或者来源于未被纳入管制范围的第三方主体开展的污染减排（或者资源修复）活动。当然，第三方的减排或者修复活动的信用量需要经过官方标准认定。

美国的湿地银行制度属于"信用"制度体系的一种。湿地银行作为第三方主体开展了湿地修复，经过官方标准认定后以银行信用的方式登记、存储，并允许入市交易。

在开发活动（如建造工厂、住宅等）可能造成湿地损失之前，开发者需要从湿地银行购买湿地信用，通过支付经济成本的方式把补偿湿地的责任转移给湿地银行。湿地银行补偿与湿地替代费补偿的区别在于，在开发者批准开发活动给湿地带来负面影响之前，湿地银行就已经建设完毕，也就是开发行为满足了"先补偿后开发"的原则。

湿地银行拥有者通过建立、存蓄相当量的湿地信用并出售给开发者，可以获取收益，用来维持银行的管理和运转。按照湿地银行的规则，四类主体可以从事湿地银行的建设，即"政府部门或者政府部门的联合""私人实体""非营利性组织""政府部门和私人实体的联合"等。这种允许多元化主体参与的规则，为湿地银行以市场的方式运营提供了条件。保护修复湿地的第三方机构此时并非完全由政府主导，且新建或修复湿地的生态价值以信用的形式记录，便于市场交易。这种方式能够有效地激励社会各类主体的参与，有利于湿地生态占补机制的顺利推进。

（三）生态价值实现的市场机制

德国的生态账户和美国的湿地银行两类生态占补制度都体现了市场机制的作用，建立起以指标为交易对象的生态价值占补制度体系。生态指标的供给方是通过专业化、规模化开展土地整理复垦、生态修复、环境美化等生态补偿工程并提高土地的生态价值的组织或个人。生态指标的需求方是因为建设占用各类土地资源后造成土地生态价值降低且不具备自行实施生态补偿项目的组织或个人。生态指标的交易价格则根据供求关系和市场定价机制来确定。

除了政府出资修复和形成生态指标外，市场主体或第三方机构等社会资本也可开展生态补偿项目，积累生态指标并通过出售来获益。生态破坏者则通过向政府、市场主体或第三方机构购买指标，履行对生态损害进行补偿、赔偿的主体责任。这种制度设计思路实际上为我国耕地的生态价值的占补平衡提供了基于市场机制的思路。为了进一步理解全世界范围内针对以市场机制来实现生态价值占补平衡的制度实践，本节将基于现有的文献做一个梳理。

生态价值因五方面特征，导致其在供给上面临激励不足的困境，尤其是很难由市场机制去配置。一是生态价值因依附于生态系统而具有整体性，价值本身很难分解。如果建立市场，意味着买方或卖方群体都需要统一行动，这面临集体行动的困境。二是生态价值没有可以准确刻画的度量单位，这是生态系统服务的过程性造成的。无法度量就无法管理，并会进一步影响市场配置。三是生态价值很难确权。即使可以通过政府规制划分权利义务，但确权的成本将非常高。无法确权就很难引入市场机制。四是确权后的利益冲突。一定意义上说，确权即冲突。因为确权就是保护部分利益而限制或牺牲其他利益。如何选择利益目标将影响后续的政府治理或市场交易。五是初始禀赋差异造成各类主体在“起跑线”上的不平等。无论是自然禀赋还是社会禀赋的不同，都造成特定市场机制下成本与收益上的潜在不公，这将影响市场的实际效果。

为此，由政府购买生态价值，是一种常见的价值实现机制。长期以来形成了一种思维定式，即公共物品需要由政府提供。因为政府购买确实有利于避免“搭便车”问题，由政府统一收费（或税）来进行转移支付，降低了交易成本并促进了产品供给的集体行动。只是，我们不能忽视政府也面临很多难题，比如如何定价、该购买多少等。

这也是为什么现阶段在实践中都在谈论如何通过市场来实现生态价值的原因。即使很难，大家还是对市场机制配置生态价值寄予很高的期待。因为潜意识中人们都觉得市场可以提高效率，让生态价值得到更好保护和利用。为此，本节将选择两个维度来对实践中生态价值的市场机制进行梳理。第一个维度是交易客体是生态价值本身还是管制下的权利或义务；第二个维度是交易过程是否存在政府的参与或统筹。

第一个维度与交易客体有关。自愿型交易的客体是生态价值本身，而强制型的交易客体是权利或责任。后者是指政府对保护或者消费生态价值采取规制，比如设定生态价值供给目标或者限定消费配额等，市场主体针对目标或配额进行交易。第二个维度与交易主体有关。现实中出现了政府承担买卖一方的角色，或者政府对交易的主体资格和交易范围进行了限制。政府参与交易，既影响收益分配，也影响交易成本。

表 11-2 将实践中已经出现的交易分为六种类型，分别是：①基于完全市场的生态价值交易；②基于完全市场但存在中间人的生态价值交易；③需要政府参与的生态价值交易；④基于市场机制的权利义务交易；⑤基于市场机制但存在中间人的权利义务交易；⑥基于政府统筹的权利义务交易。

表 11-2　生态价值实现的六类市场机制

交易客体	完全竞争市场		非完全竞争市场
	双方交易	存在中间人	
生态价值本身	①交易双方就生态价值本身的直接交易。比如，矿泉水公司向水源地农民支付费用换取禁用化肥	②存在交易中间人，但交易仍基于市场。比如，某农产品自愿加入某品牌，消费者自愿购买该品牌产品	③交易一方由政府代替，但交易仍基于市场。比如，政府向小流域周边农民支付生态补偿费用
生态价值的消费权利或供给义务	④交易双方就责任或配额进行交易，规避供给义务或换取消费权利。比如，排污权或指标交易	⑤存在交易平台，交易各方基于市场机制完成交易。比如，德国生态账户交易、中国重庆地票交易	⑥政府对责任或配额交易进行限制。比如，政府限制增减挂钩指标或占补平衡指标跨省交易

第一类交易的现实案例并不多，只有在特定情况下消费者才会主动购买。比如，某

家矿泉水公司向水源地周边农民支付费用，以换取他们不使用化肥和农药，从而保障工厂水源的安全①。

第二类交易是在第一类的基础上增加了中间人，实践案例虽然也不多，但正在逐渐增多。比如，欧洲乡村发展中出现的新能源村合作社，个体农户将太阳能、风能、生物能源的产出通过合作社出售给国家电网或其他企业。此时，合作社就是中间人。或者，一些具有社会责任感的企业自愿通过碳汇交易所购买碳配额来体现自己的节能减排等。此时，碳汇交易所就是中间人。另外，此类交易还有一个重要形式是消费者对经认证或具有品牌标识产品的购买，比如有机农产品交易等。此时品牌标识的管理方或者认证机构等就属于中间人。第三类交易在现实中的案例比较多。这些交易在供给或消费环节出现了不完全的市场主体，比如由政府或公益基金来购买相应产品。大多数的生态补偿制度，因由政府定价（即政府补贴），多属于此类交易。

第四类交易的现实案例比较多。政府通过规制，形成了一种消费生态价值的权利或者强制履行生态修复的义务，双方针对这种权利或义务进行交易。比如，重庆森林指标覆盖率指标交易、上下游之间针对排污配额的直接交易、欧盟碳交易机制中的双边直接交易等。第五类交易的现实案例更多一些，其在第四类的基础上增加了交易平台，比如，德国生态账户交易，美国湿地银行交易等。第六类交易中的市场机制面临政府的进一步管制，既包括在买卖双方出现政府或公共基金定价的现象，比如一些国家在联合国清洁发展机制下成立本国公益基金、国家银行特别基金等来参与定价和交易②，也包括政府对市场机制的进一步限制，比如对跨流域或跨行政区交易规则的限制③。

上述六类市场并不都是完整的市场机制。如果从满足交易双方或多方在平等、自愿的基础上的竞价才是完全市场机制的话，只有第一类和第二类满足这些条件。其他四类或多或少都对市场机制有一定的限制。这实际上给管理实践一个启示，在讨论生态价值实现机制时，不能把所有的购买与出售都归类为市场机制，这是不准确的。同时，政府的作用在生态价值交易中不可或缺，不能过于偏好市场手段。上述其他四类市场交易要么是需要政府管制建立权利或义务的市场，要么是需要政府统筹或直接参与交易，不然相应的市场因交易成本过高而无法存续。

这说明现实中需要综合政府和市场两种机制来推动生态价值的实现。当然，市场与政府等不同机制本身不分孰优孰劣，机制选择需要关注能否适应具体的情境。实践中既不能夸大市场机制，也不能偏颇地依赖政府机制。因此，针对生态价值实现，需要讨论的是不同的制度体系，以及相应的适用情境。

三、中国耕地生态占补的市场机制初探

虽然我国实践中还没有出台正式的对耕地生态占补的制度，也没有观察到地方对这项事务的主动创新，但是可以在十九大以来各地在积极探索的生态产品价值实现机制的

① Vatn A. 2015. Markets in environmental governance：from theory to practice. Ecological Economics，117：225-233.

② Pirard R. 2012. Market-based instruments for biodiversity and ecosystem services：a lexicon. Environmental Science & Policy，19/20：59-68.

③ Tan R，Beckmann V. 2010. Diversity of practical quota systems for farmland preservation：a multi-country comparison and analysis. Environment and Planning C：Government and Policy，28：211-224.

过程中得到一些启示。针对生态产品价值实现的一些制度设计，可以作为耕地生态占补平衡制度的参考。为此，本节将基于我国生态产品价值实现的已有实践，并结合前文中对市场机制的梳理，对我国耕地生态占补的市场机制进行初步设计。本节讨论的耕地生态占补也是在省域范围执行，参照的理论模式就是经典的“管制+交易”和“基线+信用”（baseline and credit）两种模式的组合。

在“管制+交易”的模式下，省域内耕地生态占补平衡制度首先需要编制省级耕地生态价值的总量规划和年度计划，然后再探索建立两类市场机制。第一类是以县（市、区）人民政府为交易主体、提升耕地生态价值目标任务为交易客体的政府间市场。在各县完成基本任务的基础上，允许跨县域去购买未完成的更高的目标任务。政府间交易，旨在优化耕地生态价值供给任务的初次分配。第二类是以各类法人、农村集体经济组织、社会团体和自然人为交易主体，以具体地块上的生态价值为交易客体的各类微观主体间市场。其中，对于第二类市场，还需要建立明确的生态补偿责任制度，即要求所有开发建设项目主体必须通过自主恢复或通过市场购买方式弥补对耕地生态造成的损失。微观主体间交易，旨在减轻政府财政压力，并进一步体现“谁破坏谁付费、谁修复谁受益”的原则。

在“基线+信用”的模式下，允许包括政府、企业、公益组织或者个人等各类主体在投入耕地生态价值的提升或修复项目后，可将耕地生态价值的增益在前述第二类市场中出售，以满足其他开发建设主体履行生态补偿责任的需求。这种模式的引入，主要是为了吸引更多的社会资金投入耕地的生态价值保护中。在这个模式中，需要建立生态价值权益的测量、登记和颁证工作，并且需要结合前述第二类市场交易平台提供新的交易服务职能。

上述“管制+交易”和“基线+信用”模式的组合，能够有效显化耕地生态价值，并可以转化为可比较和可交易的市场价值，实现了对供给耕地生态价值的有效激励机制。具体做法，可以由图 11-1 进一步说明，将政府与市场两种机制配合在一起，形成政府购买制度、政府管制下的一级市场和二级市场体系。

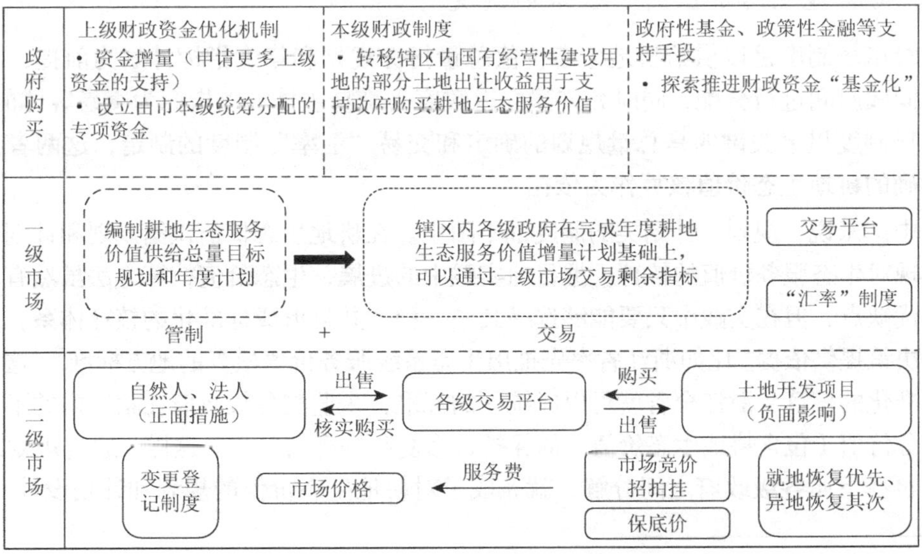

图 11-1　耕地生态价值实现制度设计

（一）耕地生态价值的政府购买制度

政府购买涉及三大类的制度设计，包括：上级财政资金优化机制，本级财政制度（比如土地出让金锚定），以及政府性基金、政策性金融手段支持制度等。这类制度对于地方政府来说如何筹措资金并用好资金是一个挑战。

上级财政资金优化是指本级政府将上级各类与支持耕地保护相关的资金进行优化整合，让资金投入产出效率进一步提高。政府性基金、政策性金融手段是指依照法律、行政法规的规定在一定期限内向特定对象征收、收取或者以其他方式筹集的资金，专项用于特定公共事业的发展，这是政府向社会筹措资金的方式。

这里重点讨论一下政府本级财政制度。它是指在本级财政允许的前提下针对耕地保护进行财政资金再分配的制度设计。比如，将土地出让与生态价值供给进行锚定的制度。类似于前一章中福建在旧村复垦中所采取的经营性建设用地出让必须基于复垦等量农村废弃或闲置宅基地，这里的锚定制度要求本级政府在国有建设用地出让时要完成提升或修复一定数量的耕地生态价值。当然，这种锚定制度会随着制度实施范围和是否允许交易而对当地产生不同的影响。如果只是局限于一个县行政辖区，不允许跨县交易，那么这是一把“刀刃向内”的制度。纯粹是地方为了实现耕地生态价值保护或提升的激励而采取的内部财政转移支付。但是，一旦扩大制度实施范围，比如允许在省域范围跨县交易，那么这个制度就可以变成地方政府横向间的财政转移支付的工具，具有丰富耕地资源的地区可以通过向缺少耕地资源但具有较好经济基础的地区出售锚定的指标。经济基础好的地区为了出让更多的经营性建设用地，可以通过购买的方式完成制度要求的出让前置条件。这属于“管制+交易”的制度设计，起到“损有余而补不足”的作用，能促进整个区域的经济共同发展和生态价值的总体提升。当然，具体制度设计时需要谨慎讨论允许交易的范围或者交易双方的指标“汇率”，避免不同地区的耕地生态价值异质性问题。

（二）耕地生态价值的一级市场制度

一级市场制度是以供给耕地生态价值总量指标规划和年度指标计划为前提，在辖区内的不同政府间进行分配，同时允许建立以政府为交易主体、以指标为交易客体的市场。一级市场制度里最关键的是总量规划的确定和交易“汇率”制度的制定，这两者都需要相对精确的耕地生态价值核算作为依据。

对中国来说，规划、计划类的制度都不陌生。在耕地生态价值供给规划和计划中需要能够实现对生态服务价值的核算。据目前实践中的进展，生态价值核算方法虽然有多种，且各有优缺点，但在实践中只要能够选择其中一种，并且形成标准化的核算体系，就可以为管理决策提供依据。比如浙江省率先推出生态系统服务价值核算的地方标准①。这意味着通过标准化的核算，浙江全省就可以以统一的标准，来监测各级政府在辖区内的不同生态系统服务价值（包含耕地生态价值）的保护、修复和提升的工作。这样，通过规划总量的设定，再在下属各级政府之间分解，就完成了对耕地生态价值的规划和计划设计。

---

① 2020年9月24日，浙江省市场监督管理局批准发布了DB33/T 2274—2020《生态系统生产总值（GEP）核算技术规范 陆域生态系统》省级地方标准。GEP全称为gross ecosystem product。

如果说总量设定和向下分解还存在规划设计的主观偏好的影响，那么允许不同辖区针对指标的交易，就是一种通过市场机制来实现规划目标且提升初始配置效率的制度设计。此时，需要建立科学的“汇率”制度。这个“汇率”就类似于不同国家货币之间的汇率，一个地方一个度量单位的耕地生态价值供给，并不能够等同于另一个地方一个度量单位的供给，相互之间需要有一个转换系数。这个转换系数的设定，就是要保证两地的相同单位的耕地生态价值交换要在生态价值上等价。因此，通过生态价值的核算来建立“汇率”制度，能够在市场机制实现效率的基础上，保护好耕地生态价值总量不会因为交易而降低。

（三）耕地生态价值的二级市场制度

二级市场制度是在一级市场的基础上，引入具体的自然人或法人间的交易。在这个市场里，自然人或法人等是交易主体，修复或者提升的生态价值为客体。一般通过自由竞价的方式完成交易。在二级市场制度体系中需要关注三类最关键的制度。

一是对任何开发行为所产生的生态负面影响需要建立强制补偿的制度，即所有开发项目在造成负面影响时都要开展补偿。补偿的原则可以因地而异，但主要是围绕对就地恢复或者异地恢复，以及如何进行购买服务等规则进行界定。比如，已有经验中多是能不开发破坏就不开发破坏；实在无法避免开发破坏，就采取就地恢复优先，尽量不影响生态价值；实在无法就地恢复，才采取异地补偿的方式。

二是需要建立一个交易平台。这个交易平台不仅为交易提供场所、信息、“招拍挂”等竞价机制等，它还可以有一个延伸的功能，即收储的功能。平台的收储非常重要，不仅有利于保障交易安全，保障市场价格不受到扰动，还可以为财政政策或金融工具提供风险保障，尤其是政府可以在平台上设定政府采购的保底价来减少市场风险。此时，地方政府是作为一个市场的参与者、一个购买者，在平台上参与市场交易。

三是需要完善针对耕地生态价值的登记制度。现阶段可以考虑以耕地资源的地块来完成生态价值的初始登记，以及后续的修复、提升或交易后的变更登记。只有完善了登记制度，才能够保障交易的秩序。这个登记制度可以依托平台开展。

上述的政府购买、一级市场和二级市场，相互之间是有机联系在一起的。政府本身就有购买生态价值的预算和购买的义务，它需要解决的是如何保证购买行为符合效率原则；在一级市场中地方政府通过判断各自在完成耕地生态价值供给上的成本的差异，通过市场交易的方式转移部分供给义务，优化上级规划指标的初始分配效率；在二级市场上政府允许社会各类主体参与耕地生态价值供给，不仅缓解了政府财政的压力，定向转移了部分成本给那些破坏生态环境的个人或企业，同时因为有一些社会主体可能在专业化或者其他方面具有进一步降低成本的优势，允许这些专业化的社会主体参与耕地生态价值提升或修复，可以进一步提高生态价值供给效率。政府建立健全交易平台和收储机构，并作为二级市场的参与主体，起到了对市场托底作用，避免市场投机或者扰动市场的现象。

➢ 【本章总结】

本章主要讨论了耕地生态价值保护的热点问题和制度设计。建立耕地生态占补制度，需要政府与市场的合力。耕地的生态服务价值因为其无形且很难确权，导致市场机制无法自动形成。但政府全盘接管，也往往造成配置效率和供给效率的低下。如何激励各类主体积极保护和供给耕地生态价值，实现经济发展占用耕地过程中的生态价值占补平衡，探索政府与市场结合的治理机制是颇受实践和理论关注的方向。

在介绍德国的生态账户和美国的湿地银行制度后，本章梳理了现有的针对土地生态价值的各类市场机制的模式和案例。这些案例都体现了政府规制是市场机制的前提性制度。因此，对于中国耕地生态占补平衡机制，本章给出了包含政府购买、一级市场和二级市场相结合的制度体系。

➢ 【本章复习题】

1. 生态系统服务价值作为交易对象，有哪些不同于一般商品的特点？
2. 德国的“生态账户”与美国的“湿地银行”有哪些异同点？
3. 本章对耕地生态占补平衡制度体系的设计包含了哪些具体的制度？

土地制度的变迁图景、热点问题和理论素养

前面各章详细介绍了新中国成立以来尤其是改革开放以来四类主要的土地制度，即土地产权、土地规划、土地市场和耕地保护制度。随着这些内容的完结，本书也即将进入尾声。正如在绪论中所说，本书致力于成为一本能够帮助土地资源管理专业大学生或社会公众了解中国土地管理实践的初级教材。本书重点讲解了土地制度和具体政策的变迁过程、热点问题及对应的理论分析。作为本书的终章，本章将回顾前面各章介绍的制度的内容，梳理各部分的逻辑脉络。从变迁图景、热点问题、理论素养三个维度跟读者一起再来理解当下并展望未来中国的资源国情、经济社会发展国情和治理体系改革国情。

一、领略土地制度变迁图景

本书从两个维度跟读者一起领略了土地制度的变迁图景。第一个维度是土地制度的具体内容，第二个维度是经济社会发展不同阶段对变迁的影响。

（一）土地四类制度体系

因为土地制度的主要目的是在人类利用土地的过程中确立秩序，减少不确定性，降低交易成本，所以土地制度的核心内容就是塑造土地之上的权利。为此本书从权利的维度对土地制度进行了分解，包括土地产权制度，这是土地权利上最基础的制度；土地规划制度，这是基于公法的政府公权力对土地利用的限制；土地市场制度，这是基于民法的私人权利和个人利益最大化激励而形成的一种合作与竞争的制度。耕地保护制度，既可以认为是针对耕地资源在产权、规划和市场制度上的具体设定，也可以看作耕地生态系统自身的权利，需要得到人类的尊重。

1. 土地产权制度

在土地产权制度部分，本书详细介绍了产权之于秩序的作用。产权本质是一种人与人之间的社会关系，决定了资源的分配。产权不是一个笼统的概念，可以根据需要衍生出更多的权利来组成产权的权利束。这种权利束，不仅可以分解，还可以根据需要进行重新组合来保障社会秩序。比如使用权从所有权分离，是产权的衍生以适应经济社会发展的需要；而去森林打猎需要同时拥有森林准入、猎枪使用和打猎资质等三类权利，属于一种权利束的重新组合。

产权自身也可以分类以应对治理实践的需要。西方理论中针对不同经济效益的土地进行了差别化的产权匹配，私有、共有、公有和开放产权能够发挥不同的产权绩效。中国并没有按照这种产权的分类来实现产权制度的匹配选择，中国是按照在全民所有制和集体所有制下，采取具体的产权治理结构来实现与治理实践的相互适应。比如，我们在土地经济上采取的是向地方分权的治理结构，而在土地行政上则采取的是保留中央集权的治理结构。

上述土地产权的衍生、组合和分类，都是因为产权作为制度，面临成本的约束。制度的设计、执行、监管和完善等都是需要成本的。因此，现实中不同制度有着自己的"边界"。决策者需要根据相应的外部条件对产权类型进行选择，选择一个最适合的产权制度去治理。比如，中国农用地的产权从最初的所有权和承包经营权，进一步细化为集体的所有权、农户的承包权和市场主体的经营权的"三权分置"。这体现出衍生出的经营权既适应了农地流转市场的需要，又不影响集体所有权不变、农户承包权不变的改革"底线"。

而土地产权作为塑造土地利用秩序的制度，主要是影响到土地利用效率和土地收益分配。比如分离出使用权，建立国有土地有偿使用制度，这对国有土地利用效率提升起到了极大的推动作用；对集体建设用地不允许进入城市土地市场的限制，则造成土地增值收益在城乡之间的重新分配。

2. 土地规划制度

土地规划是一种公权力的体现，可以协调或限制私人权利。本书解释了为什么需要土地规划制度。土地与普通商品不同的六个特征，使其需要规划制度进行协调和限制，以实现土地利用的公正、效率、分配和可持续。

中国的土地利用规划前后经历了四轮编制和修编。前三轮的土地利用规划都是专门针对土地利用的规划，与国家其他类型规划包括发展规划、主体功能区规划、城乡规划等保持相对独立。而第四轮的规划进入了国土空间规划阶段，不仅通过"多规合一"融合了主体功能区等空间类的规划，也与经济社会发展规划进一步协调。这体现了土地规划制度自身的不断进步。空间规划作为一种新的制度理念和内容创新，本质上是对土地利用规划体系的重塑。

规划制度体现公权力，离不开与其配套的土地用途管制、审批、督察等制度。土地用途管制是具有中国特色的"分区管制+指标控制"的管制制度，虽然有其历史的局限性，但作为政府规制体系的一个重要组成部分，仍然能够为当前的空间规划和空间用途管制体系奠定良好的从上向下的指标控制基础。比如，建设用地总量和耕地保有量等指标体系，依然保留在空间规划体系中，而这是国外空间规划制度体系中所没有的内容，有助于发挥政府与市场两个方面的作用机制。

对于土地审批制度，需要进一步厘清政府与市场的关系。审批权作为一种事前制度，是保障国家和地方政府对土地利用规划严格实施的必要手段。当然，如何实现审批在严苛与灵活之间、在稳定与效率之间的权衡，依然是一个制度设计上的议题。但伴随着社会主义市场经济体制的不断完善，现阶段和未来一定时期土地审批权的下放是一个趋势。

对于土地督察制度，它属于事后制度，是确保政府在土地利用决策上符合法律法规以及土地利用规划的一种监督制度。当然，实践中的督察制度在职能、行政隶属、与审批权的关系等方面存在对制度有效性和制度成本两方面的权衡。随着事前审批权进一步下放，土地督察作为中央政府纠错纠偏的手段，将成为一项有效且有力的事后制度，为审批权力下放、市场营商环境提升、空间秩序优化、自然生态修复等“保驾护航”。

3. 土地市场制度

土地市场是为土地产权人在产权交易上的自由决策、合作与竞争等而设计的基础规则。因此，它与规划的强制干预不同，土地市场是为自由自愿的权利交换提供服务、协调或限制的规则。市场准入、价格机制是土地市场制度中重要的内容。

中国土地市场最明显的特征就是“割裂”的市场结构。在经济快速发展时期形成了由“六个子市场”组成的市场体系，即四个正式的市场、一个默许的市场（灰色市场）和一个被禁止的市场（黑色市场）。四个正式的市场分别是农地流转市场、农地征收“市场”、国有土地一级市场、国有土地二级市场；默许的市场是宅基地在农村内部的流转（不包括流转给城镇居民）；明令禁止的市场则是存量集体建设用地直接向城市流转。

这种割裂的市场结构定义了土地的准入和价格机制。这种割裂的一个重要结果是造成了农村和农民利益的受损。所以党的十八大以来，随着新型城镇化战略和乡村振兴战略的实施，六个割裂的市场也在向城乡统一的市场转型。农村土地三项制度改革和2019年《土地管理法》的修正，是深化改革阶段最为重要的制度变化。

本书详细介绍了征地制度改革，包括缩小征地范围、规范征地程序和提高征地补偿及多元化安置的创新做法；介绍了国有土地一级市场改革，重点是对工业用地出让制度在弹性年期和理顺政府与市场关系上的阐述；介绍了国有土地二级市场改革，聚焦在存量建设用地盘活的制度上；介绍了集体经营性建设用地入市改革，分辨了入市的主体、客体、过程和收益等规则；介绍了宅基地制度改革，包括保障农民宅基地权益、探索有偿使用和退出、用益物权实现和宅基地管理自治等方面。虽然改革的内容不同，但这些改革都有一个共性，即都是围绕市场准入和市场定价机制而开展改革创新的。

4. 耕地保护制度

耕地保护制度不仅是对耕地保护和经济发展冲突的权衡，更是人类对耕地及其生态系统规则的认知、尊重和遵守。自然界也应有其权利，人类只是自然界的一部分，在与自然界的互动过程中需要考虑效率、公正和可持续发展。

本书从快速发展阶段的经济增长与耕地保护的矛盾谈起。为了应对耕地损失可能造成的粮食安全、社会稳定和环境破坏等问题，国家出台了严格的耕地保护制度，包括耕地占补平衡、永久基本农田划定、土地开发复垦整理和全域土地综合整治等制度。这些制度都是从保障耕地数量和质量来完成耕地保护任务。

从耕地及其生态系统作为自然界的组成部分应享有权利的角度看，耕地保护制度需要同时考虑数量、质量和生态“三位一体”的保护。尤其在推进生态文明建设过程中，耕地保护的目标导向不仅要实现粮食安全向食物品质安全转型，还需要从数量质量保护向“三位一体”转型，从单一促经济发展向多元促城乡等值发展转型等。这些都要求我们重新调整1986年之后30多年来形成的耕地保护制度体系。

为此，本书专门梳理了新时代耕地保护的两大战略任务与两类战略措施。战略任务包括管控好存量耕地与建设好新增耕地，而战略措施是加强政府约束与增强市场激励。其中，还梳理了一个耕地保护政策工具箱，供不同条件下的耕地保护决策选择。

（二）土地制度变迁四个阶段

理解土地制度，不仅是了解制度的内容，还需要将制度放在经济社会发展的全局中，放在中国特有资源国情和特定发展阶段的背景中，放在土地制度改革的历史中。换句话说，理解土地制度，本质上就是理解中国的资源国情、经济社会发展国情和治理体系改革国情。所以，在阐述四类土地制度时本书都和读者一起观察了制度的变迁过程，并且从制度变迁是如何适应经济社会发展阶段的角度去解释制度变迁。

对于土地产权制度，本书将其分为农村土地产权和城市土地产权两类去观察。新中国农村土地产权的变迁过程主要分为四个阶段，即土地改革的产权私有化阶段（1952 年前）、互助合作和人民公社下的产权公有化阶段（1953～1977 年）、集体所有权和农户承包权分离的阶段（1978～2002 年）、农地经营权可依法流转以及后来的“三权分置”阶段（2003 年至今）。城市土地产权的变迁过程也可以分为四个阶段，即 1949 年后国有土地有偿使用阶段（1954 年前）、行政划拨的国有土地无偿使用阶段（1955～1987 年）、现行国有土地有偿使用形成阶段（1988～2005 年）、现行国有土地有偿使用确立阶段（2006 年至今）。可以看出，城乡两类土地产权制度变迁基本上都可以以新中国成立初期、改革开放前、进入 21 世纪等三个时点来划分为四个阶段。而这四个阶段的背后就是中国经济社会发展的四个重要阶段。

对于土地规划制度，本书是按照国家对土地利用总体规划的修编实践进行阶段划分，即前三轮的土地利用总体规划和第四轮创新性的国土空间规划，分别对应 1987～2000 年、1997～2010 年、2006～2020 年和 2020～2035 年。这体现了土地利用总体规划最长不超过 15 年修编年限的要求，也展示了随着土地利用总体规划编制的目标、技术和内容的变化，土地规划制度体系也出现了适应性变化。

对于土地市场制度，本书是按照改革开放至 20 世纪末、21 世纪初至党的十八大，以及党的十八大以来，分成了三个重要的时间段，分别对应土地市场制度的初步建立阶段、快速发展阶段和深化改革阶段。这三个阶段体现的正是土地在经济社会发展过程中作用的变化。土地从资源向资产再向资本的变化，最后又回归到作为生态系统的一部分，其生态价值对可持续发展起到了重要作用。

对于耕地保护制度，本书主要将该制度的发展过程细分为 1981～1985 年、1987～2003 年、2004～2016 年和 2017 年以来，分别对应初步建立阶段、落实实施阶段、制度完善阶段和新时代战略阶段。在这个过程中体现的是国家对耕地从数量到质量再到生态上的考虑；同时也体现了耕地后备资源限制、经济发展模式转型、资源要素投入和保护上协同耦合的要求。

可见，我们国家土地制度的变迁基本上都与经济社会转型重要节点联系在一起，基本上可以划分为“新中国成立初期至改革开放”“改革开放至 21 世纪初”“21 世纪初至十八大”“十八大以来”。虽然每项具体制度会有细微的差异，但基本上都是符合这四个阶段划分的。如果要理解中国土地制度的变化过程，将其放进这四个阶段对应的经济社会转型过程是一种有效的视角，如图 12-1 所示。

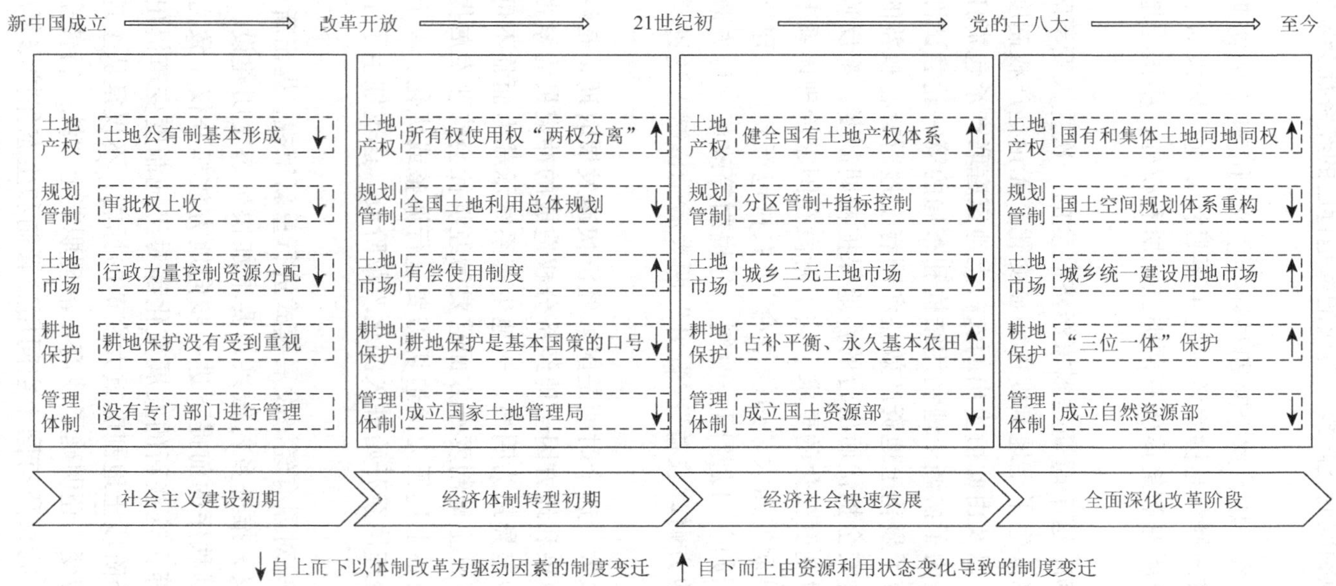

图 12-1　土地制度与经济社会和国家治理体系同步发展

（三）土地制度、经济社会发展与国家治理体系

上述“新中国成立初期至改革开放”“改革开放至21世纪初”“21世纪初至十八大”“十八大以来”等四个土地制度变迁阶段，对应的都是背后的经济社会发展，以及国家治理体系转型的驱动。

新中国成立初期至改革开放，这个时期是社会主义制度建立的初期阶段，经济重建、国家安全和制度道路选择等是国家治理的主要目标。这个阶段对土地制度的诉求是初步的，除了明确国家所有和集体所有两类土地所有权外，中国土地制度体系多处于萌芽阶段。

改革开放至21世纪初，这个时期是国家经济制度的一次重大变革时期，由计划经济向市场经济转型，这也催生了土地制度的明显变化。无论是产权制度上的变化，包括使用权从所有权分离，以及由此衍生出的农村土地家庭联产承包责任制、城市国有土地有偿使用制度，还是为了协调土地利用结构和布局的第一轮尝试性的全国土地利用总体规划制度，或是为了显化土地资产效益和国有土地所有权权益的国有土地一级市场制度，或是因对粮食安全担忧而出台的耕地保护初期制度，都反映了经济社会及国家体制机制变化对土地制度变化的要求。这个阶段在国家治理体系上，中央开始向地方逐步的分权，包括早期的四大“边缘革命”（农村包产到户、建立经济特区、乡镇企业崛起、个体经济回归），以及国企改制、分税制等改革，地方政府在这个阶段也逐渐形成了“最大化地方财政收益”“晋升”两大激励机制，这进一步催生出土地制度更多细节上的变化。

21世纪初至党的十八大，这个时期是国家经济快速发展时期，是经济转型以来土地利用变化频率最高，中央和地方因土地经济分权造成的冲突最为紧张，土地制度引致不同地区经济社会发展差异最为明显，土地生态系统承载力面临不可持续压力最大等的时期。在这种背景下，土地制度一方面需要为经济社会快速发展提供必要的土地要素支撑，另一方面也面临上述压力而迫切需要进行调整或优化。在上述经济社会发展特征背景下，国家的治理体系开始进入深化改革阶段，这也催生了土地制度改革的新阶段。

党的十八大以来，中央对原有经济发展模式进行重新审视，提出新型城镇化战略，向农村和农民进一步放权，推进乡村振兴，要求加快生态文明建设，推进高质量经济发展，在形成经济体制秩序的前提下进一步向地方放权分权，致力于保护维护营商环境和清亲政商关系等，这些新的发展变化都对土地制度变革提出了新的要求。自然资源部的建立是这个阶段土地制度重大变革的标志，不仅是从土地单一要素向自然资源综合要素治理的转变，还明确了政府在治理职能上“统一行使全民所有自然资源资产所有者职责，统一行使所有国土空间用途管制和生态保护修复职责”，这是在土地制度上对央地关系、政府与市场关系、政府与社会关系的重塑。截至目前，土地制度的转型，包括自然资源资产产权体系变革、空间规划和用途管制制度体系重塑、城乡统一建设用地市场建设、新时代耕地保护战略和制度转型等，都还处在不断发展过程中，正在对上述经济社会环境以及政府治理体系变化的新要求进行积极的反馈。

二、解读土地制度热点问题

学习土地制度，不仅要关注制度的内容，而且要能够理解制度的前因后果。什么因素影响制度的变化，即解释制度；什么后果因制度而产生，即评价制度。虽然理论上这些问题已经有系统的阐述，但通过实践中的热点问题来讲述将更为直观和具体。所以，针对每一类的制度，本书都配套了专门的热点问题。

（一）土地的产权与经济

本书在土地产权制度部分引入了一个热点话题，即中国土地产权之谜该如何解释？这个土地产权之谜是指中国并没有根据土地经济价值的不同而采用多样化的产权设置，尤其是没有对价值高的土地采用私有产权，但是中国的土地利用却有效地支撑了改革开放四十多年来经济快速增长的需要。如果从西方的产权理论来看，选择合适的产权制度（比如私有产权、共有产权、国有产权、开放性产权等）是保障资源价值实现的必要条件，否则就会出现一些不必要的“损耗”，无法满足资源配置效率最大化的要求。这个谜该如何解释？

引入这个“谜”的原因，实际上是揭示在改革开放以后土地产权制度一直在适应经济的转型而不断变化。其中最重要的，不仅是所有权与使用权的分离形成了土地有偿使用和家庭联产承包责任制，更是形成了“土地经济分权和土地行政集权”的治理结构，这种央地之间的土地产权关系，有效地促进了中国经济在转型期和快速发展期的飞跃。

这也是解释中国经济增长其中的一把钥匙。在当前的央地关系下，中央通过向地方放权和分权来推动地方在经济增长上的主动性和能动性，地方则在财政收益最大化和晋升两种竞争机制下，展开浑身解数推动地方经济增长。土地在这个过程中是地方难得的工具，“土地财政”和“以地谋发展”也成为经济快速发展阶段最重要的发展模式。

这种模式当然是不可持续的，因为以土地换取资本面临土地供给在自然和社会两个层面上的制约。从要素边际替代率递减的规律来看，土地是不可能无限制替代资本等其他生产要素，短期的快速增长将面临长期发展乏力的问题。也就是本书在前面指出的，虽然以土地征收为主要手段的建设用地取得制度，为我国工业化、城镇化的快速发展提供了空间保障以及以土地市场化配置为基础的有偿使用制度，显化、提升了土地资产和资本价值，为我国工业化、城镇化发展注入了强大动力，但这种方式造成了依靠政府投资拉动经济增长、依靠低成本的土地发展产业和项目，加上土地成为地方政府重要融资工具，加大了当期的建设用地需求，土地利用粗放的现象相当普遍，同时，这种方式形成了割裂的城乡二元土地市场体系，隐含了“用 30 年走完发达国家近百年的路”所造成的农村发展和农民利益上的牺牲。

可以看出，土地产权制度的有效与局限都与国家治理体制机制改革有关。虽然中央放权给地方在一定历史时期体现了效率，但是，上述的中央放权是不彻底的，比如没有对农村和农民的放权，也没有重视后代人的权利等，使得土地产权制度面临明显的局限。这也引致了为了适应新时代高质量经济增长的需要，土地产权制度又经历了新一轮的主动调适，包括推动集体土地所有权的“同权同价”，以及统一开展新一轮自然资源资产产权制度体系的变革。

为此，土地产权绝不是西方产权理论中简化的私有与公有的二分，也不仅仅是后来更为复杂的从私有向公有的一条类似于“波谱”的多样化的内涵，中国的经济发展过程中形成了具有中国特色的产权理论，这是一种在维持公有制不变的前提下，土地产权在衍生和组合两个维度上进行的变化，同时这种变化是为了适应中央和地方政府之间、政府与市场之间、城市与农村之间、当代与后代之间的治理体制机制的变化。因此，中国的产权制度反映了中国经济社会发展的特征规律，产权既受制于这种特征，也影响和塑造着这种特征。

（二）土地的规划与效率

在土地规划制度部分，本书最为关心的是作为公权力对土地产权权益进一步的约束和协调，地方政府和民众面临着刚性有余弹性不足的问题。无论是传统相对独立的发展规划、主体功能区规划、城乡规划和土地利用规划，还是现在正在创新中的综合性、全局性的国土空间规划体系，仍然是对公权力的内容及其边界的界定。为此，规划制度同样会受到国家治理体制机制的影响，会因为中央与地方、政府与市场等关系而出现治理效率的问题。

当前国家的治理体制决定了规划制度的重要内容不可避免地包括从上向下的管制，比如传统的建设用地总量、耕地保有量，以及现在“三线”划定等（即生态保护红线、永久基本农田、城镇开发边界等三条控制线）。这种从上向下管制的制度，面临信息不对称和决策理性的挑战，在实践中必然会出现上下级之间的冲突。当地方政府需要发展时，上级的管制却可能在束缚发展。

为此，本书重点关注了地方政府在不打破从上向下管制的前提下如何找到通往效率之路。在中国，上级最大的约束就是各类指标的分配，以及根据指标而实施的各类审批制度。受计划经济时期路径依赖的影响，规划的指标分配在实践中不得不考虑相对公平，这导致资源并不是绝对按照经济效益最大化的原则进行分配。在经济相对发达地区，往往面临发展指标不足或限制指标过重的现象。这些都不利于地方的发展。

地方能否自己创造指标，又不违反上级的管制？这一看似不可能的任务，在实践中被一些地方政府破解了。从第二轮全国土地利用总体规划修编开始，浙江、江苏等地出现了中国土地发展权的雏形，尤其是浙江省通过土地整理和土地复垦等方式新增耕地面积折算为相应数量的新增建设用地指标，在不影响国家年度新增建设用地指标总量和落地的前提下，通过调整土地利用总体规划中的一般农用地、基本农田等空间位置，为这些地方自己“创造”的指标落地找到了空间。这种指标的背后体现了两类土地发展权的转移。一是通过在一般农用地上采取土地整理措施新增耕地，进而将城市周边等量的耕地置换到这些新增耕地上，而被置换的城市周边耕地则可用于非农建设——此举并不违反耕地保有量的规划管制的要求；二是通过在农村各类建设用地上采取土地复垦措施新增耕地，进而将原来位于农村的建设用地置换至城市周边的耕地上，并将城市周边耕地转变成等量的建设用地——此举也不违反建设用地总量的规划管制的要求。

地方的这类创新，属于发展权的空间转移，但不是基于市场的定价方式，而是由地方政府主导的，此时发展权转移的增值收益主要为地方政府所享有。因为地方政府通过此种方法，获得了更多的新增建设用地指标，用于国有土地一级市场上新增土地的供应。本质上，这是地方政府自发地对辖区内的土地利用空间分布进行优化调整，符合在上级政府管制下的自发效率提升。

但是，上级政府自然不希望地方政府能够找到管控指标“开源”的方式。因为，虽然这是一种效率提升的行为，但会影响上级管制的约束力，也就是前述“集权的土地行政约束”的效果。于是，中央政府叫停了地方的这种自主创新。但是，地方的创新方式也给中央提供了一种效率提升的制度设计思路，于是不久后中央就出台了城乡建设用地增减挂钩政策，这也是一种发展权转移的政策。从初期必须明确建新区和拆旧区的挂钩，到后面可以任意在县域范围内交易，再到重庆出台的地票政策将交易范围拓展到省级区域，国家最终也允许在一定条件下挂钩指标的省域交易，甚至对口扶贫等政策下，也允许挂钩指标的跨省交易——但这更属于发达省份向欠发达省份转移部分土地出让收入，是一种受限的交易制度。上述挂钩指标交易制度的发展，标志着中国土地发展权交易制度的逐渐成形和健全。

效率提升紧接而来的就是增值收益分配的问题。政府主导的挂钩指标交易，是政府支付补偿给拆旧区，然后完全主导建新区的土地供给，这意味着增值收益主要由政府获得。而允许农村集体经济组织自主实施城乡建设用地增减挂钩项目，并将挂钩指标在交易平台上出售给第三方，比如义乌的“集地券”交易、重庆的地票交易等，是更符合市场定价机制的制度设计。如果赋予了农民土地产权，则采取政府主导还是市场定价，是农民自主自愿的选择，就不会出现2020年初沸沸扬扬的“合村并居”问题。这个收益分配的问题就是下文土地市场制度部分重点关注的问题。

回过头看中国土地规划制度中从上向下的约束机制，核心问题之一就是政府的管控在效率与非效率上的权衡。本书所讲述的规划制度创新，基本上都是在管制目标不变的前提下提升规划管控的效率的做法，也就是在管制加交易的基础上，对交易环节进行各类制度创新设计。

（三）土地的市场与分配

土地市场制度改革的目标是提升效率。中国的土地市场制度在建立之初并不是一夜之间就建立健全的。因为体制机制的原因，土地市场在准入和定价两类规则上都是渐进式地放松管制。放松管制就是让市场在配置资源过程中起决定性作用的体现，这既体现在国有土地市场上，也体现在城乡统一建设用地市场上。但也正是逐渐放松的管制，引起效率提升之余同时需要考虑分配的问题。

无论是快速发展时期土地制度带来的土地资产资本属性的显现，还是深化改革时期城乡统一建设用地市场的建设，虽然都体现了土地经济效率的提升，但也都需要对分配予以考虑。比如，城市土地市场中的工业用地，无论是在一级市场还是在二级市场中，都出现了因政府干预而引起收益分配结构的变化。所以近年来，在健全一级市场制度过程中出现了“标准地”的政策创新，通过事前设定出让规则和用地标准，工业用地出让更加透明，营商环境更为优越，土地收益也才得以以市场规律进行分配。同时，在一级市场中也出现了土地出让弹性年期的制度，以避免工业产业生命周期与土地出让周期差异明显而造成土地闲置或低效。这种弹性年期制度也有利于后续二级市场中的土地盘活利用等。这类市场制度改革，表面上都是让更能够发挥工业用地经济价值的主体通过市场获得土地，而本质上更是通过优化土地增值收益分配规则，让相应主体不再受到非市场规则的影响。

在赋权农村和农民的改革过程中，农村建设用地市场制度仍然面临两大约束，一是土地自然区位的影响，二是政府管制放松程度的影响。很明显，如果仅仅是允许集体经营性建设用地入市，能够享有制度红利的只是少部分具有较好区位土地上的农村和农民。在江苏宜兴、湖北沙洋和四川郫县的案例中，能够发现如果没有“政府有为”是不会出现市场有效的，中西部或者偏远农村土地在市场上会面临薄市场甚至无市场的困境。此时，只有政府通过“指标转移异地入市”“股份合作”等方式才可以缓解这种困境，实现城乡统一建设用地市场在提升效率的同时，解决资源禀赋条件不同造成的增值收益分配的差异。而政府管制放松程度也会对市场化改革的收益分配产生影响。对于只允许集体土地出租和允许集体土地与国有土地同权同价，两种方式下土地的市场价格和收益分配会明显不同。比如前文讨论的宜兴、沙洋和郫县的抵押权市场价格，甚至出现了东中西部的“倒挂”现象，即处于西部的郫县抵押权价格最高，这是郫县农村土地市场中政府管控最放松，政府甚至主动出台允许集体土地抵押的制度并推动银行接受集体土地作为抵押物的缘故。这样来看，市场化的过程中又离不开政府的作用。

所以，政府有为与市场有效是一个相辅相成的关系。在基础性制度层面，我们要充分发挥市场决定作用的同时，也要更好地发挥政府作用。因为市场能够提升土地资源配置效率，但市场无法解决初始禀赋和自然条件等对收益分配的影响，也无法解决经济价值单一目标对土地资源配置有偏的影响。在治理结构层面，市场与政府属于两种并列的政策工具，偏向市场主导类的政策与偏向政府主导类的政策没有优劣之分，需要根据具体情景在制度成本等方面进行权衡。在多数集体行动中，比如宅基地的退出、征地补偿安置等，政府型政策工具比市场型政策工具要有明显的优势。

（四）耕地保护与多元价值

耕地保护制度在内容上不断演进，从单纯的数量保护发展到后来的数量质量并重，再发展到现在的数量质量生态“三位一体”的保护。这种目标上的演进体现的是耕地作为生态系统的一部分所引起的多元价值冲突的本质。对耕地数量和质量保护，更多的是对粮食安全和经济发展的权衡。对耕地生态属性的保护，则是对生态系统的尊重和对后代人利益的保护。这里面出现了不同的价值目标。

中国的耕地保护制度一直以来都是政府强制推动的，包括占补平衡、永久基本农田划定等。从实施过程来看，面临中央和地方的张力，以及存在政府在发展与保护上的取舍。如何激励地方政府自愿积极提供耕地保护此类公共物品，如何为生态价值提供市场激励机制，是解决上述张力和取舍矛盾的有效途径。本书在解释耕地保护必然是一种从上向下的行政管制的基础上，介绍了两类领域中的激励机制创新。一是在土地整理复垦中的地方政府激励机制；二是在耕地生态服务价值上引入市场机制。

对于地方政府的激励机制，本书介绍了“项目制”的治理结构如何在土地整理复垦和城乡建设用地增减挂钩的政策协同中发挥作用。项目制为地方政府在传统的集权管制中提供了一定的分权激励，即地方政府可以综合考虑是否接受上级专项资金，也可以自主决定如何统筹各项专项资金发挥规模效应，起到了“集中力量办大事”的效果；而上级政府也可以在下级政府主动申请项目的过程中消除一定的信息不对称，分辨出更适合开展土地整理复垦的地区，提升上级财政专项资金的使用效率，同时在后续检查验收等环节也有利于形成多利益主体的相互保障的效果。这种对耕地保护的分权激励，非常类似于土地的经济分权能够激励地方经济增长中的能动性，在实践中得到了地方政府的有效响应。

对于针对生态服务价值建立市场机制，政府管制是不可或缺的。无论是在德国的生态账户制度，还是在美国湿地银行制度中都能发现类似的规律。德国通过“减缓影响的规制”为生态账户建立提供了制度前提，而美国通过“零净损失”原则为三级湿地补偿机制以及公私合作模式提供了制度基础。如果展望国际上生态补偿涉及的市场机制类型，无论在激励型还是约束型的交易类型，都离不开政府的作用。市场的交易要么是需要政府通过管制给出正式的责任义务，要么是政府需要直接参与交易，不然相应的市场要么是无法建立，要么因为交易成本过高而无法交易。

本书在解释耕地生态占补平衡的市场制度时更想表达的是耕地此时的角色发生了变化，不再是被人类利用的物品或产品，而更应该被视为是与人类平等的生态系统的一部分。耕地与人类一样，都属于这个系统的一部分。我们对耕地的保护，实际上是对人类自身的保护，因为当我们破坏耕地生态系统的同时，将受到生态系统的反馈甚至反噬。当我们不断逼近生态系统稳定的阈值时，人类的可持续发展将面临威胁。所以，我们设计的耕地保护制度，更应该从尊重耕地及其生态系统本体出发，不要从如何能够为人类带来更多的价值出发，这是多元价值目标的要求。否则，土地将通过“社会-生态系统”惩罚人类，比如水土流失、气候变化等对人类当前和未来生存环境已经产生了威胁。

三、培养土地制度理论素养

虽然本书撰写的初衷是作为土地资源管理专业本科生了解中国土地制度内容及体系的入门教材，但也想通过热点问题的分析，让读者能够积累一定的理论分析经验。在绪论中本书介绍了两类制度分析框架，一是“社会基础、制度环境、治理结构和资源配置”四个层次的分析框架；二是“效率-分配-损耗”三维度的分析框架。前面各章实际上已经在使用这两个框架分析热点问题了，只是没有突出这两个框架详细的分析过程。这一节将对两个框架的分析逻辑进行总结。

（一）理解中国土地治理的体制机制

如果读者留意的话，会发现本书经常谈起体制机制或者国家治理体系等词语，会用这类词语去解释土地制度的出现或变迁。实际上，这用到了四个层次分析框架中的两个层次的互动，即制度环境层次与治理结构层次的互动。国家治理体制机制或治理体系是基础性制度，属于制度环境层次的制度；而土地制度是为了基础性制度的实施而在土地部门开展的具体制度设计，属于治理结构层次的规则。

在土地产权制度中，用于解释中国经济增长之谜的“经济分权和政治集权”模式属于体制机制上的制度设计，中央向地方放权被认为是中国市场经济得以快速发展的原因。也正是在这个体制机制下，土地产权形成了“土地经济分权和土地行政约束”的治理结构，土地被地方政府视为重要的资源资产和资本，借助土地市场来实现地方政府在财政收益最大化上的竞争，同时也因为竞争而维护并推动土地市场的发展与壮大。借助土地市场实现竞争，是指为了推动地方工业化、城镇化，借助国有土地使用权的出让来竞争性地获取地方发展的资本积累；为竞争而维护并推动土地市场发展，是指在中央向地方放权后，在地方经济不断发展的过程中土地市场也得到了长足发展，包括从无到有，从划拨和协议出让居多转变为以招拍挂为主，从工业用地低价出让的地方“竞次”现象转为地方主动采取“标准地”出让的“竞优”现象等。可以发现，土地市场不断夯实且发挥越来越明显的配置作用。

在土地规划制度中，长期以来的计划经济体制造成国家各类规划制度的路径依赖，即主要以从上向下的规划计划控制和审批为内容。从第二轮土地利用总体规划修编后我们就形成了非常成熟的指标规划体系，包括建设用地总量、耕地保有量、基本农田划定等规划指标体系，以及新增建设用地、耕地占补平衡、城乡建设用地增减挂钩等年度计划指标体系。这些都反映出体制机制对土地制度的影响。当然，在土地规划制度上有一个从治理结构向制度环境层次反馈并引起制度环境层次变化的现象，即因为部门规划之间“打架”影响规划公信力的问题，国家最终将不同部门规划合并，并由自然资源部统一行使所有国土空间规划的编制工作。

在土地市场制度中，土地市场的城乡二元结构实际上是源于整个国民经济中的城乡二元结构体制。新中国成立后我国实行的是计划经济体制，其核心是城乡户籍制度，明确将居民区分为农业户口和非农业户口两种不同户籍，并在此基础上构建了几十种相关制度安排，如粮油供应、劳动用工、社会保障等。这种制度把城市与农村人为分割，使得非农业户口附带了各种特权和福利，形成了城乡不对等的二元经济社会结构。因此，中国的城乡二元结构是一种国家主导下的制度设置。土地市场制度也受到这种体制的影响，在城市建设用地上形成了逐步完善的国有土地市场，而农村集体土地市场一直是一种受限的、发育不良的市场。随着新型城镇化战略的提出，城乡二元结构亟须打破，这也推动了城乡统一建设用地市场体系的改革进程。

在耕地保护制度中，地方政府被动地应付上级要求的耕地保护任务，这也是受到体制机制的影响。现有的央地关系导致地方政府的激励机制主要有两条，一是地方财政收益最大化；二是主要官员晋升激励。前者导致地方尽可能地卸责，能“异地代补”就不会主动履行占补平衡责任，能“占优补劣”就不会保障新增耕地质量，这会导致耕地保护整体效果的降低；而后者会导致地方政府短期行为居多，会导致地方有选择地执行政策，比如更偏好土地开发而不愿意采取整理和复垦等耗时费力的措施，不主动考虑占补平衡造成的生态环境破坏。只有将经济利益与耕地保护目标捆绑在一起，地方的积极性才能被调动起来。

所以，在制度环境层次上的央地关系、城乡关系、政府与市场关系等体制机制决定了治理结构层次上的土地产权、规划、市场和耕地保护等制度的内容和特征。两个层次的制度相辅相成、相互影响，塑造着中国的土地制度体系，同时也不断优化着国家治理的体制机制。

（二）土地治理的效率、分配与损耗

1. 效率与分配是常用的制度评价标准

当新的制度形成或者旧的制度变化后，本书常常对制度产生的影响进行评价，尤其是会围绕土地资源的效率和分配展开论述。这实际上是在评价制度环境和治理结构共同对资源配置所产生的影响。也就是土地制度经过从体制机制到治理结构的传导，最终对土地利用实践产生影响。效率和分配是本书关注的评价标准。

土地是稀缺资源，区位好的土地更是稀缺的资源。所以，如何提高土地利用效率是评价土地制度重要的标准之一。对于土地产权制度，在公有制基础上形成的城乡经营性建设用地使用权、农用地三权分置中的经营权、宅基地三权分置中的使用权等，都属于为了提升土地资源配置效率而进行的土地产权的衍生创新。在规划制度中，政府管控是为了提升确定性和保障秩序，但是因为上下级之间的信息成本和政策执行过程中的机会主义行为而往往面临决策低效的问题，所以通过引入各类市场机制来提升管制的效率，属于效率提升的政策设计。在土地市场制度中，对准入规则的优化和对市场定价制度的创新，比如允许集体经营性建设用地直接入市，对工业用地采用“标准地”的招拍挂，对征地补偿采取留用地并赋权农民集体自主经营等方式，都属于通过市场制度的优化创新来提升资源配置效率。在耕地保护制度中，允许占补平衡指标交易，允许土地复垦指标交易，允许生态系统服务价值交易等，都属于提升耕地保护在不同地区、不同用途和代际之间的配置效率。

土地效率提升的目的是实现收益的帕累托改善或缩小二次分配差距，而不是拉大差距。所以，实现土地制度创新后土地收益分配上的改善是评价土地制度重要的标准之二。对于土地产权制度，近年来推动经营性建设用地使用权的同权同价、宅基地用益物权的实现（即允许流转、抵押等）、缩小征地范围和规范征地程序等，都属于能够促进城乡统一建设用地市场形成，同时能够有效改善城乡之间在土地增值收益分配上的比例优化，实现国家、集体和农民之间收益分配趋向合理的目标。对于土地规划制度，追求刚性规划的弹性空间，比如允许城乡建设用地增减挂钩指标交易，实际上也达到了一种城乡协作、发达地区与欠发达地区的协作、商住类用途收益向农村旧村更新成本转移等效果，因此这属于一种政府规划管制下才可能出现的财富转移。对于土地市场制度，通过政府有为来推动市场有效，实际上就是通过政府的作用来实现市场制度红利能够向更多市场主体普及，比如以“一揽子”方式推动集体建设用地流转的“去区位化”和多主体合作；通过城乡新社区集聚的方式，实现政府推动土地节约集约利用和空间优化过程中各方主体都能够实现增值收益的分享等。对于耕地保护制度，将耕地占补平衡从数量平衡向数量、质量、生态“三位一体”的制度转变，是从单纯考虑粮食安全和经济发展的矛盾，向权衡不同空间用途、代际之间的权利冲突的转变，是对不同主体权益公平公正的考量。

2. 政策工具选择不能忽视的“损耗”

在制度分析实践中，“损耗”的标准常常被忽视。损耗是指土地制度在满足效率和分配目标的同时，还应该考虑是否满足制度设计、执行和监管等不同环节的制度成本最小化目标，即实现“摩擦”的最小化。治理结构（亦即政策工具）的选择是降低这种损耗的主要途径。

在土地产权制度中，本书常常谈起产权的治理结构。首先，针对产权在内容上的改变，比如从公有向私有的转变，不仅总体的制度成本会很高，同时在一些经济社会中是不被接受的，因此往往只能从产权的具体治理结构来进行优化并实现相仿的效果。比如，中国采取了“分权经济管理和集权行政约束”的产权治理结构，在经济快速发展阶段实现了与西方产权理论中差别化产权制度相仿的绩效。其次，在具体治理结构选择上，完全的集权、完全的分权，以及部分分权和部分集权相结合等都是备选的方案。完全的集权面临信息成本和制度执行成本；完全分权又面临失控和不确定的风险；将土地经济决策权力下放给地方政府，但又保留中央在规划计划指标设计和分配、土地用途审批等方面的权限，前者让地方有自主性和积极性，后者让中央有纠偏纠错的权利。这种方式对于产权制度的实施成本能够起到优化的效果。比如，中央既不用操心国有土地如何在地方土地市场上供应，也不用担忧地方会违规而造成中央需要耗费大量成本开展监督检查。这种“分权经济管理和集权行政约束”的产权治理结构符合降低损耗的标准。

在土地规划编制的过程中，往往面临规划数据不准确的问题。中国采取的是对“流量”“变化量”进行严格规划审批和控制的策略，而具体的基数是否准确对土地规划秩序没有太大影响。只要能够保证流量和变化量符合规划目标，就可以避免耗费大量时间和经济成本在基数的重新调查、统计和整理中。当然，准确的基数长期来看对于保证规划目标的科学和合理是必要的，这也是为什么中国已经进行了三轮全国土地调查的原因。

规划还面临不同职能部门独立规划和“多规合一”规划的权衡。中国当前的经济社会发展和自然生态承载条件与新中国成立初期、改革开放初期，甚至于21世纪初期都出现了翻天覆地的变化，各种部门规划在实际执行过程中的相互掣肘已经越来越明显。这种早期为了降低成本而采取分部门设计的规划逐渐面临实施过程中难以承受的成本。所以党的十九大以后，原主体功能区规划、城乡规划和土地规划等统一重构为国土空间规划体系。这虽然会增加规划编制过程的成本，但能够有效降低规划实施和事后监管的成本。

在土地规划实施过程中，还面临刚性与弹性的权衡问题。完全的刚性规划无法适应经济社会及自然禀赋的不断变化。在刚性规划中允许一定的弹性，是在规划目标不变的前提下对治理结构的优化选择。允许土地整理指标和复垦指标折算为新增建设用地指标，体现了“浙江模式”这种治理结构在满足规划总体目标不变的情况下，降低规划刚性束缚造成的损耗。比如，如果没有“浙江模式”，地方政府在第二轮规划批准后的第二年就再次向中央申请扩大新增建设用地指标的报告，这种计划性质的上下互动必然会增加很多制度成本。而中央推出城乡建设用地增减挂钩政策也是与“浙江模式”相仿的例子。该政策既实现了缓解地方指标紧缺的矛盾，同时又回归由中央统一计划控制的治理结构。相对于“浙江模式”，城乡建设用地增减挂钩在本质上是通过优化存量的耕地和建设用地布局，来为新增建设用地开发提供空间。但在“浙江模式”中，中央政府无法有效监管、控制，造成传统计划指标制度体系功能被削弱；城乡建设用地增减挂钩则继续保留在中央政府年度计划指标的制度体系中，而且中央对指标使用的范围、功能等做了进一步的限制，使得挂钩指标对传统新增建设用地计划指标影响不大，既提高了对地方政府的控制效果又满足了地方改善指标分配效率的目的。因此，这种制度设计在当时的情形下是一种降低损耗的政策设计。

在土地市场制度中，也可以观察到不同的市场组织方式对交易成本的影响。传统工业用地出让，企业与政府要“走后门”“找关系”，而“标准地”出让则可以重塑政商关系、优化营商环境，大大节省了工业项目投资和落地的事前成本，同时降低了事后的不确定性，这些都可以降低损耗。在农村集体经营性建设用地入市过程中，由政府协调推动的郫县“一揽子”流转模式有效降低了区位不佳的地块入市交易的成本，相比沙洋位置不佳的农村为招商引资而烦恼，郫县的市场组织方式能够明显降低损耗。还可以观察“城乡新社区集聚”和“合村并居”两个案例。前者采取以村民自愿为前提的政府统筹模式，后者采取以政府强制和统一推动的模式。虽然前者需要投入很多事前协商成本，但其执行的成本和事后冲突的成本远远小于后者。合村并居后续被省级政府暂缓，一些地方官员受到处分，引发大量媒体的关注等，不仅影响了最初的工作目标和进度，而且事后调整成本远远高于事前协商成本。在征地补偿的留用地案例中，杭州余杭的“土地折货币换房产”的模式，与杭州主城区的留用地政策实施模式相比，余杭模式有效地增加了政府对村集体随意选址、选择产业，以及与开发商合谋等问题的控制，既降低了政策实施成本和事后调整成本，也避免了政府公信力和城乡规划严肃性受损的成本。

在耕地保护制度中，本书专门讨论了项目制在推动土地综合整治上对降低上下级信息不对称、提高地方积极性，以及提升项目后续监管效果上的作用。类似地，在耕地生态服务价值实现中，完全由政府财政购买模式，不仅因为政府难以定价和在补贴分配中面临公平问题等增加了制度的执行成本，而且面临因预算限制而出现制度不可持续的问题。当引入市场机制后，无论是一级市场还是二级市场，都能够降低相应“破坏者付费”和“供给者获益”的制度执行成本。

所以，上述不同制度的实施模式选择，实际上都揭示了制度损耗是重要的评价标准。根据特定的情景需要选择最合适的治理结构来降低制度损耗，也是国家治理体系和治理能力现代化的体现。

四、致土地资源管理专业的同学们

亲爱的同学们，《中国土地制度导论》这本教材的撰写至此就快要收笔了。希望对中国土地制度的梳理和热点问题的分析，能够帮助同学们较为系统的认识土地治理以及背后的公共管理学科的知识，能够对土地制度相关理论分析的范式有感性的认识。在最后一节中，希望跳出本书的内容，说一说我对同学们的期待。

（一）希望大家能够学到的知识、能力和素养

我在设计这本教材时，有两个层面的目标。一个是知识和能力层面的目标，另一个是素质和人格层面的目标。前者是基本目标，后者是终极目标。

在知识和能力层面，希望大家能系统掌握新中国土地制度变迁图景、知识框架和基础理论。通过本书，希望大家能够把握中国土地产权、土地规划、土地市场和耕地保护等主要制度的发展脉络，归纳土地制度的分析方法，并逐步形成解决中国土地问题的逻辑思路。还希望大家能根据所学知识来解释、分析并解决中国土地实践问题。针对城乡、区域、全国等不同尺度和不同情境，逐步实现理论学习向实践应用的转化。

在素质和人格层面，希望大家能够进一步树立现代公民意识和“公忠坚毅、能担大任、主持风会、转移国运”的价值观。虽然土地制度在经济学、管理学、政治学和社会学等不同学科领域都是研究的热点，但土地资源管理专业有着不一样的专业视角。土地，既是政府行政管理职能中不可或缺的组成部分，又是经济快速发展阶段用于调控经济的宏观政策手段，还承载着地上地下空间体系，以及承担着不可忽视的生态系统服务价值。只有土地资源管理专业才会同时从公共管理、经济学和可持续发展的视角来看待土地。这种“社会–生态”系统的视角，将有助于更好地理解实践中各类热点问题，并给出更加专业的答案。希望每一位当代大学生和每一位本书的读者，在学习完《中国土地制度导论》这本书后，都能够理解土地制度对实现经济高效增长、社会公平发展，以及生态系统的可持续保护等方面的作用。作为本专业的大学生，还需要能够积极承担社会责任，用专业知识和积累的能力为国家土地治理体系和治理能力现代化做出应有的贡献。

（二）希望大家重视并尊重土地及其生态系统

本书的内容主要是围绕土地的社会属性展开的，也就是因为土地对于人类是资源、资产和资本，人类才重视它，才围绕它设计了各种各样的制度来保障使用的秩序和降低成本。但是，对于被人类忽视的土地在非经济方面的价值，人类该如何对待呢？

实际上，土地及其生态系统是一种特殊的治理对象。它具有一种被称为“社会–生态”系统耦合的特征，即土地可以被人类利用产生经济和社会价值，但同时人类利用也必然会对土地生态系统产生负面影响。土地的生态系统如果受到了超出其可恢复、可承载的破坏，就会反作用于人类，不仅包括土地利用成本激增（比如一个工厂对附近土壤产生污染，而污染可能通过水文系统“默默地”影响下游渔民的产出），还包括可能对人类造成更大的灾害（比如水土流失、沙漠化、洪水、极端气候等）。这种土地在社会属性和生态属性两个方面的相互依赖、相互联系、相互制约，使得土地治理变得更为复杂。

在治理过程中，需要改变对土地生态系统的传统认识。虽然地球是具有强大自我恢复能力的自然系统，但是已有证据表明人类活动已逐渐威胁到了地球系统的自我恢复能力。生物多样性损失、气候变化、空气和水污染等是人类活动对“地球系统”产生负面影响的重要证据。经济和人口在快速增长的同时，能源、水、材料等使用量也在增加。近年来各国都在讨论经济增长与资源能源使用“脱钩”的可能性，但是，对于主要材料包括水泥、铁、铜等的使用，目前并不存在任何脱钩趋势。上述挑战已成为全球性的现象，中国乃至任何一个人都不能独善其身。

包括土地资源在内的自然资源的耗竭和生态环境的破坏是全世界经济社会可持续发展的最大挑战。近年来，联合国等机构公布了几份重要报告都表明人类正在面临生态系统功能的退化甚至毁灭[①]。为了让世界走上可持续发展的道路，所有国家都需要重新审视当前的经济发展模式，并尽快找到相匹配的制度体系。

---

① 具体参见：Summary for policymakers of the global assessment report on biodiversity and ecosystem services，2019-05-31，https://ipbes.net/sites/default/files/2020-02/ipbes_global_assessment_report_summary_for_policymakers_en.pdf。Emissions Gap Report 2018，2018-11-27，https://www.unenvironment.org/resources/emissions-gap-report-2018？page=1。

这就要求各国人民都能够理解可持续发展的内涵。可持续发展，意味着人类要在生态系统安全空间中活动，即在一个上限和一个下限之间进行活动。上限就是生态系统的临界点（承载力），而下限就是生态系统至少要满足人们公正和体面的生活、生产和消费。

当今西方国家主流的发展模式本质上都是通过经济增长来创造更好的生活。然而，这种模式潜在的逻辑是“涓滴效应”（trickling down）。即由优先发展起来的阶层通过消费、投资、就业等行为惠及贫困阶层，带动整体的发展和富裕。一份研究表明，这种模式的实际效果并不好①。在过去十年里，西方社会不平等现象一直在加剧，社会整体收入差距在拉大。

这是因为这些社会中的生产和消费模式陷入了一种恶性循环，它一直在培养人们复制富裕阶层消费方式的欲望。然而富裕阶层的消费方式是没有尽头的。正如凡勃仑曾说过，富人倾向于通过“炫耀性消费”来显示自己的社会地位和声望②。普通民众试图追赶富人是不可能的，因为富人们总是会找到新的方式来区别自己。但也正是如此，发展才得以维持——这也是这种涓滴机制的魅力所在，只是自然资源也在不断损耗。

换句话说，即使“涓滴效应”逻辑行之有效，生态系统的承载力也可能面临崩溃的问题。因此，涓滴逻辑虽然理论上可以逐渐实现全社会的福利增加，但需要在生态系统安全的前提下来实现。然而，“涓滴模式”下的“帕累托改善”面临难以回避的窘境——为了改善，只能扩大投入。这实际反映着“涓滴模式”面临制度悖论，为了实现经济收益最大化的制度却不能实现资源的可持续利用。

资源可持续和生态系统安全意味着需要人类对自己的限制和管制。让全世界所有国家和个人都敬畏生态系统的承载上限和尊重全人类都享有共同美好生活的底线，这个目标在现实中是非常困难的。从根本上讲，这关乎我们如何理解幸福，即意味着人类如何形成价值观，然后在相应价值观上建立制度。这就是我想跟各位同学在课程最后一起谈谈的一个重要话题，即这本书的价值观。

（三）希望大家理解并践行的价值观

人可以是自私的，也可以是利他的——人根据不同的动机决策③。此时，制度就显得尤为重要，因为它们塑造了合理性，即什么是正确的事。合理性包括个人理性——什么对于个人是最好的，以及社会理性——什么对社会或他人是最好的④。

土地治理和可持续发展需要强化社会理性，保护子孙后代利益和保障土地及其生态系统的安全即是一种社会理性。而这也是《中国土地制度导论》这本书的价值观，这个价值观包含两个层次的内容。

一是传统的“涓滴模式”是在用“帕累托改善”逻辑掩盖收入差距拉大的事实，而且这种改善是建立在忽视资源环境非经济价值和后代人利益的基础上的。这种出现制度悖论的逻辑，本质上是对自然资源和生态系统的权利和后代人的权利的不尊重。

---

① Piketty T. 2014. Capital in the Twenty-First Century. Cambridge：The Belknap Press of Harvard University Press.

② Veblen T. 1899.The Theory of the Leisure Class：An Economic Study of Institutions. New York：Macmillan.

③ Hodgson G M. 2007.The revival of veblenian institutional economics. Journal of Economic Issues，41（2）：324-340.

④ Vatn A. 2005.Institutions and the Environment. Cheltenham：Edward Elgar Publishing：123-125.

"损有余而补不足"是解决"涓滴模式"制度悖论的一种价值观。即通过社会内部适当再分配，不仅以"损有余而补不足"的逻辑来解决人民日益增长的美好生活需要和不平衡不充分的发展之间的矛盾，而且通过对土地经济和非经济价值间的统筹权衡来实现对资源保护的激励。中国和世界未来的发展需要实现用尽可能少的资源投入带来更为平衡和充分的发展，这体现出生态文明时代对生态保护建设的优先论、经济发展与环境保护的统一论，以及生态优势向经济优势的转化论的理念。

国家主席习近平2013年在哈萨克斯坦纳扎尔巴耶夫大学演讲时指出："我们既要绿水青山，也要金山银山。宁要绿水青山，不要金山银山，而且绿水青山就是金山银山。"① 习近平的话也表明了中国的国家战略正在世界范围发生引领性的转变。例如，虽然生态系统服务价值是很难有市场价格的，但国家提出了要建立生态产品价值实现机制来激励市场主体主动保护生态。这是一种积极的信号，意味着当前的政策正在从事后政策（先污染后治理）向事前政策（将污染成本纳入前期决策）转变。再例如，中国已开始采取新的绩效评估体系来考核地方政府，关注高质量经济发展而非单纯的经济总量指标。另外，国家对社会分配政策提出了要求，包括目前国家正在推进的城乡统筹、全面小康和全体人民共同富裕等重要工作。当然，实践中还需要更多的体制机制创新来推动生态文明建设。其中，理解并秉持通过"损有余而补不足"的逻辑来从根本上解决"涓滴模式"的制度悖论，是新时代重要的价值观。

二是价值观属于一种价值规范，本身就是制度的一种。在本书第一章中，制度被分为习俗、价值规范和强制规则等三类。三类制度在不同的场合发挥不可替代的作用。因此，除了希望同学们理解上面第一层次上的价值观的内容，我还希望同学们理解任何一种价值观都需要个体成员的自我践行并积极影响其他人。这里面体现出人类的社群属性，个人是社群依赖的。个人的价值理念由社群价值理念来塑造，反之亦然。为此，我们每个人作为土地资源管理专业的学习者和实践者，都责无旁贷需要践行上述的价值观的内容。更重要的是，我们要理解一个辩证的关系，即"我"和"我们"的关系。有什么样的"我们"就有什么样的"我"。为了让"我"更好，需要更好的"我们"。而只有通过"我"的努力，才可能通过影响"我们"来让"我们"更好。同学们，我们每一个人组成了"我们"，只有我们每一个人都能够践行并影响他人，上述的价值观才能被"我们"接受、重视和践行。

土地等自然资源具有公共物品属性，受制于低竞争性、低排他性的物品特征，会面临过度损耗的问题。对于土地管理的核心挑战就在于如何设计恰当的制度与机制，有效协调公众的行动以实现土地资源的可持续利用。这种设计既需要能够与当前时期中国的体制机制相适应，也需要考虑经济社会发展，更重要的是要体现尊重土地及其生态系统的价值观。

所以，同学们应该看出，土地资源管理专业有着自己的魅力和生命力，其专攻的知识、能力和素质是未来很长一段时间国家社会所亟须的。大家要为选择本专业深入学习感到骄傲，为未来即将从事的工作充满憧憬，对本专业领域的从业者为国家和社会所做出的贡献充满尊敬！我希望同学们愿意作为"我们"中的一分子，共同肩负起建设新时代中国特色社会主义土地资源治理体系和制度体系的重任！

---

① 习近平在纳扎尔巴耶夫大学的演讲。2013年9月8日。http://www.xinhuanet.com//world/2013-09/08/c_117273079.htm。

➢ 【本章总结】

本章是本书终章。它解释了本书的设计思路，重点回顾了四类土地制度的变迁过程、热点问题和相应的理论基础，并说明了四个层次制度分析框架和三维的制度评价框架的运用过程。在最后，本章还详细说明了《中国土地制度导论》的价值观。“损有余而补不足”是解决“涓滴模式”制度悖论的一种价值观。通过社会内部适当再分配，不仅以“损有余而补不足”的逻辑来解决人民日益增长的美好生活需要和不平衡不充分的发展之间的矛盾，更是通过对土地经济和非经济价值间的统筹权衡来实现对资源保护的激励。土地资源管理专业的大学生要理解并践行这种价值观，肩负起土地资源治理体系现代化的责任。

➢ 【本章复习题】

1. 土地产权、规划、市场和耕地保护四类制度的变迁过程有哪些相似的地方？
2. 土地产权、规划、市场等三类制度之间的关系是什么？
3. 请从价值规范的角度谈谈如何提升土地治理在效率、分配和损耗三方面的绩效？

科学出版社

教师教学服务指南

为了更好服务于广大教师的教学工作，科学出版社打造了“科学 EDU”教学服务公众号，教师可通过扫描下方二维码，享受样书、课件、会议信息等服务。

样书、电子课件仅为任课教师获得，并保证只能用于教学，不得复制传播用于商业用途。否则，科学出版社保留诉诸法律的权利。

关注微信公众号“科学 EDU” → 点击“教学服务”-“样书、课件申请” → 审核（1 个工作日） → 样书 7 工作日寄出、课件 3 工作日发送！

关注科学 EDU，获取教学样书、课件资源

面向高校教师，提供优质教学、会议信息

分享行业动态，关注最新教育、科研资讯

科学 EDU

学生学习服务指南

为了更好服务于广大学生的学习，科学出版社打造了“学子参考”公众号，学生可通过扫描下方二维码，了解海量经典教材、教辅信息，轻松面对考试。

面向高校学子，提供优秀教材、教辅信息

分享热点资讯，解读专业前景、学科现状

为大家提供海量学习指导，轻松面对考试

学子参考

教师咨询：010-64033787　QQ：2405112526　yuyuanchun@mail.sciencep.com

学生咨询：010-64014701　QQ：2862000482　zhangjianpeng@mail.sciencep.com